四川省哲学社会科学"十三五"规划项目,西华师范大学英才基金项目,西华师范大学出版基金资助项目

马克思主义辩证法的
认识论意义研究

王成光　等著

中国社会科学出版社

图书在版编目(CIP)数据

马克思主义辩证法的认识论意义研究／王成光等著.—北京:中国社会科学
出版社,2020.11

ISBN 978 - 7 - 5203 - 7251 - 0

Ⅰ.①马… Ⅱ.①王… Ⅲ.①唯物辩证法—研究 Ⅳ.①B024

中国版本图书馆 CIP 数据核字(2020)第 175660 号

出 版 人	赵剑英
责任编辑	杨晓芳
责任校对	王 齐
责任印制	王 超

出 版	中国社会科学出版社
社 址	北京鼓楼西大街甲 158 号
邮 编	100720
网 址	http://www.csspw.cn
发 行 部	010 - 84083685
门 市 部	010 - 84029450
经 销	新华书店及其他书店

印 刷	北京君升印刷有限公司
装 订	廊坊市广阳区广增装订厂
版 次	2020 年 11 月第 1 版
印 次	2020 年 11 月第 1 次印刷

开 本	710×1000 1/16
印 张	17.25
字 数	251 千字
定 价	98.00 元

目　　录

前　言

　　中国共产党是马克思主义政党，学习和运用马克思主义是共产党人的必修课，是我们党的立身之本。而要真懂、真信、真用马克思主义，必须高度重视马克思主义经典著作的学习。重视学习马克思主义经典著作，是我们党的优良传统。早在 1945 年，毛泽东在党的七大上就提出读 5 本马列主义经典著作的要求；1949 年，他再次在党的七届二中全会上要求广大干部阅读和学习 12 本马列主义经典著作。在新世纪，党的十七届四中全会要求广大党员干部加强马克思主义经典著作的学习，系统掌握马克思主义立场、观点、方法，建设马克思主义学习型政党。新时代，习近平总书记多次要求广大党员干部原原本本学习和研读经典著作，重温经典、感悟马克思主义的真理力量，坚定马克思主义的信仰，并明确指出："共产党人要把读马克思主义经典、悟马克思主义原理当作一种生活习惯、当作一种精神追求，用经典涵养正气、淬炼思想、升华境界、指导实践。"①

　　马克思主义经典著作蕴含并集中体现着马克思主义基本原理，是马克思主义理论的本源和基础。因此，学习和掌握马克思主义基本理论，提出马克思主义研究的新问题，解决马克思主义研究的疑难问题，形成马克思主义研究的新思想、新观点，最根本的途径是深化对马克思主义经典著作的研究阐释。恩格斯曾经指出，应"根据原著来研究这个理

---

　　① 习近平：《在纪念马克思诞辰 200 周年大会上的讲话》，人民出版社 2018 年版，第 26 页。

论，而不要根据第二手的材料来进行研究"，虽然根据第二手材料"的确要容易得多"①，但只有根据原著才能真正把握其精要。我们提出和研究马克思主义辩证法的认识论意义这个新的课题，正是源于自身多年从事马克思主义经典著作的教学和研读。在学习和研读马克思主义经典著作，特别是列宁的《唯物主义和经验批判主义》和《哲学笔记》过程中，不仅发现了列宁的丰富又深刻的认识论思想，而且明白了列宁高度重视辩证法的认识论意义，阐述了辩证法的世界观意义、认识论意义和方法论意义，并针对普列汉诺夫把辩证法当成"实例的总和"的错误观点，明确提出"辩证法也就是（黑格尔和）马克思主义的认识论"②的科学论断，强调辩证法的基本规律是"认识的规律"。

辩证法的认识论意义在马克思主义哲学理论体系中是极为重要的。马克思主义哲学是世界观、认识论、方法论相统一的科学理论，马克思主义哲学的每一个基础理论都具有世界观意义、认识论意义和方法论意义。辩证法理论作为马克思主义哲学的有机组成部分，同样既具有世界观意义，又具有认识论意义，也具有方法论意义，或者说马克思主义辩证法既是世界观问题，又是认识论问题，也是方法论问题。所以列宁认为，辩证法、认识论和逻辑三者是一致的，在马克思主义哲学中它们不是三个不同的东西，而是同一个东西。既然如此，马克思主义哲学教科书和马克思主义哲学教学就应突出辩证法的认识论意义，讲清辩证法的认识论意义。但是传统的马克思主义哲学教科书和马克思主义哲学教学往往把辩证法的认识论意义忽视了，这不仅表现在没有突出和讲授辩证法的认识论意义，而且表现在把唯物论和辩证法分割开来。这是受传统马克思主义哲学教科书体系的影响，如高清海先生所概括的"两大主义"（辩证唯物主义和历史唯物主义）和"四大块"（唯物论、辩证法、认识论、唯物史观），在理解辩证法时往往是脱离哲学基本问题理解辩证法、停留在经验直观方面上理

① 《马克思恩格斯文集》第10卷，人民出版社2009年版，第593页。
② 《列宁专题文集 论辩证唯物主义和历史唯物主义》，人民出版社2009年版，第151页。

解辩证法、脱离认识史基础和认识史内容理解辩证法、脱离辩证法的批判本性理解辩证法。这导致我们过去的马克思主义哲学教学在理解辩证法上的常识化、公式化、工具化。我们提出和研究马克思主义辩证法的认识论意义，正是源于对传统的马克思主义哲学教科书和马克思主义哲学教学的反思，力图澄清对辩证法的认识论意义的认识，消除对辩证法的误解，突出辩证法的认识论意义在马克思主义哲学中的重要地位，从而达到完善马克思主义哲学教科书的内容，增强马克思主义哲学教学质量的效果。

正是由于传统的马克思主义哲学教科书和马克思主义哲学教学存在着对辩证法的误解和对辩证法的认识论意义的忽视，因此我国学术界关于辩证法的研究成果极为丰富，其中关于列宁的"辩证法就是认识论"，列宁的辩证法、认识论和逻辑三者的一致等方面的研究在一定意义上触及了马克思主义辩证法的认识论意义这一重要问题。但是就以往的研究成果看，学术界没有专门研究马克思主义辩证法的认识论意义的成果。不仅如此，学者们对列宁的"辩证法也就是（黑格尔和）马克思主义的认识论"这一科学论断的理解也存在分歧。传统的理论认为列宁的这一科学论断表达了马克思主义认识论的辩证性质，说明了辩证唯物主义认识论与旧唯物主义反映论的根本区别在于，把辩证法运用于反映论，阐述了认识论的辩证发展过程。高清海先生则认为列宁的这一科学论断表达了两层含义，一是表达了认识论的辩证性质，二是表达了辩证法的认识论性质。因此在他看来传统的理解只强调认识论的辩证性质，而忽视辩证法的认识论性质，是不准确的。我们认为传统的理解肯定是不准确的，但是高清海先生的理解也是值得商榷的。因为列宁是针对当时普列汉诺夫把辩证法当成"实例的总和"、不把辩证法规律当成认识的规律而提出"辩证法就是认识论"这一科学论断的，由此可以看出列宁的这一论断就是要表达辩证法的认识论性质，而且从列宁提出这一科学论断的行文表达和逻辑关系看，列宁也是突出辩证法的认识论性质。所以在我们看来，列宁的这一论断表达的不是两层含义，而是一层含义，但不是传统意义的那一层含义，而是仅仅表达了辩证法的认识论意义。因此，我们提出和研究马克思主义辩证法的认识论意义也源于对学术界研究成果的反思。

恩格斯说过："一个民族要想站在科学的最高峰，就一刻也不能没有理论思维。"① 理论思维能力不是与生俱来的，而是需要培养和锻炼，"而为了进行这种培养，除了学习以往的哲学，直到现在还没有别的办法"。② 习近平总书记反复强调中国共产党人要认真学习和研读马克思主义哲学经典著作，掌握辩证唯物主义世界观方法论，目的正是在于提高中国共产党人的理论思维能力，特别是辩证思维能力。他认为中国特色社会主义进入新时代，我们的事业越是向纵深发展，就越是要不断增强辩证思维能力。辩证思维能力是唯物辩证法在思维中的运用，是指从事物相互联系、相互作用的关系出发，分析矛盾、抓住关键、找准重点、洞察事物发展规律的能力。辩证思维能力实际上就是辩证认识能力，增强辩证思维能力，就是要发挥辩证法的认识论作用，突出辩证法的认识论意义。我们提出和研究马克思主义辩证法的认识论意义，正是适应新时代中国特色社会主义实践发展的需要，以此推动中国共产党的理论创新和实践创新，在理论创新和实践创新的良性互动中发展21世纪中国马克思主义。

问题是时代的声音，理论研究归根到底是问题研究。本书是围绕传统的马克思主义哲学教科书和教学中的问题、以往学术界研究的问题、新时代中国特色社会主义实践发展所面临的新问题而进行研究的，具有重要理论意义和现实意义。希望本书的出版能为我国马克思主义哲学教科书的完善和马克思主义哲学教学效果的提升尽一点理论工作者的责任，更重要的是起抛砖引玉的作用，激起同行们对马克思主义辩证法的认识论意义研究的高度重视，并深化对马克思主义辩证法的认识论意义研究。2020年是列宁诞辰150周年，希望本书的出版能起到对列宁的纪念作用。

---

① 《马克思恩格斯文集》第9卷，人民出版社2009年版，第437页。
② 《马克思恩格斯文集》第9卷，人民出版社2009年版，第436页。

　　尽管本书是笔者经过多年的马克思主义哲学经典著作和马克思主义哲学原理教学研究产生的一些思想认识，但由于马克思主义辩证法理论博大精深，要挖掘马克思主义辩证法的认识论意义，并能准确表达出来，说服同行，是一件很困难的事业。因此，我们在撰写过程中总觉得理论水平有限，思想认识还不成熟，只能以研究无止境来安慰自己，同时也将以更加严格的态度来要求自己。

王成光

2020 年 4 月 15 日于西华师范大学

第一章　马克思主义辩证法的认识论意义研究的理论渊源

列宁在马克思恩格斯关于辩证法的理解基础上，对辩证法进行了更加深入、更加丰富的研究，提出了许多表达辩证法的认识论性质和认识论意义的重要论断。比如"统一之物分为两个部分及对它的矛盾着的部分的认识是辩证法的实质""辩证法也就是（黑格尔和）马克思主义的认识论""辩证法、认识论和逻辑三者是一致的"等。他的这些科学论断在我们看来都充分表达了辩证法的认识论性质和认识论意义，也就是说列宁不只是把辩证法看成与形而上学相对立的发展观，而且是把辩证法看成认识论，辩证法的规律就是认识的规律。但是我们过去将列宁这些科学论断所包含的深刻内涵——辩证法的认识论意义予以忽视了，这不仅反映在我们现行的马克思主义哲学教科书中，也反映在我们的马克思主义哲学教学中，从而误解了辩证法的实质和理论性质。同时学术界以前也没有专门对"辩证法的认识论意义"这一问题加以研究，那么这是否就意味着辩证法本身没有认识论意义呢？回答是否定的，辩证法是有明确的认识论意义的。那么辩证法的认识论意义是什么？辩证法有认识论意义的依据何在呢？

第一节　辩证法的历史考察

辩证法作为一个我们耳熟能详的哲学范畴，伴随哲学的发展经历了一个变化过程，直到马克思主义哲学的创立，才有现代意义的辩证法，产生了科学形态的辩证法理论。恩格斯指出：辩证法是"某种建立在通晓思维历史及其成就的基础上的理论思维形式"。① 列宁也指出，辩证法是人类认识史的总结。马克思主义辩证法作为科学形态的辩证法理论，正是源于对人类哲学史和科学史的总结。尽管历史发展中的辩证法不能与马克思主义辩证法等同，但是透过辩证法的历史考察，我们不难发现不论是古代近代还是现代的辩证法都内在地包含着辩证法的认识论意义，都不同程度地表达了辩证法的认识论意义。因此，我们研究辩证法的认识论意义的理论渊源，也必须梳理辩证法含义的时代变迁，以便区分辩证法的最初含义和辩证法的现代意义，澄清过去对辩证法的误解，探究辩证法的本质意义。

一　辩证法的词源意义

辩证法作为源起于古希腊哲学语境中的词汇，是从希腊语"对于会话的艺术"的表述中来的。"辩证法"（dialektik/dialectic）这个词从词源上说，来源于希腊语 dialeg。该词由两个部分构成，一个是 dia，原义为 through（通过，贯彻），另一部分是 alegō，"原义为关心、留意；而 dialego 原义则为选取、分辨、鉴别等，后来引申为谈话、讨论等"②。

辩证法是伴随着哲学的产生而产生的，但作为辩证法概念的正式出现却要比哲学晚一些。据利德文司各脱编撰的《希英大词典》记载，辩证法最早能追溯到赫西阿德的《神谱》里，其后才出现于柏拉图（Platon）的对话著作中。在柏拉图的对话著作中，辩证法通常作为哲学的同义语来使用，这使辩证法首次取得了重要地位。还有一种说法是，在米亚敦尼克等编著的《古代辩证法史》中记述，辩证法最早是由苏格拉底（Sokrates）使用。他指出，按照色诺芬（Xenophon）的论述，辩证法这个词是苏格拉底从在一起讨论问

---

① 《马克思恩格斯文集》第 9 卷，人民出版社 2009 年版，第 460 页。
② 方朝晖：《"辩证法"一词考》，《哲学研究》2002 年第 1 期。

题的人们"按种属划分对象的"活动延伸出来的。前面介绍的是关于辩证法使用的两种不同观点。至于辩证法的提出，许多西方哲学家都认为"辩证法"是芝诺（Zenon）提出的。也有一种观点认为，"辩证法"这一概念无论从词汇本身还是哲学意义上都是柏拉图的创造。作为古希腊哲学代表人物的柏拉图及其思想也是众多学者研究的对象，所以我们不妨"站在巨人的肩膀上"，从其他学者的研究成果中，以柏拉图诸多对话录为依据，梳理辩证法词源意义的发展演变。方朝晖的《"辩证法"一词考》一文对此作出了重大贡献，他认为，"柏拉图在其对话集中如《美诺篇》《理想国》中发明了很多以 dialektik-为词头的词，在拼写方法上与后世辩证法的拼写——dialektik 非常相似"。①

　　在柏拉图诸多对话篇目中，我们会发现许多与"dialeg"这一词根相关的词汇，根据 Charles H. Kahn 等人的观点来看，这些词中很多都是柏拉图的原创，尤其是以"dialektik-"为词头的、在拼写方法上与后世"辩证法"（dialektik/dialectic）相近的一些希腊文写法是柏拉图所发明的。具体来看，我们在柏拉图《美诺篇》看到柏拉图发明了dialektik teroi 这个副词，在《理想国》第七卷发明了 dialektik…这个形容词（柏拉图在《理想国》第七卷中连续五次使用了 dialekitik…这个阴性形容词，用来专指一种哲学方法（h…dialektik…mothodos，533d），与后来《斐德罗篇》中所谓"辩证法的技艺"（dialektik…i techn…i，Phaedrus 276e），《智者篇》253d 中的作为一门"科学"的"辩证法"（dialektik…s ph…somen epist…m…s）相呼应。这个希腊词首次出现于柏拉图的《美诺篇》之中。Charles H. Kahn，Richard Robinson 都认为这个词是柏拉图的创造；而在《回忆录》中色诺芬所使用的以"dialektik-"为词头的词就是受柏拉图的影响。现在辩证法的使用就是经过柏拉图的创造及亚里士多德（Aristoteles）的定性而发展起来的。

————————

① 方朝晖：《"辩证法"一词考》，《哲学研究》2002 年第 1 期。

不管是从形式上还是内容上来看，柏拉图的不同著作中，对辩证法的使用经过了从模糊走向明确的阶段。从词源形式上来看，在充分研究辩证法的《理想国》中，辩证法的词源形式就多达四种，分别是：dialegesthai，dialektos，dialektikoi，dialektike。从内容上来看，柏拉图在六篇对话《小希庇阿篇》《高尔吉亚篇》《普罗塔哥拉篇》《美诺篇》《克拉底鲁篇》《尤息底莫斯篇》中对 dialegesthai，dialektik teron，dialektikos 等词的用法里，已经可以找到在《理想国》中阐述辩证法思想的痕迹，但归根结底，这些词的含义并没有脱离"苏格拉底的诘难"（Socratic elenchus）的影响；直到在《理想国》第七卷中明确地阐述了辩证法，认为辩证法是一种至高无上的哲学性方法或者一种科学。相比之下，不管从内容还是形式上来说，亚里士多德在对辩证法概念的使用上要比柏拉图明确得多。亚里士多德将"辩证法"作为一个专门哲学术语的形式固定下来，基本上只采用 dialektik-为前缀的拼写形式。同时也对辩证法的含义作了总结，一方面亚里士多德不再像柏拉图那样同时从哲学和日常意义上使用 dialegesthai，dialek-tosg 两个词，他干脆取消了这两个词的哲学含义，仅从日常意义上使用该词，前者见于《形而上学》1006b，1062b，1063b，《修辞学》1404a；后者见于《形而上学》1066b，《诗学》1449a，1458b，《修辞学》1404a/b。另一方面，亚里士多德将"辩证法"作为一个专门哲学术语的形式固定下来，基本上只采用 dialektik-为词头的拼写形式，并主要采用了 dialektik…（s）（i）（n）（阳性形容词）这一表达式。更详细的资料参见《亚里士多德全集》中文版第十卷："全集索引：'辩证的。'"我们不能苛责任何一个哲学家从一开始提出一个新概念就予以明确的形式和含义，这也不符合思想形成发展的规律。从另一个角度来看，柏拉图也确实为辩证法的奠基和发展作出了不可替代的贡献。

　　柏拉图的经典著作多是以对话体出现，苏格拉底更是通过一问一答，后人称之为"苏格拉底的诘难"的方式与他人探讨真理，以求揭示事物的本质和发展的规律，所以"辩证法"一词，最初是指辩论、对话、谈话的一种方式，后逐渐明确为发现真理的方法。诚如德国古希腊哲学专家策勒尔（E. Zeller）所说：辩证法，顾名思义，起初指论辩的艺术，后来成为以问答方式发展科学知识的艺术，最后成了从概念上把握那存在者的艺术。因此，在柏拉图那里，辩证法成了一种科学理论，一种认识事物的真正实在的手段。

二　辩证法的历史发展

在辩证法这一概念被创立后，辩证法的历史也就有了源头，其之后的发展更多体现为自身含义的延续和变化。而无论是作为辩论对话的方法，还是发现真理的方法，都反映着人们通过逻辑思维认识世界、表达世界的过程。也正是不同时期、不同学派和学者在不同语境下对辩证法的新注释构筑了辩证法的发展历程。辩证法从其历史形态上来说，主要包括古代朴素辩证法、近代唯心主义辩证法和现代唯物主义辩证法。

1. 古代朴素辩证法

古代辩证法与古代唯物主义有过自发的结合。早在公元前 11 世纪，中国古代哲学家们就以具有对立统一性质的阴阳观念作为一种普遍的原则来解释自然、社会中对立面之间的相互关系。就西方而言，古代朴素辩证法在古希腊时期表现尤为充分。恩格斯曾在《反杜林论》中指出：古希腊哲学具有一种素朴的、但实质上是正确的、辩证的世界观，它清楚地表现在赫拉克利特（Heraclitus）的下述原理中：一切皆存在，同时又不存在，因为一切皆流，一切皆变易无常。恩格斯在指明这一点后又说，这种观点整体说来是正确的，但要说明总的世界图景所由以构成的各个细节，那还是不够的。为了认识这些细节，我们不得不把它们从自然的或历史的联系中抽出来，从它们的特性、它们的特殊的原因和结果等方面来逐个加以研究。按照恩格斯的思想，形而上学方法一旦超过自己的狭隘使用范围，便成了片面的、局限的、抽象的东西，并陷入不可解决的矛盾之中，因为它忽略了事物的相互联系、事物的产生与消亡、事物的真实运动与发展。形而上学方法不能解决历史过程中的矛盾，它从一个极端跑到另一个极端，它所看到的，要么是利益的普遍和和谐，要么是所有的人反对所有的人的斗争。在形而上学方法那里，自然、社会生产和科学认识是三个独立的王国，他们只是纯外在地、偶然地相互联系着。公元前6世纪的古希腊唯物主义哲学家赫拉克利特（Heraclitus）不仅分析、论证了对立统一是事物间所普遍具有的联系，而且用火之类的客观实体的变动不居论证了变化、发展、运动是事物和世界的本性，因此他被列宁称为"辩证法的奠基人之一"①。这主要是从辩证法的基本特征之一即发展而言的，并且赫拉克利特强调事物的变化、发展、运动更多是源于经验直观，只是总体性说明，带有猜测性，缺乏科学依据，因此这种辩证法只能是朴素辩证法。而西方学者一般认为爱利亚派的芝诺、智者派及苏格拉底才是辩证法的先驱，直到黑格尔（Hegel）出现之后，西方哲学史上才将芝诺替代赫拉克利特作为辩证法思想的开创者。这主要是从把辩证法作为一种思维方式的角度而言的，相比于赫拉克利特的辩证法而言，有较大的进步，但是与现代意义的辩证法相比，仍然是朴素辩证法。这大部分原因是由于这些学者都是从柏拉图、亚里士多德、斯多葛派的立场出发，将辩证法当成一种逻辑思维论证的方法。把芝诺当作"辩证法"的开创者的首先是亚里士多德，这种观点今天大多数西方学者还在使用。从本义上来讲，芝诺认为辩证法是一种反证方法（antilogike）；智者派则认为辩证法是一种诡辩术（eristic）；苏格拉底又认为，它是一种特殊的问答方法，被后世称为Socratic Elenchus（苏格拉底式诘难）；柏拉图则认为辩证法是对事物本质（ousia）进行哲学性分析的一门学问；亚里士多德认为它是或然性推理；斯多葛学派则认为辩证法构成了逻辑学的主要组成部分。从柏拉图、亚里士多德直至中世纪，它一直是指逻辑论证的方法；从亚里士多德到斯多葛派乃至康德以前，辩证法在含义上常与形式逻辑相混。虽然亚里士多德对于辩证法的理解与柏拉图已有不同，但直到

① 《列宁全集》第38卷，人民出版社1959年版，第390页。

黑格尔以前，辩证法主要是用来当作一种逻辑论证的方法，而不包含对立统一规律和否定之否定规律的基本内涵。

从辩证法的词源发展来看，柏拉图对辩证法的发展可以说是起到了奠基的作用，并把古代辩证法推向了顶峰。古希腊哲学家柏拉图是第一个在哲学上明确运用并且发展了"辩证法"一词的人。从柏拉图之后到黑格尔之前，辩证法再也没有像在柏拉图哲学中那样辉煌过。这主要是因为，自从亚里士多德以来，辩证法只是被当作逻辑推理论证的一种方法，而没有被当作是哲学研究的主要方法。亚里士多德不再像柏拉图那样抬高辩证法，他认为辩证法就是所有人或多数人或哲学家们从共同接受的前提出发进行逻辑推理，因而虽然应当成为一切科学研究的基本训练，但却未必符合科学的标准，因为科学的研究必须从真正自明的前提出发。从某种程度来说，假设不将亚里士多德的形式逻辑方法纳入辩证法中，那么亚里士多德可以说是没有对辩证法发展作出任何重要性贡献，而只是对柏拉图辩证法思想进行了汇总归纳。从亚里士多德一直到康德以前，辩证法的发展一直没有超出柏拉图所确立的框架；而且由于斯多葛学派的影响，它在中世纪常常只和形式逻辑相关，而不像在柏拉图那儿同时与形而上学或本体论联系在一起。正是根据这些事实，今天我们研究古代辩证法的主要涵义主要根据还是柏拉图的对话。

古代朴素辩证法的伟大成就对后世哲学发展有着极为深远的影响。辩证法发展史中几乎所有的观点都是从古代朴素辩证法的丰富思想中找到来源和支柱。但受当时的社会、科学和哲学本身发展状况的限制，古代辩证法往往只是对世界总体辩证性质的直观的、一般的描述，还没有对事物细节作深入具体的解剖与分析，因而具有朴素、自发的特点。

2. 近代唯心主义辩证法

如果说柏拉图是古代朴素辩证法的集大成者，那么黑格尔就是近代以来把辩证法发展到高峰的人，其辩证法思想也成为马克思主义哲学的重要理论渊源。没有一个理论家或哲学家能够在真正意义上完全超脱现实和前人的思想提出创新的观点，黑格尔的辩证法思想也不例外。同时我们必须承认，黑格尔辩证法的思想虽然是在按照自身理解所总结的古代辩证法思想和继承康德哲学思想的基础上发展起来的，但从根本上来说还是他自己的独创，这是辩证法历史发展脉络中的重要里程碑，也是其对哲学领域的重大贡献所在。而今天我们对于辩证法的理解要源起于黑格尔对辩证法的发展。为了更好地把握黑格尔对辩证法的发展，我们先了解一下黑格尔从认识论层面所总结的古代辩证法的发展成果及不足。

第一，黑格尔认为，辩证法从它一产生就表明自己本质上是认识论的。辩证法是"思想在概念里的纯粹运动"。辩证法的起始就是思想在概念里的运动的起始。在伊奥尼亚的自然哲学中，运动被表现为客观的运动。毕达哥拉斯（Pythagoras）很少反思这些概念，但也把数当作流动的概念。在爱利亚那里，变化在最高的抽象中被看作是虚无，于是，"这种客观的运动被转变成为一种主观的运动，走到意识这方面来了，而本质则成为不变者了"①。芝诺之所以是辩证法的创造者，首先是因为"当他排斥感性的运动时，他承认了思维的运动。辩证法之所以首先向运动攻击，其原因即在于辩证法本身就是这种运动，或者运动本身就是一切存在者的辩证法"②。一般意义上对于命题的真伪证明只是一种外在的辩证法，也就是一种理智的运动。芝诺所创立的辩证法，是从事物内在的本质来证明，摆脱了一种外在的运动的缺陷，从内容的纯概念的运动出发的证明，它是把认识深入对象自身中的思维运动。

第二，黑格尔指出古代辩证法的杰出成就，同时要求立足于解决思维与存在的关系问题把握辩证法。黑格尔满口称赞芝诺的辩证法，认为它与康德的辩证法的原则大体相同。至于赫拉克利特的辩证法说出了无限本身，说出了本质，绝对是有与无的统一，是对立的统一。

---

① ［德］黑格尔：《哲学史讲演录》第 1 卷，贺麟、王太庆译，商务印书馆 1995 年版，第 256 页。

② ［德］黑格尔：《哲学史讲演录》第 1 卷，贺麟、王太庆译，商务印书馆 1995 年版，第 281 页。

"这个统一是实在的东西与思想的东西的统一，是客观的东西与主观的东西的统一；主观的东西只能是过渡到客观的东西的变化过程，否则它就没有真理性；客观的东西乃是过渡到主观的东西的变化过程。"① 概念在赫拉克利特那里发现了自己。智者派则使这种运动的概念成为绝对的力量，它辩证地对待一切，使一切动摇。

普罗塔哥拉（Protagoras）的命题"人是万物的尺度"表达了主体和客体关系的辩证法。"因此事物的产生与发展并不是孤立的，而是与我们的认识是有联系的——意识本质上乃是客观事物的属性及规律的反映者，于是人的思维在主客观层面上是主观的，是从主体维度来衡量客体属性。这种观点一直流传到最新的哲学。"高尔吉亚（Gorgias）的辩证法是比普罗塔哥拉更加纯粹的概念运动，它对于那种断言存在物为实在的人是不可克服的。苏格拉底的辩证法企图克服智者派所引起的主体和客体的对立，他的出发点是认识到真实的东西，存在者是以思维为中介的。因此他创造了著名的苏格拉底的方法，这个方法引导人们怀疑他们的前提，激发他们的求知欲，从我们的表象、经验的特殊成分中引导出存在于我们意识中的普遍概念。柏拉图继承和发展了这种辩证法。他进一步考察了独立自存的共相和理念，研究范畴，纯思想的运动和各种对立规定的过渡、结合和统一。这是柏拉图辩证法的主要特点，也是其哲学最内在的实质和真正伟大之处。黑格尔强调："在叫做柏拉图的东西中，这种对立的统一是唯一使真实的事物真实并使认识具有意义的要素。如果我们不知道这一点，则我们便不知道主要之点。"② 柏拉图辩证法的意义就是它的认识论意义。亚里士多德哲学比柏拉图哲学更富于深刻的思辨，它使实体活动起来，使理性成为自我思维。柏拉图的理念是肯定的，将抽象的自身等同，亚里士多德则强调了否定性的环节，他思辨地考察一切，

---

① ［德］黑格尔：《哲学史讲演录》第 1 卷，贺麟、王太庆译，商务印书馆 1995 年版，第 301 页。

② ［德］黑格尔：《哲学史讲演录》第 2 卷，贺麟、王太庆译，商务印书馆 1995 年版，第 213 页。

把一切转变为思想。黑格尔认为亚里士多德的辩证法的最出色之处是在思维中达到的客体和主体的统一，这种统一不是像谢林哲学那样的枯燥的同一性，也不是死的同一性，而是"能力在差别中同时也与自身等同……这个奴斯本身乃是自在的一切，但它只有通过活动性才有真理性"①。亚里士多德的辩证法的成就已经进入了思辨哲学的实质。

第三，黑格尔同时指出，古代辩证法毕竟是实体本体论中所达到的。古代辩证法不能认识辩证法的认识论本质，因此，古代辩证法是自在的，不自觉的，具有这种或那种局限性。爱利亚派的辩证法是与他们的抽象思维密切相关的，它没有回答规定是从哪里来的问题。赫拉克利特的辩证法没有把理念过程当作概念、当作普遍性来认识。柏拉图虽然有纯概念的运动，但他没有揭示纯概念的必然运动，脱离的就是真正的辩证法的内在本质。对于理念，"他却没有揭示它们的起源；它们不是发展的结果，而只是直接接受过来的前提"②。他的辩证法缺乏内在规律的发展，仅仅采取形式逻辑论证的方法，常常只有消极的结果。亚里士多德哲学固然包含丰富而深刻的辩证法思想，却以经验的方式来陈述，他所提出的作为存在之存在的统一性，乃是客观的统一性，是被思维的思想。他的哲学缺乏的是概念的统一性，他的思辨思想没有成为基本原理，没有提炼出思辨的方法。"思辨是他的精神所特有的但他还不能把它发展成方法；思辨还没有自由地、单独地提出来，它还不能成为原则。"古代辩证法的这种不自觉性，是古代本体论之本性使然。

第四，黑格尔认为，古代怀疑论的辩证法是有较高教养的辩证体现，它是柏拉图辩证法的发展，同时又是对古代本体论的认识方式的反思，因此它在一定程度上高于古代本体论。黑格尔指出，怀疑论是一切确定的东西的辩证法，它对于各种范畴的意识来说，是一种高级

---

① 〔德〕黑格尔：《哲学史讲演录》第 2 卷，贺麟、王太庆译，商务印书馆 1995 年版，第 300 页。

② 〔德〕黑格尔：《哲学史讲演录》第 2 卷，贺麟、王太庆译，商务印书馆 1995 年版，第 206 页。

的意识。它在一定意义上是自觉的，正因如此，它才准确地抓住了一切理智形而上学的缺陷。它对于一切独断论哲学具有怀疑一切的力量，是反对理智哲学的强有力的武器，它是理智形而上学最可怕的敌人，被认为是不可克服的。

第五，黑格尔自信，只有思辨认识的世界观才能克服怀疑论的辩证法。思辨概念的辩证法和怀疑论的辩证法具有相同之处，即揭示有限的、固定的事物矛盾，具有思想和概念的否定性。但是思辨概念的辩证法高于怀疑论的辩证法。怀疑论只停留在否定的结果上，它没有自觉到，在它的否定中已经包含了肯定，在它否定一切认识之外的独立存在和实体的同时，也肯定了自我意识是实体的观念。因而怀疑论没有达到否定之否定。再者，怀疑论必须现成地等待本体论的建立，它才能有所作为，因此它是有所待的，它需要给予的内容，它自己不能去产生这些内容，它运用辩证法产生它的内容，又不断地扬弃这种内容的有限性。这样，辩证法对于思辨概念的认识论来说是必然的。由此看来，"思辨的理念把怀疑论本身包含在自身之内作为一个环节，又超出了怀疑论"①。古代怀疑论由于没有意识到自己的肯定方面，因而被信仰主义取代，但是随着精神文化的发展，这个肯定的方面逐渐得被意识到，自我意识开始觉醒，于是哲学转变为认识论。

但黑格尔的思辨哲学体系是唯心主义的，马克思在《1844年经济学哲学手稿》中第一次对黑格尔的思辨哲学体系进行全面的批判。特别是批判黑格尔的"纯思想的辩证法""思辨的辩证法"。1873年马克思在《资本论》第二版跋中说："将近三十年以前，当黑格尔辩证法还很流行的时候，我就批判过黑格尔辩证法的神秘方面。"这里指的就是在《手稿》中对黑格尔唯心主义辩证法的批判。在《手稿》中，马克思指出，黑格尔的思辨哲学体系，也就是他的《哲学全书》，是从"纯粹的思辨的思想开始"，却以绝对知识，即黑格尔哲学或绝

---

① ［德］黑格尔：《哲学史讲演录》第3卷，贺麟、王太庆译，商务印书馆1995年版，第120页。

对的抽象精神结束。"所以整整一部《哲学全书》不过是哲学精神的展开的本质，是哲学精神的自我对象化；而哲学精神不过是在自我异化内部通过思考理解即抽象地理解自身的、异化的世界精神。"马克思还指出，黑格尔的"逻辑学是精神的货币"，他所描述的不是现实的人的本质的异化（货币是人的本质的异化），而是纯粹的思辨的思想，即绝对精神的自我异化；黑格尔的逻辑学又"是人和自然界的思辨的思想的价值"，因为它把人和自然界看作绝对精神外化所设定的对象，因而在《逻辑学》中，人和自然毫无"现实的规定性"，而只是表现绝对精神的"思辨的思想的价值"。所以黑格尔的辩证法是"纯思想的辩证法""思辨的辩证法"。它所表述的只不过是纯思维的生产史，这就是说，黑格尔整个哲学体系讲的就是绝对观念的自我对象化和复归（扬弃）的过程。

以上考察表明，黑格尔对古代哲学的考察，是站在近代认识论的立场，从认识论的基本问题和解决方法角度来分析古代哲学的。更贴切地说，他是从自己的思辨认识论立场来考察和总结古代哲学思维发展的历史经验的。这表明了黑格尔哲学与近代哲学认识论的本质联系。

把握黑格尔的辩证法思想不能不了解康德的辩证法思想。康德在《纯粹理性批判》中把世界分为经验的现象世界和超经验的本体世界。对于现象世界，人们能够通过感官获取有关现象世界的材料，再通过知性范畴和心灵对材料的整理去把握和认识真理。也就是说，我们能够在经验领域内去认识世界。此外，康德还认为，人类理性固有一种通过表象世界寻求真理的冲动，想要超越表层现象来试图突破感性层面达到本体世界，但是由于理性缺乏认识本体世界的能力，人类只能运用在现象世界使用的感性思维和感性方式来认识超验世界，最后只能导致理性本身的"矛盾""冲突"。如果我们想从纯粹理性出发建造一个理论系统，我们总是可以同样借助于类似论据而论证相反的结果。因此康德说，理性如果超越于可能经验之外，就注定要反对自己、自相矛盾了。简而言之，当理性涉入到形而上学的领域就会发生自相矛盾的"正题""反题"。在《纯粹理性批判》中他提到"我曾一般地把辩证法称为幻相的逻辑"。

众所周知,黑格尔哲学思想有两个主要方面,一个是唯心主义,一个是辩证法,并且都受到康德思想的启发,而在辩证法方面较之康德更显乐观,重点体现在"辩证三段式"上。古希腊辩证法和康德辩证法都是有两个相互对立的组成部分:一正一反,一问一答。黑格尔认为,这种辩证法只有对立,没有统一,从而导致否定的结果。真正的辩证法应该是肯定的和积极的,对立的因素应该得到统一。为此,黑格尔在"正题"和"反题"之后又加上了"合题",形成了著名的"三段式",这个问题广为大众所熟知,在此不做赘述。也正是在"三段式"的不断进阶中事物本身和我们的认识得以升级。而黑格尔辩证法作为最高思维方式的肯定性质就表现在三段式的"合题"之中,这也是我们理解黑格尔辩证法思想的又一切入点,即黑格尔认为辩证法是绝对概念和思维逻辑运动的过程,是认识世界、理解世界的一种思维方式,然而这种思维方式在唯心主义的影响下步入了绝对精神的思辨运动,这种"绝对精神"的辩证运动具体显现为自然界和历史的运动发展,同时还要使自身客体化。所以,黑格尔的自然辩证法、历史辩证法、客观辩证法都是基于其思想的唯心主义内核,以及作为辩证逻辑的这种思维方式。诚如恩格斯所指出是,"辩证法的规律是从自然界的历史和人类社会的历史中抽象出来的。辩证法的规律无非是历史发展的这两个方面和思维本身的最一般的规律。它们在实质上可归结为下面三个规律:量转化为质和质转化为量的规律;对立的相互渗透的规律;否定的否定的规律。所有这三个规律都曾经被黑格尔按照唯心主义的方式当作纯粹的思维规律而加以阐明"[1]。最后,从内容上看,黑格尔辩证法包含有整体论、有机论和过程论等思想。辩证法是一种整体论,在理解整体与部分的关系时,部分存在于整体中,不是部分构成了整体,强调整体对于部分的重要作用,不能用构成整体的部分来解释整体的性质,而是这些组成部分只有存在于整体

---

① 《马克思恩格斯选集》第3卷,人民出版社2012年版,第901页。

中才能显现它的性质。辩证法也是有机论，它主张任何事物或元素都是不断发展的，永远和其他事物或元素发生着这样或那样的联系，处在不断联系的发展阶段，没有联系就没有它们的存在，它们的组织结构影响着这些联系。辩证法还是过程论的，它把事物理解为过程，而过程体现着变化，变化则导致一种更高的现实。

3. 现代唯物主义辩证法

黑格尔不仅是近代辩证法的集大成者，更是马克思主义唯物辩证法的奠基者。马克思青年时期接触到了黑格尔的辩证法思想，同时又对黑格尔的辩证法进行了批判的继承。在《资本论》第一卷第二版的"跋"中，马克思极为概括地谈论了辩证法。在该书中，马克思一方面肯定了黑格尔辩证法思想的积极意义；另一方面在批判继承黑格尔辩证法思想的基础上推动其向前发展。马克思提到，黑格尔的辩证法是"倒立着"的，这主要基于黑格尔的唯心主义，而辩证运动的"三段式"仍被保留下来，马克思辩证吸收黑格尔辩证法思想的合理内核并结合唯物主义，将辩证法发展到新的阶段——唯物辩证法。当然，这也和思维与存在关系问题的解决密不可分。理清实践能够对理解思维与存在二者关系产生重要的意义。产生于马克思主义之前的哲学无法回答它们自己想理清的哲学问题：自然界与人类思维二者是通过何种媒介来发生关系的。它们仅仅认为自然界与人类思维分别是独立的个体，二者无法产生关系。马克思主义认为，人的思维最本质最切近的基础是人所引起的自然界的变化，即实践。把实践纳入认识论是马克思主义哲学最伟大的成就。我们人类思维内容的客观实在性、思维与存在关系的同一性，都要通过自然界与人类思维的媒介即实践来认识与检验。

思维规律和存在规律在内容上的一致也是辩证法、逻辑和认识论一致的基础。恩格斯写道："我们重新唯物地把我们头脑中的概念看作现实事物的反映，而不是把现实事物看作绝对概念的某一阶段的反映。这样，辩证法就归结为关于外部世界和人类思维的运动的一般规律的科学，这两个系列的规律在本质上是同一的，但是在表现上是不同的，这是因为人的头脑可以自觉地应用这些规律，而在自然界中这些规律是不自觉地、以外部必然性的形式、在无穷无尽的表面的偶然性中实现的，而且到现在为止在人类历史上多半也是如此。这样，概念的辩证法本身就变成只是现实世界的辩证运动的自觉的反映。"① 即恩格斯所说的唯物辩证法是"关于外部世界和人类思维的运动的一般规律的科学"。此外，恩格斯考察了人对自然界、社会和思维的认识，在《反杜林论》中阐述了认识发展的辩证法，讨论了几对重要范畴：思维的至上性与非至上性、绝对真理与相对真理、真理与谬误、自由与必然的辩证关系；在《反杜林论》与《自然辩证法》中集中论述了辩证法的三大规律。恩格斯在 1878 年 6 月写的《自然辩证法》[总计划草案] 第三条中，明确指出辩证法的"主要规律：量和质的转化——两极对立的相互渗透和它们达到极端时的相互转化——由矛盾引起的发展，或否定的否定——发展的螺旋形式"。接着，在 1879 年 8 月写的《辩证法》这篇论文一开头，又进一步把辩证法的规律"归结为下面三个规律：量转化为质和质转化为量的规律；对立的相互渗透的规律；否定之否定的规律"，并且指出辩证法的两大系列：客观辩证法与主观辩证法。"所谓的客观辩证法是在整个自然界中起支配作用的，而所谓的主观辩证法，即辩证的思维，不过是在自然界中到处发生作用的、对立中的运动的反映，这些对立通过自身的不断的斗争和最终的互相转化或向更高形式的转化，来制约自然界的生活"②。在这里，恩格斯已揭示了辩证思维在认识过程中发挥认识能动性的重要作用，包含着辩证法作为认识论和逻辑相统一的思想。恩格斯对辩证法规律的这些表述，深刻体现了马克思恩格斯对黑格尔唯心辩证法的唯物主义改造。在黑格尔那里，"所有这三个规律都……以其唯心主义的方式只当作思维的规律而加以阐明"。他的"错误在于：这些规律是作为思维规律强加自然界和历史的，而不是从它们当中抽引出来"。当时恩格斯主要是要说明辩证法的三个规律的客观性和普遍性，

---

① 《马克思恩格斯选集》第 4 卷，人民出版社 1995 年版，第 243 页。
② 《马克思恩格斯选集》第 3 卷，人民出版社 2012 年版，第 908 页。

即要阐明辩证法及其规律是客观的存在于自然界、人类社会和思维领域中的普遍规律。为此，它通过解剖杜林反辩证法的形而上学观点，并引证了大量的自然科学和社会历史科学发展的实例，对辩证法的三个规律的客观性和普遍性，作了科学的论证。

列宁在《哲学笔记》中批判地研究了黑格尔辩证法。列宁在研究和总结辩证法思想史的基础上，从逻辑、辩证法和唯物主义认识论三者同一的高度，对于辩证法学说的内容，作了概略而又明确的规定，提出了"辩证法的十六条要素"，试图建立一个完整的认识论辩证法体系。毛泽东在《实践论》《矛盾论》中考察了认识发展的辩证法，对对立统一规律作出了独特的发挥和解释。《矛盾论》和《实践论》作为辩证唯物主义世界观和方法论，它们是一个相互补充、相互深化的过程。《矛盾论》揭示的既是客观的辩证法，同时又是认识的辩证法，它是处处从认识矛盾与解决矛盾的高度来论述问题的。《实践论》讲的是认识论，但处处体现了辩证法的思想。《实践论》着重揭露了教条主义和经验主义的认识论根源；而《矛盾论》则集中批判了教条主义和经验主义的形而上学的世界观，特别是批判其拒绝对具体事物作具体分析的主观主义的思想方法，而"关于事物矛盾问题的精髓"的理论则是贯穿"两论"的一条红线，是坚持马列主义普遍真理与中国革命具体实际相结合的最高概括和论证。毛泽东曾将辩证法与形而上学的对立、唯物主义和唯心主义的对立并称为哲学中的"两个对子"，说"一讲哲学，就少不了这两个对子"。

正是马克思主义经典作家及之后的马克思主义者对辩证法的继承发展，辩证法的核心含义才有了今天我们所熟知并较为精练的内容，即专指事物发展过程中对立统一规律、量变质变规律、否定之否定规律的基本规律，以及发展、联系的总观点及其在过程中的诸多范畴等。从这个意义上说，辩证法是同狭义的形而上学即孤立地片面地看问题相对立的一种科学理论。辩证法的基本规律贯穿于辩证法的全部内容之中，而在辩证法的全部规律中，对立统一规律占有特殊的地位。我们所要明确的是，辩证法并不仅仅是这些基本规律，还有另外一些规律，它们是基本规律的具体化和补充，在辩证的发展观中同样具有重要意义。正如列宁所指出的，"可以把辩证法简要地规定为关于对立面的统一的学说。这样就会抓住辩证法的核心……"① 辩证法的所有其他规律（无论基本的还是非基本的）都是这一主要规律内容的展开、具体化和补充。它们间的隶属关系也正是在这一规律的基础上得到展开的。

第二节　马克思主义辩证法的认识论意义的内涵

我们所说的辩证法的认识论意义不是指辩证法运用于认识论，说明认识的辩证性质和辩证运动过程，而是指辩证法本身就是认识论。要从认识论的高度去理解辩证法的理论性质，说明辩证法与形而上学对立的发生和对立的实质，改变过去拘泥于辩证法是一种发展观、辩证法是一种方法论的狭隘认识，弄清辩证法的更深层次的意义。在我们看来，马克思主义辩证法的认识论意义具有以下几方面的内涵。

1. 辩证法与形而上学的对立不是发生在直观事物的运动中，而是发生在对事物的认识中。通常认为辩证法与形而上学的对立在于是否承认联系、是否承认运动变化发展、是否承认矛盾，因此人们把承认事物的联系、变化发展和内在矛盾就称为辩证法，反之，把否认事物的联系、变化发展和内在矛盾就称为形而上学。这是将辩证法与形而上学对立的理解停留在于经验层面，没有明确辩证法与形而上学对立的根本原因。因为在经验层面、直观层面上，是不存在辩证法与形而上学的对立的。事物的联系、运动变化发展、内在矛盾是事物本身所固有的，不论我们承认它还是不承认它，它都是客观存在的。而且我们每一个人都能感性直观地感受到事物的相互联系、运动变化发展等。因此，在感性直观意义上我们都不会否认事物的运动。

---

① 《列宁专题文集 论辩证唯物主义和历史唯物主义》，人民出版社 2009 年版，第141 页。

正如列宁所认为的那样，芝诺从来没有在"感觉的确实性"上否认运动，问题不在于有没有运动，而在于如何运用概念的逻辑表达运动。芝诺之所以否定运动，是因为他无法正确运用概念的逻辑表达运动，把运动看成是一种思维无法理解因而完全不能接受的矛盾。思维要透过运动的现象反映运动的本质，就必须运用概念，而一旦把概念的隔离性和僵化性绝对化，就会使认识与实际不一致，导致形而上学的错误。因此克服形而上学，并不是要我们抛弃概念，回到直观的现象中去，而是要求我们发挥概念的相互联系、相互过渡、相互转化的能动作用，去反映现实事物的运动，这就是辩证法必须完成的任务。

2. 辩证法与形而上学不仅是两种不同的发展观，而且是两种不同的认识理论、认识学说、认识观点。辩证法与形而上学是两种不同的发展观，这是不可否认的，但是我们在理解这两种不同的发展观时，必须要把它放在认识论的背景下去分析。简单地讲，辩证法与形而上学是认识论意义下的两种不同的发展观，也是发展观意义下的两种不同的认识理论、认识学说、认识观点。也就是说不能把辩证法与形而上学两种不同发展观和辩证法与形而上学两种不同的认识学说割裂开来。这可以从列宁对辩证法与形而上学两种不同的发展观的概括中看出。列宁在《哲学笔记》中指出："要认识在'自己运动'中、自生发展中和蓬勃生活中的世界一切过程，就要把这些过程当做对立面的统一来认识，发展是对立面的'斗争'。有两种基本的（或两种可能？或两种在历史上常见的？）发展（进化）观点：认为发展是减少和增加，是重复；以及认为发展是对立面的统一（统一物之分为两个互相排斥的对立面以及它们之间的相互关系）。"① 在我们看来，列宁是把辩证法与形而上学既看成两种不同的发展观，也看成两种不同的认识学说、认识理论、认识观点。在列宁看来，形而上学发展观就是没有把发展当做对立面的统一来认识，无法把握事物"自己运动"的

① 《列宁专题文集 论辩证唯物主义和历史唯物主义》，人民出版社 2009 年版，第149 页。

根源；相反，辩证法发展观就是把发展当做对立面的统一来认识，把握事物"自己运动""飞跃""渐进过程的中断""向对立面转化"、旧东西的消灭和新东西的产生的根源。所以列宁就是在认识论意义下阐述辩证法与形而上学这两种不同的发展观的。我们还可以从形而上学是怎样否认运动变化发展、否认矛盾来加以说明。哲学层面的形而上学理论，并不是一般意义上否认运动变化发展、否认矛盾，而主要是否认思维和存在之间的矛盾，否认思维和存在的矛盾关系的发展。也就是形而上学理论的错误不是在一般意义上否认运动变化发展、否认矛盾，而是在思维反映存在的认识过程中否认运动变化发展、否认矛盾，表现为一种静态的思维、无矛盾的思维。因此，形而上学理论的错误就是认识论意义上的错误。

3. 辩证法的基本特征既是客观事物存在的基本特征，也是客观事物认识的基本原则，辩证法的基本规律既是客观事物存在的规律，也是客观事物认识的规律。人的认识过程就是思维反映存在的过程。人的认识要达到正确，既要坚持唯物主义的认识路线，又要坚持辩证法的道路和方法。唯物主义为人的认识的正确提供了前提和可能，辩证法为人的认识的正确由可能变为现实提供了道路和方法。辩证法所强调的联系和发展的基本特征就是要求人们在思维反映存在的认识过程中必须用联系和发展的观点去认识客观存在的事物，辩证法所强调的基本规律就是要求人们在思维反映存在的认识过程中必须遵循这些基本规律。所以辩证法不是简单地承认客观事物是普遍联系和永恒发展的，承认客观事物运动变化发展是有规律的，而是为人们思维反映存在提供基本原则和基本规律。

第三节 马克思主义辩证法的认识论意义研究的理论渊源

一 辩证法的认识论意义在古代朴素辩证法中的自发表达

辩证法是与哲学相伴而生的，有哲学就有辩证法。正如恩格斯指出古希腊哲学家是天生的辩证法者，只不过他们的辩证法思想是自发的、朴素的，"这种原始的、素朴的、但实质上正确的世界观是古希腊哲学的世界观，而且是由赫拉克利特最先明白地表述出来的：一切都存在而又不存在，因为一切都在流动，都在不断地变化，不断地生成和消逝"①。列宁指出赫拉克利特是"辩证法的奠基人之一"，亚里士多德把芝诺称为"辩证法的创始人"。总之，古希腊哲学一开始就有辩证法思想，经由米利都学派和毕达戈拉斯学派辩证法的萌芽，到赫拉克利特创立古代辩证法的最基本的理论，再到亚里士多德对古代辩证法的集大成，由感性的直观辩证法进入理性概念的辩证法。尽管他们的辩证法思想是朴素的，但透过他们的素朴表述也能或多或少地发现辩证法的认识论意义的萌芽。

1. 赫拉克利特的积极辩证法蕴含着辩证法的认识论意义

赫拉克利特作为古希腊辩证法的杰出代表，他直接阐述了事物的运动变化发展、事物之间和事物内部各要素之间的对立统一、事物变化发展的规律性等重要思想，因此相对于芝诺的否定辩证法而言，我们可以把赫拉克利特的辩证法称为积极的辩证法。在他所阐述的辩证法基本思想中，已经蕴含了辩证法的认识论意义。

首先从赫拉克利特的流变说来看。初期的哲学家都是自发的辩证法者，因为他们所看到的世界总是在不断运动变化、不断生灭的，他们日常接触到的万事万物都是处于运动变化之中的。赫拉克利特的贡献就在于他将人们日常感受到的经验事实加以概括，提出了一般性的结论：万物皆变，并且用"人不能两次踏进同一条河流"这种比喻性的命题来说明万物是在流动之中，都在不断地变化，不断地生成和消逝。正如黑格尔所说："当赫拉克利特说：'万物皆在流动'时，他已经说出了变化是万有的基本规定。"② 既然赫拉克利特认为世界万物都是处于不断运动变化之中的，一切皆流，而这种运动变化是我们直

① 《马克思恩格斯选集》第3卷，人民出版社2012年版，第395页。
② ［德］黑格尔：《小逻辑》，贺麟译，商务印书馆1996年版，第199页。

接从感觉经验得来的，正是从感觉经验中我们才认识到万物的运动变化，这说明他是很重视感觉经验的。他明确强调，凡是能够看到的、听到的，以及从经验中学习到的东西，都是我们喜爱的。在我们看来，这就是赫拉克利特把自己的辩证法思想运用于认识论中的表现，体现了辩证法思想在他的认识论思想中的重要指导意义。由此可见，赫拉克利特在一定程度上赋予了辩证法认识论意义。

其次从赫拉克利特的"逻各斯"来看。赫拉克利特认为万事万物都是永恒运动的，事物的运动变化是按照一定的尺度和规律进行的，从而第一次提出"逻各斯"的思想。他认为"这个有秩序的宇宙对万物都是相同的，它既不是神也不是人所创造的，它过去、现在和将来永远是一团永恒的活火，按一定尺度燃烧，一定尺度熄灭"①。这里他虽然没有提到"逻各斯"这个词，但他所讲的尺度是和"逻各斯"密切相关的。后面他接着讲到火变为海，海变为土，土又被分解为海，而且土变为海和海变为土是按照"相同的逻各斯进行的"，"万物都是按照这个逻各斯产生的"。虽然"逻各斯"这个词在赫拉克利特那里多次使用，也在不同意义上使用，存在着多种含义，但是研究古希腊哲学的专家学者基本上是肯定赫拉克利特的"逻各斯"具有"规律"的含义的。这就说明赫拉克利特肯定万物的运动变化是有规律的，而且他认为逻各斯是永恒存在的，不依人的意志为转移，是人人都要遵循的。他指出，"不要听我的话，而要听从逻各斯"②，"必须遵从那共同的东西。虽然逻各斯是共同的，但大多数人还是按他们自己私自的理解那样生活着"③。既然人人都要遵循逻各斯，遵循事物的发展规律，这本身就包括人的认识要遵循客观事物的规律，只是大多数人还没有按照客观事物的规律去认识事物，只有健全的（理智的）思想才能认识逻各斯，遵循逻各斯去认识客观事物。他指出："健全的思想是最优越最智慧的：它能说出真理并按真理行事，按照

① 转引自汪子嵩等《希腊哲学史》第 1 卷，人民出版社 1997 年版，第 418 页。
② 转引自汪子嵩等《希腊哲学史》第 1 卷，人民出版社 1997 年版，第 465 页。
③ 转引自汪子嵩等《希腊哲学史》第 1 卷，人民出版社 1997 年版，第 461 页。

事物的本性（自然）认识它们。"① 这就说明、赫拉克利特不仅强调了事物的运动变化是有规律的，而且要求人的认识要遵循事物的规律，不断地揭示事物的规律。因此，他的辩证法思想就是人的认识事物的思想方法。这同样表明赫拉克利特赋予了辩证法认识论意义，辩证法所讲的规律就是人们的认识所遵循的规律。

最后从赫拉克利特的对立统一思想看。虽然赫拉克利特没有明确提出人的认识要遵循哪些规律，但他至少强调了人的认识应当把事物当作对立面的统一看待。这主要体现在他的对立统一思想中。在赫拉克利特看来，万物都是运动变化的，这种运动变化都要遵从逻各斯，而最高的即统一万物的逻各斯就是对立统一。对立的问题从哲学一开始就是不能回避的问题，米利都学派的哲学家特别是阿那克西曼德（Anaximander）提出"阿派朗"，是从对立的问题直接引起的。但是开始在哲学上提出对立的问题并认为对立是本原的首先是毕达戈拉学派，他们的思想深深地影响着赫拉克利特，不过赫拉克利特的思想相对于毕达戈拉学派来说有了很大的发展，最根本的一点是对立统一思想。赫拉克利特所说的对立统一主要有两个方面的含义，一是对立面的相互依存，二是对立面的相互转化。他指出："如果没有那些〔非正义的?〕事情，人们就不知道正义的名字。"② "没有疾病，也就无所谓健康"，"疾病使健康显得可贵，饥饿使饱腹觉得舒服，疲劳使休息感到愉快。" 赫拉克利特就是从日常生活经验中体会到，对立的双方是相比较而存在的，是相互依存的，一方的存在以另一方的存在为条件，没有对立的这一方也就没有对立的另一方。所以黑格尔更明确地指出，每一方面都是它对方的对方。这就是赫拉克利特所说的对立统一的第一方面的含义即对立面的相互依存。赫拉克利特不仅认为对立面是相互依存的，而且是相互转化的。由于赫拉克利特认为万物都是处于流动变化之中的，因此对立面是可以相互转化的。他指出：

---

① 转引自汪子嵩等《希腊哲学史》第 1 卷，人民出版社 1997 年版，第 463 页。
② 《古希腊罗马哲学》，生活·读书·新知三联书店 1957 年版，第 21 页。

"在我们身上，生与死，醒与梦，少与老，都始终是同一的东西，后者变化了，就成为前者，前者再变化，又成为后者。"① "冷变热，热变冷，湿变干，干变湿。"② "土死生水，水死生气，气死生火；反过来也是一样。"③ 正因为对立面是相互依存相互转化的，所以赫拉克利特还强调对立面的统一是相对的。他说，海水既是最清洁的又是最肮脏的；对于鱼，它是能喝的和有益的；对于人，它是不能喝的和有害的。这里是以人和鱼这样不同的对象来说明清洁和肮脏、能喝和不能喝、有益与有害都是相对的，没有绝对的清洁和肮脏，没有绝对的能喝和不能喝，没有绝对的有益与有害，一切都要以条件为转移。他还指出，猪在污泥中比在清洁的水中更为高兴。所以亚里士多德在《尼各马可伦理学》中分析"快乐"时认为，每一种动物都有自己固有的快乐，显然，马、狗和人的快乐是不同的，正像赫拉克利特所说"驴子宁愿要草料而不要黄金"。这就是说对于人和动物来说，不能简单地说是草料好还是黄金好，是草料能带来幸福还是黄金能带来幸福，而应以不同的对象为转移。所以赫拉克利特指出，如果幸福在于肉体的快感，那么就应当说，牛找到草料时是幸福的。

赫拉克利特虽然没有从理论上说明和论证对立的统一，没有明确提出"对立统一"的命题，他只是从大量的经验事实中领悟出来并用感性的语言表达了对立面的统一是普遍存在的。但是，他的这种认识不仅远远超过了他同时代的人，而且也包含着辩证法的认识论意义的萌芽。他提出对立统一的思想，总结出世界万物普遍存在并对立统一，正是要求人们在认识事物时必须把事物当作对立面的统一来认识。他之所以嘲笑他同时代的许多人，就在于这些人没有把事物当作对立面的统一来认识，或者还未达到这种认识水平。所以他说，如果没有理解，即使他们听见了，也像聋子一样。他还讲到，多数人对他们遇到的事情不加思索，受到教训以后也不认识，只是自以为是。这

---

① 《古希腊罗马哲学》，生活·读书·新知三联书店 1957 年版，第 27 页。
② 《古希腊罗马哲学》，生活·读书·新知三联书店 1957 年版，第 30 页。
③ 《古希腊罗马哲学》，生活·读书·新知三联书店 1957 年版，第 26 页。

就是说如果人们不按照事物的辩证本性去认识它们，是不可能真正理解这些事物的。

以上就是我们从赫拉克利特的辩证法思想中分析出的它所蕴含的认识论意义。尽管赫拉克利特没有明确提出和阐述辩证法的认识论意义，但是联系他的辩证法思想和认识论思想来看，他是不自觉地表达了辩证法具有认识论意义的观点。

2. 芝诺的否定辩证法蕴含着辩证法的认识论意义

芝诺是巴门尼德（Parmenides of Elea）的学生，巴门尼德认为存在是唯一的不可分的，是永恒的、不动的。芝诺的哲学活动主要是为巴门尼德的存在学说作辩护。他的论证集中在两个方面，一是反对"多"，二是反对"运动"，证明存在是唯一的、不动的。因此，从芝诺论证的出发点和落脚点看，他是否定"多"和"运动"的，从这个意义上看，他是形而上学的，但是他的论证却不自觉地从反面揭露了一与多、有限与无限、大与小的矛盾关系，揭露了运动的矛盾本性是连续性与非连续性的统一。也就是说芝诺主观上是否定"多"和"运动"的，但客观上却正好揭露了一和多的辩证统一，揭露了运动的矛盾本性。就这个意义上讲他是辩证的，所以，黑格尔称芝诺为"辩证法的创始者"①。所以相对于赫拉克利特的积极辩证法（正面地肯定矛盾、肯定运动）而言，芝诺的辩证法就是否定的辩证法。这从他反对"多"和"运动"的论证中可以看出。

芝诺认为如果事物是多，那么它必然会产生无限大与无限小的矛盾。因为如果事物是多，不论是将它加上某些事物还是减去某些事物，它都不会增大或减少。同样，如果事物是多，那么它就导致有限与无限的矛盾。因为如果事物是多，它必然和它存在一样多，既不多一点也不少一点。如果是这样，它在数量上是有限的。如果事物是多，它在数量上是无限的。因为在那些存在的东西之间总还有别的东

---

① ［德］黑格尔：《哲学史讲演录》第 1 卷，贺麟、王太庆译，商务印书馆 1995 年版，第 272 页。

西，而在那些东西之间还会再有别的东西。所以事物在数量上是无限的。而矛盾是荒谬的，所以存在是一不是多。显然，芝诺的错误在于他不懂得一与多、大与小、有限与无限的辩证统一，将它们绝对对立起来了。

芝诺提出了"二分法""阿基里斯追不上龟""飞矢不动""运动场"四个论证反对运动。亚里士多德对此进行了逐一反驳，认为"二分法"的错误在于芝诺混淆了无限延伸意义上的无限和无限分割意义上的无限；"阿基里斯追不上龟"的错误在于芝诺事先给定了一个前提，不允许最快的越过规定的有限的距离，即跨过乌龟的起点那有限的距离，实际上如果允许的话，最快的能够赶上最慢的；"飞矢不动"的错误在于他的论证是建立在一个虚假的理论——时间是一个个瞬间的总和——的基础上的，但是时间并不是由不可分割的瞬间组成的；"运动场"的错误在于他把一个运动事物经过另一个运动事物和以同样速度经过同等大小的静止事物所花的时间看作是相等的，事实上这两个时间并不相等。亚里士多德的反驳虽然有些道理，但他还没有抓住芝诺的错误的根本原因。从辩证法唯物主义观点出发，芝诺的错误根本在于他不懂得运动是连续性与非连续性的统一，只承认运动的非连续性，否认了运动的连续性，没有看到运动本身就是矛盾，是矛盾的统一。他的主要贡献是从消极意义上反面证明了矛盾的客观性，反面证明了运动本身是矛盾，是连续性与非连续性的统一，并不是简单地否定了运动。列宁在对古希腊哲学家芝诺的著名命题"飞矢不动"的分析中，作出了两个重要的哲学论断：一是芝诺从未否认感觉意义上的运动，或从未在"感觉的确定性"上否认运动，问题在于揭示运动的真实性；二是问题不在于有没有运动，而在于如何用概念的逻辑表达运动。古希腊哲学家巴门尼德不满足于古希腊早期哲学家从经验层面把握事物的现象，因为经验层面把握事物的现象只是获得了意见，他力图透过事物的现象把握事物的本质，获得真理。芝诺沿着巴门尼德的认识道路，不满足于感觉意义上承认事物的运动，而在于把握运动的本质（感觉意义上把握的运动是意见，是虚假的）。如何把握运动的本质或真实的运动呢？那就是通过概念的逻辑去表达运动。因此，有没有运动不是问题，如何用概念的逻辑表达运动才是根本问题，问题也出于此。芝诺由于无法解决概念中的矛盾，在回答"运动的真实性"时，对运动和静止两个方面往往又陷入形而上学的思维方式。这说明芝诺犯形而上学的错误不是在"感觉的确实性"上否认运动，而是在用概念的逻辑表达运动时，不明白概念中包含的运动的连续性与非连续性的矛盾，由否认矛盾进而否认运动。但是当芝诺把运动视为矛盾加以否定时，客观上却正好揭示了运动的本质，即运动本身就是矛盾，也是在这个意义上黑格尔称他为"辩证法的创始者"。由此可见，辩证法与形而上学的分歧不是发生在感觉意义上是否承认事物运动，而是发生在思维再现、表达、描述事物的运动过程中，即如何用概念的逻辑去表达运动。因此，辩证法与形而上学的区别不是在经验层面上，而是在哲学层面上。坚持辩证法反对形而上学，实际上是坚持哲学层面的辩证法反对哲学层面的形而上学。造成辩证法与形而上学的对立的原因，主要是同思维的反映活动联系在一起的。所以，列宁对黑格尔所说的"造成困难的从来就是思维，因为思维把一个对象的实际联结在一起的各个环节彼此区分开来"极为赞赏，并作了深入发挥，"如果不把不间断的东西割断，不使活生生的东西简单化、粗陋化，不加以划分，不使之僵化，那么我们就不能想象、表达、测量、描述运动。思想对运动的描述，总是粗陋化、僵化"①。思维对事物的反映不能不运用概念，而当人们用概念去把握事物时，由于概念所具有的"隔离性"和"僵化性"，不仅难以"在对现存事物的肯定的理解中同时包含对现存事物的否定的理解，即对现存事物的必然灭亡的理解"②，难以从"对象本质自身中的矛盾"去理解和表达事物的自我运动，反而往往把概念的"隔离性"和"僵化性"绝对化，使"我们的认识会通过僵化的概念使事物失去运动的性质而脱

① 《列宁全集》第 55 卷，人民出版社 1990 年版，第 219 页。
② 《马克思恩格斯选集》第 2 卷，人民出版社 2012 年版，第 94 页。

离现实事物，这就是形而上学"①。因此，形而上学思维方式的产生不是在于概念的隔离性和僵化性，而是在于人们在思维的抽象中把概念的隔离性和僵化性绝对化了。当然，克服形而上学并不是要我们抛弃概念回到直观的现象中去，而是要求思维通过发挥自己的能动作用去克服概念的隔离性和僵化性，运用相互依赖、相互联系、相互转化的概念去实现思维的运动与存在的运动的统一。

既然芝诺没有否定感觉意义的运动，而是在用概念的逻辑去表达运动即在思维再现、描述和表达运动的过程中因不懂得运动是连续与非连续性的统一，不懂得运动本身是矛盾，进而由否认矛盾走向否认运动，这就说明芝诺最终走向形而上学是发生在他对运动的认识过程中，根本原因在于思维的特点容易造成概念的隔离性和僵化性，把运动的连续性和非连续性割裂开来并绝对对立起来。因此，从芝诺反对运动的论证和他出现错误的原因分析可以看出辩证法与形而上学的对立不是发生在直观事物的运动中，而是发生在人们对事物运动的认识过程中。这从一个层面说明了辩证法具有认识论意义，只是在感觉意义上承认运动变化发展还不是真正意义上的辩证法，只有在思维反映存在的认识过程中体现出辩证思维，自觉地运用辩证法，才是真正意义的辩证法；也从另一个层面说明了芝诺的否定辩证法蕴含着辩证法的认识论意义。只有把辩证法置于认识论高度去理解和运用，才会使人的认识走向正确。因为芝诺的错误就是在于用概念的逻辑去表达运动时，即思维再现、描述运动时缺乏辩证思维。因此，芝诺的否定辩证法间接地说明了辩证法的认识论意义极为重要。

3. 苏格拉底的辩证法蕴含着辩证法的认识论意义

在讨论这个问题之前，我们先要对"苏格拉底的辩证法"这个提法作一说明。我们这里所说的"苏格拉底的辩证法"不是指苏格拉底提出和研究了辩证法本身的含义，真正提出并赋予辩证法丰富内涵的是柏拉图和亚里士多德，而是指苏格拉底在讨论问题寻求概念知识的

_____

① 高清海：《论辩证法就是认识论》，《社会科学战线》1983 年第 2 期。

过程中创立和使用了一种具有辩证法最初意义的教育方法，即问答法或"精神接生术"。正是从他所创立和使用的这种辩证方法中去寻求辩证法的认识论意义，也就是说他的辩证方法蕴含着辩证法的认识论意义。

辩证法一词的希腊文是 dialektikos（拉丁化拼写），它的词源意义就是"通过说话、谈话"。柏拉图在《克拉底鲁篇》中就指出："凡是知道如何提出和回答问题的人便可以称为辩证法家（dialektikon）。"① 而苏格拉底是最善于提出问题和回答问题的人，所以理应称他为"辩证法家"，将他所使用的提问的对话方法称为"辩证法"。亚里士多德在柏拉图对辩证法理解的基础上，对辩证法作出了更深刻的解释。他认为辩证法不仅是简单的提出问题和回答问题，而是在回答中揭露矛盾和认知矛盾。正是在这个意义上，亚里士多德不认为赫拉克利特是辩证法的创始人，而认为芝诺是辩证法的创始人，就在于当时希腊人不把运动变化作为辩证法的特征，而是把揭示矛盾作为辩证法的特征，而芝诺的论证的主要特点就是揭露对方论证中的矛盾。因此，亚里士多德高度评价了苏格拉底的方法，指出："有两样东西完全可以归功于苏格拉底，这就是归纳论证和一般定义。"② 这就在于苏格拉底的归纳论证和普遍定义的认识阶段已经包含了揭露矛盾和认知矛盾的要求。并且亚里士多德认为只有具有能认知本质的辩证能力才能思考矛盾的东西，这表明亚里士多德既是将辩证法和辩证能力与认知矛盾联系在一起的，也是将此与苏格拉底的工作联系在一起而评价苏格拉底的。这就说明苏格拉底揭露矛盾和认知矛盾的问答法就是辩证法，苏格拉底具有认知矛盾的辩证能力，苏格拉底就是辩证法家。

下面我们就以苏格拉底的问答法来具体说明苏格拉底的这种方法为什么是辩证法，苏格拉底为什么是辩证法家。苏格拉底一生致力于

---

① 转引自汪子嵩等《希腊哲学史》第 2 卷，人民出版社 1993 年版，第 424 页。
② 《西方哲学原著选读》上卷，商务印书馆 1982 年版，第 58 页。

道德教育，引导人们要有美德知识，做美德的事情。在与人讨论美德时他就使用了问答法。他的这种方法由四个部分构成，即讽刺、接生术、归纳和定义。"讽刺"是指在谈话讨论中让对方说出自己对某一问题的看法，然后指出对方谈话中的自相矛盾，使对方放弃自己的原有观点，承认自己无知。"接生术"是指在暴露了对方的矛盾后，把已有的结论强加于对方，扬言这个结论早已潜藏在对方心中，他只不过是像接生婆那样把你已有的知识诱导出来。"归纳"就是指从许多具体的个别事物或事例中寻求它们的共性。"定义"是指给这个共性一个名称，即形成概念。由此可见，苏格拉底的问答法就是通过和对手谈话、论战，在讨论过程中揭露对方谈话中前后自相矛盾的地方，从而从个别的感性认识，逐步上升到普遍的理性认识、定义、知识的方法。这种方法就是古代希腊最初意义的辩证法，即通过谈话寻求普遍定义，寻求真理。虽然苏格拉底最终没有给美德下一个完满定义，没有获得概念知识，但是他的这种方法的辩证法性质是不可否认的，而且他所使用的辩证法始终是揭露矛盾和认识矛盾、引导人们的认识由个别上升到一般，由错误走向正确的方法。从这个意义上讲，他所使用的辩证法具有明确的认识论意义，当然就其深刻程度而言，他所使用的辩证法的认识论意义还远未达到黑格尔的辩证法和马克思主义辩证法所具有的认识论意义，这不仅在于他没有明确提出和研究这个问题，而且在于他所强调的揭露矛盾和认知矛盾，是形式逻辑意义上的矛盾，即思维中的自相矛盾，而不是事物本身所固有的普遍存在的矛盾。因此我们既要肯定苏格拉底的辩证法蕴含了辩证法的认识论意义，又不能夸大苏格拉底所使用的辩证法的认识论意义。

4. 柏拉图的辩证法蕴含着辩证法的认识论意义

虽然柏拉图以前的古希腊哲学家的思想中包含了辩证法的内容，有的哲学家也使用了辩证法，但是他们都还没有明确提出和研究辩证法这个问题。只有柏拉图才第一次提出和研究辩证法这一问题，并有较为深刻的认识。在他的这些较为深刻的认识背后，我们不难发现他的辩证法同样蕴含着辩证法的认识论意义。

柏拉图认为"凡是知道如何提出和回答问题的人便可以称为辩证法家",那么什么才是辩证法呢?在他看来,如果一个人对于讨论中的意见不能说明其理由,便不能说他已经具备了应有的知识即辩证法。也就是说一个人能对每个事物存在的理由作出说明,才算是达到了辩证法,具有辩证能力。那么怎样才能说明每个事物存在的理由呢?在柏拉图看来,就是能够把事物联系起来看,辩证法便能看到事物的相互联系。这是他在《国家篇》中关于辩证法的有关解释。在《斐德罗篇》中柏拉图把辩证法理解为分析和综合。综合"是综观全体,把和题目有关的纷纭散乱的事项统摄在一个普遍概念下面,得到一个精确的定义,使我们所要讨论的东西可以一目了然"。分析"是顺自然的关节,把全体剖析成各个部分,却不要象笨拙的宰割夫一样,把任何部分弄破"①。柏拉图正是凭借这种分析和综合相统一的辩证法,从个别上升到一般,从可感事物中探求可知的理念。将分析和综合看成是辩证法的两个法则,无疑是柏拉图对辩证法的重要贡献。

柏拉图除了在《国家篇》和《斐德罗篇》中探讨了辩证法外,他还在其他的许多著作和不同的时期探讨了辩证法。柏拉图把辩证法理解为问答法,这是他最初理解的辩证法的意义。他在许多著作中提到"辩证法",通常把它理解为"进行谈话的能力""关于讨论的技艺""讨论的方法"。这种意义上的辩证法无疑是来自苏格拉底,在早期苏格拉底学派时期的对话中占有突出地位。这种问答法在中期和后期的对话中逐渐从消极的论证方法演变成为积极的论证方法,发展成为揭示、论证和制定理念——范畴的矛盾进展的根本法则。

柏拉图把辩证法理解为假设或二律背反。这种二律背反意义上的辩证法在《巴门尼德篇》中运用得最为典型,黑格尔称柏拉图的《巴门尼德篇》是古代辩证法的最伟大的作品。柏拉图在《巴门尼德篇》中提出了八组假言推论,目的是证明对于同一对象持两个相反的命题,而且认为这两个相反的命题中的每一个命题,都有同样

---

① 范明生:《柏拉图哲学述评》,上海人民出版社1984年版,第275页。

的必然性这一观点。但是他在《巴门尼德篇》中只是认识到理念——范畴的对立，还没有达到对立统一，而是在后期的对话《智者篇》《政治家篇》《斐利布篇》中才认识到理念——范畴的对立统一。这就是我们要进一步分析的他关于辩证法理解的另一层含义，即以对立统一为特征的辩证法。柏拉图把辩证法理解为理念——范畴的矛盾进展的法则，即对立统一法则。这是他的辩证法的最高成就，是他的整个体系的精华所在，也可以说是他对人类认识史、整个哲学史的最主要的贡献。黑格尔就将柏拉图的对立统一思想看成是他的哲学的主要之点，并认为这是柏拉图高于苏格拉底的重要方面。因为柏拉图已经把辩证法理解为逻辑思维、理念的矛盾运动，而苏格拉底还停留在善、共相、自身具体的思想上面。在一定意义上讲，柏拉图把辩证法理解为理念——范畴的矛盾进展的对立统一法则，是接近于马克思主义所理解的对立统一法则的辩证法含义的。只不过柏拉图还没有达到高度概括的程度，还没有把它作为对立统一的法则提出来，而且他的辩证法是"头脚倒置"的，是主观的思维的辩证法，是理念——范畴的矛盾进展的法则。这个法则是第一性的，决定着可感的世界的运动变化，不是客观世界的运动变化决定主观思维的运动变化。也就是说可感的世界的运动变化服从于理念的矛盾进展的法则。从根本意义上讲，他的辩证法就是证明他的理念论的合理性，是论证理念论的重要手段。

虽然柏拉图的辩证法是唯心主义辩证法，但是他把辩证法理解为说明事物存在的理由，理解为联系地看待事物的方法，理解为揭露对方谈话中的矛盾，寻求普遍定义、寻求真理的方法，理解为分析和综合的法则，理解为假设法或二律背反，理解为理念的矛盾进展的法则即对立统一法则，都体现他在唯心主义基础上把辩证法、认识论和理念论三者统一起来了，表达了辩证法的认识论本性，蕴含了辩证法的认识论意义。正如黑格尔指出的，真正的辩证法的概念，在于揭示纯概念（即范畴）的必然运动，概念正是这种必然运动，而共相也就是这些相反的概念的统一。尽管柏拉图还没有完全意识到辩证法的这种认识论的本性，但在他那里可以发现，"绝对本质在纯概念的方式下被认识了，并且纯概念的运动得到了阐明"①。并且黑格尔认为柏拉图是通过辩证法的运动规定了理念，在柏拉图那里辩证法和理念论是统一的。总之，柏拉图的辩证法是在继承芝诺的揭示矛盾的否定辩证法，苏格拉底问答法意义上的逻辑辩证法基础上，创立的揭示理念（范畴）间对立统一的概念辩证法（思辨辩证法），涉及了辩证法、本体论和认识论三者统一的思想。

5. 亚里士多德的辩证法蕴含着辩证法的认识论意义

亚里士多德是古希腊哲学的集大成者，是"古代最伟大的思想家"，是古希腊哲学中"最博学的人物"。他不仅有丰富的辩证法思想，而且比较精密地研究过辩证法，赋予辩证法较大更新的意义。

亚里士多德的辩证法思想集中体现在他的《形而上学》和自然哲学中。他以形式与质料、潜能与现实等范畴为核心建立了一个运动变化发展的哲学体系。他在研究实体时首先针对柏拉图混淆一般与个别的辩证关系阐发了一般与个别的辩证法思想。柏拉图认为理念是永恒不动的，独立于具体的个别事物之外，并决定着个别事物的存在，具体的个别事物只因为有一般的理念才存在，这样就颠倒了一般理念与个别事物的关系。亚里士多德则认为理念是从个别事物中抽象出来的普遍性的东西，不可能脱离具体事物而独立存在，不能设想个别房屋之外还有一般的房屋。但是亚里士多德没有将这一观点贯彻到底，他后来又把形式看成是更为根本的实体，认为有脱离质料的纯形式的存在，从而走向唯心主义。当然亚里士多德在研究形式与质料时还是有许多合理的思想。他认为每一个具体事物都是质料与形式的统一，质料是构成具体事物的材料和基础，形式是决定事物之所以是该事物的本质，质料不断追求形式，不断地向形式过渡。质料和形式的关系从运动变化看就是潜能和现实的关系，运动的发展就是从质料向形式的

①　[德]黑格尔：《哲学史讲演录》第 2 卷，贺麟、王太庆译，商务印书馆 1995 年版，第 200 页。

过渡，也是从潜能向现实的转化。现实是实现了的潜能，潜能是尚未实现的现实，两者的统一表现为一个过程。亚里士多德对运动、时间、空间的问题，也作出过辩证的解释。他认为运动是永恒的不生不灭的，时间、空间与物质运动是不可分割的。他指出，时间"本身就是一种运动"，"或者是运动的一个属性"①，时间与运动一样不可能被产生出来或停止存在。运动只能在时间中进行，"每样变化的东西，都在时间中变化"②。"除了空间里面的运动以外，没有别的连续性运动。"③ 亚里士多德还深入研究了对立概念（范畴）的不同含义和表现，比如运动与静止、有限与无限、必然与偶然、可能与现实、内容与形式、一般与个别、一与多、同与异等，并阐述了它们之间的辩证关系，恩格斯称他是"带有流动范畴的辩证法派"。亚里士多德的丰富的辩证法思想体现了他对自发的客观辩证法、论辩的逻辑辩证法和哲学的概念辩证法作出的重大贡献。不仅如此，他和他的老师柏拉图一样，对辩证法作过比较精密的研究，赋予了辩证法较大更新的意义。古希腊早期自然哲学家虽然认为万物都是处于永恒的运动变化之中，都是对立的和存在着矛盾的，包含了今天所说的科学辩证法思想，但是他们都没有明确提出和研究"辩证法"这个问题本身，也没有用"辩证法"这个范畴作这样的概括。连芝诺、苏格拉底辩证法也是如此。芝诺是在把运动视为矛盾加以否定时，客观上正好揭示了运动的矛盾本性。苏格拉底的问答法是体现了揭露矛盾而寻求普遍定义、寻求真理的辩证法的最初意义。只有柏拉图在《国家篇》《斐德罗篇》等著作中提出和研究过"辩证法"这个问题本身。亚里士多德则在柏拉图的辩证法研究基础上，对"辩证法"这个问题作了更深入的研究。

亚里士多德认为辩证法本质上是一种探求真理和知识的哲学方法和逻辑方法。这种方法是指人们在探讨任何问题时，应当从普遍接受

---

① 《古希腊罗马哲学》，生活·读书·新知三联书店1957年版，第279页。
② 《古希腊罗马哲学》，生活·读书·新知三联书店1957年版，第274页。
③ 《古希腊罗马哲学》，生活·读书·新知三联书店1957年版，第259页。

的意见出发进行推理，论证过程中遵守逻辑的基本规则，不出现自相
矛盾。亚里士多德之所以把辩证法理解为探索真理和知识的哲学方法
和逻辑方法，在于他所理解的辩证法是作为一种研究推理和论证的方
法，实质是建立一种有一定规则的语义分析的逻辑理论；在于他所理
解的辩证法主要是研究哲学、各门科学和逻辑的论题，哲学范畴的分
析是辩证法即辩证的推理和论证的根据，多义性分析是辩证法的主要
手段，通过多义性分析去发现事物的差别，考察事物的相同性。由此
可见，亚里士多德所理解的辩证法总体上讲是通过推理和论证，对哲
学、各门科学和逻辑的范畴进行多义性分析，探求真理和知识的方
法。应当说亚里士多德是在辩证法的实质、辩证法的研究对象、辩证
法的手段和辩证法的运用途径等方面作了阐述，就这一点来讲，他关
于辩证法理解的内容相对于苏格拉底和柏拉图来说，是更为丰富的，
可以说是古希腊辩证法理解所达到的最高水平。不仅如此，虽然亚里
士多德所理解的辩证法和苏格拉底所使用的辩证法、柏拉图所理解的
辩证法都是把辩证法作为探索真理和知识的方法，但是亚里士多德强
调知识和真理的探求是从普遍接受的意见出发，把意见看成是通向真
理和知识的必经阶梯。这与柏拉图把意见与知识对立起来是有根本不
同的，在一定意义上表达了经验是知识的来源。因为"亚里士多德研
究辩证的推理与论证，不是教人在意见争执中强辩取胜的论辩术，而
是依循认知的阶梯，教人从普遍接受的意见出发，考察论题，作辩证
的论证，审察真假，以求通达真理与知识"①。还有，亚里士多德的辩
证法与苏格拉底所使用的辩证法、柏拉图所理解的辩证法一样注重推
理和论证，他的辩证法实质上是一种较为系统的语义分析逻辑，但是
亚里士多德的辩证法的逻辑涵义是极为浓重的，而苏格拉底和柏拉图
的辩证法只是存在较零散的逻辑思想。这些就是亚里士多德给辩证法
赋予的较大更新的意义。

　　通过以上的分析，我们可以看出不仅亚里士多德的辩证法思想是

---

　　① 汪子嵩等：《希腊哲学史》第 3 卷，人民出版社 2003 年版，第 227 页。

人们认识事物的思想武器，他的运动的永恒性观点，运动与时间空间统一的观点，一般与个别的辩证关系、质料与形式的辩证关系、潜能与现实的辩证关系等，都为人们认识事物提供了思想方法；而且他关于辩证法的多重规定和给它赋予的新的意义，都说明了他始终把辩证法看成人们探求真理和知识的重要方法，把辩证法与认识论统一起来，肯定了辩证法在人的认识过程中的重要作用，蕴含着辩证法的认识论意义。

二　辩证法的认识论意义在近代唯心主义辩证法中的明确表达

辩证法是人类认识本身所固有的，不仅古代哲学有朴素的辩证法思想，就是中世纪哲学也有个别的零碎的辩证法因素。近代更是出现了像笛卡尔（Descartes）、斯宾诺莎（Spinoza）、卢梭（Rousseau）、狄德罗（Diderot）等这样杰出的辩证法代表人物。但是，他们的辩证法都不是完整的、系统的理论，因而还不能成为辩证法发展的一个独立形态。只有德国古典哲学的辩证法才是辩证法发展的一个独立形态，即唯心主义辩证法。恩格斯指出，"辩证法的第二种形态恰好离德国的自然科学家最近，这就是从康德到黑格尔的德国古典哲学"①。德国古典哲学围绕思维和存在的关系问题，以精神、思想、观念作为自己的出发点，作为辩证法主体，揭示了思想观念的辩证法运动过程和辩证发展规律，并强调客观世界的运动变化发展正是按照思想观念的运动规律进行的。也就是说客观世界的辩证运动服从于思想观念的辩证运动，主观辩证法决定客观辩证法。因此德国古典哲学的辩证法是唯心主义辩证法。但是他们的辩证法始终是作为当时资产阶级认识和说明世界的工具，同时他们在唯心主义基础上揭示了人类思想认识的辩证运动规律。这表明他们的哲学是把辩证法与认识论统一起来的，赋予了辩证法的认识论意义，不是把辩证法当成纯粹的教条和公式，而是把辩证法的规律当成认识的规律。所以列宁强调辩证法也就

---

① 《马克思恩格斯选集》第 3 卷，人民出版社 2012 年版，第 877 页。

是黑格尔的认识论。由此可见，德国古典哲学的辩证法作为自觉的唯心主义辩证法，已经明确表达了辩证法的认识论意义，尽管是唯心主义的、"头脚倒置"的。

康德是德国古典哲学的开拓者，他的哲学体现着强烈的"批判精神"，所以将他的哲学称为"批判哲学"。他指出："我之所谓批判，并不意味着对诸书籍和体系的批判，而是关于离开一切经验去寻求知识的一般理性能力的批判。"因此，康德所说的"批判"就是对人类理性能力的自由、客观而冷静的剖析、审察和探究。他之所以考察人类的理性能力，目的是解决和调和近代哲学经验论与唯理论的矛盾，说明感性经验与理性认识的内在统一。尽管他没有解决这一矛盾，但是透过他对人类理性能力的考察和剖析，不难发现他对德国古典哲学唯心主义辩证法所起的奠基作用和作出的重大贡献，也不难发现他的辩证法的认识论性质和认识论意义。

古希腊哲学的中心问题是本体论问题，尽管涉及认识论问题，但在古希腊哲学家那里研究认识论只是作为论证本体论的一种方式而隶属于本体论。近代哲学才将认识论问题作为中心问题，实现了由本体论向认识论的转向。在他们看来，哲学不仅要探讨世界的本原是什么的问题，更重要的是要探讨人们如何才能正确认识现实世界的问题。于是认识论问题便成为他们研究的最主要的问题。他们围绕认识的对象、主体、起源、途径、方法，以及真理标准等方面进行研究，形成了不同的理论观点，区分为两大对立的哲学派别，即经验论和唯理论。经验论强调感性认识的重要性和实在性，突出认识的经验来源；唯理论强调理性认识的重要性和必要性，突出认识的理性来源。两者之间的矛盾既推动了 16 至 18 世纪欧洲哲学的发展，也影响着德国古典哲学的发展。康德哲学的认识论就是力图解决和调和经验论与唯理论的矛盾，寻找人的感性经验和理性思维之所以可能结合起来的认识论基础。这样他就提出"先天综合判断如何可能"的问题，为先天综合判断寻找最终根据。在他看来，只要对人的认识能力进行一番批判性考察，就可以找到先天综合判断的最终根据。康德认为人的认识能力有感性、知性、理性三个方面，人的认识从感性开始，经过知性最终以理性告终。由于知识是以感性为基础，受感性的限制，它所获得的知识只是关于现象的认识，而不是"物自体"的认识，因此它不是完整的，没有达到最高的统一。理性是人的最高的认识能力，目的是把握超越经验界限的不受任何条件限制的终极的绝对的东西，即上帝、灵魂和世界理念。但是这样的东西是任何经验所不能提供的，而理性的本性又要追求这种认识，这就必然使理性产生矛盾：一方面绝对终极的东西不在经验范围之内；另一方面又要用经验的范畴去认识；一方面绝对终极的东西是根本不可认识的，另一方面理性的本性又要追求这种认识，结果就陷入了"先验的幻相""与人类理性不可分离的辩证法"，这就是理性的矛盾。这个矛盾不存在于客观世界里，而是存在于理性中，这个矛盾就是康德的"二律背反"，即当理性超越经验界限去认识整体的界限、构成、起源和逻辑根据时，会出现两种相互排斥但在逻辑上同样可以证明的主张（正题和反题）。他提出了四种"二律背反"。1. 正题：世界在时间和空间上是有限的，反题：世界在时间和空间上是无限的。2. 正题：世界上一切都是单一的、不可分割的，反题：世界上一切都是复杂的、可分割的。3. 正题：世界上存在着自由；反题：世界上不存在自由，一切都是必然的。4. 正题：世界有始因，反题：世界无始因。在康德看来，由于双方都假定物自体可以认识，但又不可能用感性经验材料加以证实，因此是永远争论不清的。只有把认识严格局限于主观的经验现象本身的范畴之内，不要有去认识"物自体"的非分之想，才能使"二律背反"的幻相消失。这就是说人的认识只能局限于现象，不能进到本质，如果企图从现象的认识进到本质的认识，则必然出现"二律背反"的幻相。所以康德并没有真正解决经验论和唯理论的调和问题，而是用不可知论回避了这一问题。但是他发现了理性存在着矛盾的必然性，提出了"二律背反"并分析了"二律背反"产生的必然性，为认识论的辩证法的创立提供了直接的思想基础。

通过康德对人的认识能力的分析可以看出，康德把人的认识看成是充满矛盾的辩证运动过程，突破形式逻辑的基本格局，创立了逻辑学与认识论、方法论和经验自然界相统一的先验逻辑，阐述了认识过程中主体的能动综合作用，把知识看作普遍性与个别性相统一的"先天综合判断"，提出以"二律背反"为核心的消极辩证法，把理性矛盾看作本质的、必然的。这些都是他对德国古典哲学唯心主义辩证法作出的重要贡献。这也表明康德是把辩证法与认识论统一起来，内在地包含着辩证法、认识论、逻辑三者一致的思想，突出了辩证法的认识论意义。

费希特（Johann Gottlieb Fichte）改造了康德的批判哲学，建立了富有辩证思维的主观唯心主义知识学体系。他认为以往的哲学要么是从外物来说明意识的唯物论，要么是以意识来说明外物的唯心论，前者以物自身为对象，后者以自我自身为对象。而费希特则选择了以意识来说明外物的唯心主义路线，把"自我"作为认识的出发点和知识学的奠基石、中心概念。他的知识学是要说明知识不是对外物的反映而得来的，而是通过严密的逻辑推演而得来的。推演的出发点不是"公理""天赋观念"，而是建立在思想自由之上的"本原行动"，即"自我设定自身""自我设定非我""自我与非我的统一"；推理的步骤是按"正题"（自我设定自身）、"反题"（自我设定非我）、"合题"（自我与非我的统一）辩证演进的；推理的过程不仅是解释一切的过程，而且是自我能动地创造一切的过程。这样，费希特哲学从"自我"这种能动的精神出发，经过与自我设立的"非我"的斗争产生出知识，通过知识，自我克服非我而进入"信仰"领域，实现自我与非我的最高统一。费希特的知识学方法显然是主观唯心主义的。但是这种方法及其构造的知识学体系包含了丰富的辩证法思想，如肯定对立统一的必然性及其作为运动源泉的作用，重视思维和概念的运动发展，强调知识的内在联系和有机统一，主张精神向物质的能动转化等。他的这些思想对黑格尔哲学产生了重大影响，得到了黑格尔的充分肯定。黑格尔认为"费希特哲学的最大优点和重要之点，在于指出了哲学必须是从最高原则出发，从必然性推演出一切规定的科学，其伟大之处在于指出原则的统一性，并试图从其中把意识的整个内容一贯地、科学地发展出来，或者象人们所说的那样，构造整个世界。"①不仅如此，费希特的这些辩证法思想也充分表达了人的认识过程是包含着思维矛盾的辩证运动过程，是体现着知识的内在联系和有机统一的过程，是精神不断向物质转化的能动过程。他的这种辩证法在唯心主义基础上把辩证法与认识论统一起来了，以唯心主义方式说明了辩证法的认识论性质和认识论意义。

谢林（Friedrich Wilhelm Josephvon Schilling）的思想发展分为"同一哲学"和"天启哲学"两个阶段，但他对德国古典哲学辩证法的重要贡献主要体现在"同一哲学"中。同一哲学的中心概念就是"绝对同一"，也就是主体与客体是无差别的同一体。他的"绝对同一"是对斯宾诺莎的实体概念和费希特的"自我"改造的结果，简单地讲就是他用斯宾诺莎的实体概念改造了费希特的自我，又用费希特的唯心主义改造了斯宾诺莎的实体概念，从而他以客观唯心主义形式把"绝对同一"看成世界的本原，认为"自我"与"非我"，思维与存在，主体与客体，精神与自然，都是以绝对同一这种能动的精神力量作为原因、根据。正像斯宾诺莎把一切主观和客观现象都看成是实体的"样式"一样，谢林把"绝对同一"看成是绝对的主观事物和绝对的客观事物、有意识的东西和无意识的东西之间的同一性的根据。只是谢林的"绝对同一"与斯宾诺莎的物质的实体是不同的，"绝对同一"是一种精神力量或"绝对理性"。显然谢林用"绝对同一"改造斯宾诺莎的实体，就将唯物主义的物质实体变成唯心主义的"绝对同一"。同样谢林对费希特的"自我"的改造就是自我意识的主观原则客观化，把一切思维和存在、自我和非我、精神和自然都溶于"绝对同一"之中。

谢林不仅在改造斯宾诺莎的实体概念和费希特的"自我"基础上

---

① ［德］黑格尔：《哲学史讲演录》第 4 卷，贺麟、王太庆译，商务印书馆 1995 年版，第 311 页。

创立了"同一哲学",而且进一步以自己的"自我哲学"和"先验哲学"确立了作为德国古典哲学改造者的地位。他将绝对同一(绝对理性)贯穿在他的"自然哲学"和"先验哲学"之中,以客观唯心主义方式分析了自然和人类社会的发展,说明了自然的变化发展及其规律,揭示了自然发展的内在动力和源泉,也猜测到历史的发展不是纯粹偶然的,而是有规律可循的,从而接近于把历史看成一种客观发展过程的观点。当然他所说的自然和人类社会的发展及其规律最终归结为绝对同一(绝对理性)是从不自觉到自觉,从无意识到自我意识的历史进程,也就是说外部世界的运动服从于思维的运动,把主观辩证法推广到外部世界,这也就为从费希特的知识学到黑格尔思辨哲学的过渡架起了桥梁。因此,谢林只是在客观唯心主义的抽象形式下为辩证法开辟了极其广阔的视野,企图运用辩证法去探求自然和人类社会发展的规律,这在一定意义上说明谢林是想寻求主观思维和客观世界运动所遵循的共同规律的,只不过客观世界的运动是按照主观思维的运动规律进行的。尽管是唯心主义的,但他至少在唯心主义形式下表达了辩证法和认识论的内在统一,人的思维过程始终是一个有规律的辩证法运动过程,赋予了辩证法的认识论意义。

黑格尔是德国古典哲学唯心主义辩证法的集大成者,他的辩证法尽管是唯心的、神秘的,但是他的辩证法内容的丰富和思想的深刻是以往的哲学家所不能比拟的。就这个意义来讲,他的辩证法思想的错误是次要的,功绩是主要的、巨大的。因此马克思、恩格斯、列宁都曾高度评价黑格尔的辩证法。正如马克思指出,"辩证法在黑格尔手中神秘化了,但这决没有妨碍他第一个全面地有意识地叙述了辩证法的一般运动形式。在他那里,辩证法是倒立着的。为了发现神秘外壳中的合理内核,必须把它倒过来。"① 恩格斯指出:"黑格尔哲学的真实意义和革命性质,正是在于它彻底否定了关于人的思维和行动的一

———————————

① 《马克思恩格斯选集》第 2 卷,人民出版社 1995 年版,第 112 页。

切结果具有最终性质的看法。"① 列宁也指出："如果我没有弄错，那么黑格尔的这些推论中有许多神秘主义和空洞的学究气，可是基本的思想是天才的：万物之间的世界性的、全面的、活生生的联系，以及这种联系在人的概念中的反映——唯物地颠倒过来的黑格尔。"②

黑格尔哲学的核心概念是"绝对精神"，它是具有创造力量的处于辩证发展过程中的客观精神，是世界的本原。正是这种具有创造力量的、处于辩证发展过程中的客观精神的作用，才不断外化出自然、人类社会和人类精神现象，自然、人类社会和人类精神现象就是绝对精神在不同发展阶段上的表现形式。黑格尔哲学的根本目的就是要展示自然、人类社会和人类精神发展中所体现出来的绝对精神，揭示绝对精神的发展过程及其规律性，以此说明世界的变化发展是如何遵循绝对精神的变化发展原则和基本规律的。这说明黑格尔揭示辩证法的原则和规律实际上揭示的是绝对精神的变化发展原则和规律，并认为客观世界的变化发展是绝对精神变化发展的结果，应服从绝对精神变化发展的原则和规律。如果揭开它的唯心主义神秘外衣，把它颠倒过来，那么黑格尔的辩证法至少明确表达了辩证法的原则是适用一切事物的原则，辩证法的基本规律是适用一切事物的基本规律。恩格斯正是在对黑格尔辩证法作出唯物主义改造的基础上，把辩证法理解为关于自然、人类社会和思维发展普遍规律的科学，把辩证法归结为关于外部世界和人类思维的运动的一般规律的科学。

因此，黑格尔辩证法的"合理内核"是极为明确的，主要表现在，他把世界描写为一个处在不断运动变化发展的过程。恩格斯认为，黑格尔哲学的"一个伟大的基本思想，即认为世界不是既成事物的集合体，而是过程的集合体，其中各个似乎稳定的事物同它们在我们头脑中的思想映象即概念一样都处在生成和灭亡的不断变化中，在这种变化中，尽管有种种表面的偶然性，尽管有种种暂时的倒退，前

---

① 《马克思恩格斯选集》第 4 卷，人民出版社 1995 年版，第 216 页。

② 《列宁全集》第 55 卷，人民出版社 1990 年版，第 122 页。

进的发展终究会实现"①。这说明辩证发展是事物本身所固有的必然法则。所以，黑格尔认为，辩证法不是可以随意使用的工具，而是贯穿一切领域的必然法则。他指出，"辩证法是现实世界中一切运动、一切生命，一切事业的推动原则。"② 在黑格尔看来，事物的运动变化发展是因为事物自身的内在矛盾，矛盾对立双方的相互联系，促进了双方的转化，因此黑格尔是把对立面的联系和转化看成是辩证法的核心，他是把对立面的联系和转化贯穿在他的《逻辑学》中，不论"存在论""本质论"还是"概念论"的分析，他都注重各个范畴的联系和转化，总结出质量互变规律、对立统一规律和否定之否定规律。他所说的对立面的转化就是指"否定"，否定是矛盾发展的关键，但是否定不是简单的抛弃和消灭即全盘否定，而是"物弃"，既克服又保留，既肯定又否定，是事物联系和发展的环节。因此对立面的联系和转化是通过"否定"而实现的。黑格尔认为，"这个否定性是自身的否定关系的单纯之点，是一切活动——生命的和精神的自身运动——最内在的源泉，是辩证法的灵魂"③。他系统地阐述质量互变规律、对立统一规律和否定之否定规律，以及一系列范畴。黑格尔在存在论中着重阐述了质、量、度、量变、质变，以及量变和质变的辩证关系，提出了从量转化为质和从质转化为量的规律。在本质论中着重阐述了对立面的相互渗透的规律，不仅反复论证了矛盾的普遍性，肯定了矛盾是一切事物运动变化发展的内在根据，而且详细地分析了矛盾由隐到显的展开过程，指出同一、差异、对立本身都是矛盾，是矛盾的不同形态。在概念论中着重阐述否定之否定规律，他认为概念是从一些简单的规定性开始，经历两次否定和三个阶段，概念越来越丰富具体，最后达到绝对理念，也就是说任何概念都要经历由肯定到否定再到否定之否定的运动过程，这就是概念的由简单到复杂，由抽象到具体的螺旋式上升过程。黑格尔的整个哲学都是为了说明绝对精神

① 《马克思恩格斯选集》第 4 卷，人民出版社 1995 年版，第 244 页。

② ［德］黑格尔：《小逻辑》，贺麟译，商务印书馆 1996 年版，第 177 页。

③ ［德］黑格尔：《逻辑学》下卷，杨一之译，商务印书馆 1966 年版，第 543 页。

经过肯定到否定再到否定之否定的发展历程，是由自身展开为自然现象、由自然现象发展到人的精神现象、再从人的精神现象的最高阶段（哲学）认识到自身。因此在黑格尔的辩证法体系中否定之否定规律是核心。黑格尔把辩证法与本体论、认识论和逻辑学统一起来了，猜测到了主观思维运动的规律和客观世界运动的规律的一致性。他的辩证法就是说明绝对精神的逻辑展开过程和不断外化过程，证明自然、人类社会和人类精神现象是绝对精神逻辑展开和不断外化的结果，这既表明他的绝对精神既有辩证法的意义又有本体论的意义，也表明他的辩证法既与逻辑学相统一又与本体论相统一。同时他揭示的绝对精神的辩证运动及其规律实际上是主观思维的辩证运动规律，并认为外部世界正是按照这一规律进行的，因此他是以唯心主义方式表达了主观思维的运动与客观世界的运动遵循同样的规律的观点，只不过是对它们的关系作了颠倒的处理。这也表明了他的辩证法是与认识论相统一的。所以他认为，"辩证法是现实世界中一切运动、一切生命，一切事业的推动原则。同样，辩证法又是知识范围内一切真正科学认识的灵魂"①。由此可见，黑格尔的辩证法既具有世界观意义，也具有认识论意义，又具有方法论意义。正是如此，列宁在批判继承黑格尔的思想基础上，阐述了辩证法的世界观意义、认识论意义和方法论意义，并明确强调辩证法也就是黑格尔的认识论。

三 辩证法的认识论意义在现代唯物主义辩证法中的科学表达

通过我们前面对辩证法的认识论意义的哲学史考察，可以看出古希腊哲学对辩证法的认识论意义做出了朴素的自发的表达，体现了辩证法的认识论意义的萌芽。德国古典哲学对辩证法的认识论意义做出了明确的但是唯心的、头脚倒置的表达，体现了辩证法的认识论意义的进一步发展。而马克思主义哲学在改造古代朴素辩证法和近代唯心主义辩证法基础上，创立了唯物主义辩证法，对辩证法的认识论意义

① ［德］黑格尔：《小逻辑》，贺麟译，商务印书馆1996年版，第177页。

做出了科学表达，这是我们提出和研究辩证法的认识论意义的最重要的理论依据。

马克思指出，辩证法，在其合理形态上，是"在对现存事物的肯定的理解中同时包含对现存事物的否定的理解，即对现存事物的必然灭亡的理解；辩证法对每一种既成的形式都是从不断的运动中，因而也是从它的暂时性方面去理解；辩证法不崇拜任何东西，按其本质来说，它是批判的和革命的"①。在马克思看来，是不是辩证法，具不具有辩证思维，从本质上讲不是我们对事物运动变化的简单承认，而是在于我们认识事物的过程中是否具有批判性的革命性的思维，是否做到了对现存事物肯定理解（理解本身就是认识，认识本质是理解）的同时包含对现存事物否定的理解，也就是说是否用发展的眼光去理解事物。因此马克思这里实际已经表达了辩证法就是一种发展性的认识、批判性革命性的认识，是辩证法还是形而上学就是发生在人的认识过程中，而不是发生在对事物的感性直观中。

恩格斯对辩证法下了两个经典的定义，一是"辩证法不过是关于自然、人类社会和思维的运动和发展的普遍规律的科学"②，二是"辩证法就归结为关于外部世界和人类思维的运动的一般规律的科学"③。这两个定义从表面上看是有区别的，正如高清海先生所说前者是三分法，后者是二分法。前者是从辩证法规律存在的三个领域（自然界、人类社会、人类思维）而言的，说明辩证法的规律是普遍适用于自然界、人类社会和人类思维的。后者是从客观世界运动的规律和人类思维运动的规律是一致的角度而言的，说明辩证法规律是外部世界运动和人类思维运动所共同遵循的规律。因此，恩格斯在对辩证法做出的第二个规定之后，明确指出"这两个系列的规律在本质上是同一的，但是在表现上是不同的"，客观世界运动的规律形式上是客观的，人类思维运动的规律形式上是主观的。他在《自然辩证法》中明

① 《马克思恩格斯选集》第 2 卷，人民出版社 1995 年版，第 112 页。
② 《马克思恩格斯选集》第 3 卷，人民出版社 1995 年版，第 484 页。
③ 《马克思恩格斯选集》第 4 卷，人民出版社 1995 年版，第 243 页。

确指出："辩证法的规律是从自然界的历史和人类社会的历史中抽象出来的。辩证法的规律无非是历史发展的这两个阶段和思维本身的最一般的规律。"① 恩格斯的论述一方面是说明辩证法的规律不是主观设想出来作为思维规律强加于自然界和人类社会的，而是从自然界的历史和人类社会的历史中抽象出来的作为客观规律要求人类思维必须遵循的规律；另一方面是说明历史发展的这两个方面（自然界和人类社会）即外部世界与人类思维共同遵循辩证法的规律。从恩格斯的这一论述可以看出，他关于辩证法的两个经典定义是没有区别的，本质上是一致的，都说明了辩证法的规律是作为外部世界的自然界、人类社会运动与人类思维运动所共同遵循的规律，所以辩证法作为一门科学，就在于它揭示了外部世界（自然界和人类社会）与人类思维运动普遍遵循的规律，并要求人的思维反映存在的认识运动必须遵循这些规律。因此，在恩格斯看来，辩证法的规律既是客观世界存在的规律，也是客观世界认识的规律。恩格斯在《自然辩证法》中指出："我们的主观的思维和客观的世界遵循同一些规律，因而两者在其结果中最终不能互相矛盾，而必须彼此一致，这个事实绝对地支配着我们的整个理论思维。这个事实是我们的理论思维的本能的和无条件的前提。"②

很明显，马克思和恩格斯关于辩证法的理解都已经表达了辩证法本身所具有的认识论性质和认识论意义。列宁在继承马克思恩格斯的思想基础上，针对普列汉诺夫把辩证法看成是"实例的总和"的观点，明确提出并具体阐述了辩证法本身所具有的认识论性质和认识论意义。

列宁指出："统一物之分为两个部分以及对它的矛盾着的部分的认识是辩证法的实质。"③ 但我们通常是依据列宁这句话的前半部分"统一物之分为两个部分"来说明辩证法的实质，而没有依据列宁这句话的前后两个部分"统一物之分为两个部分"和"对它的矛盾着的部分的

---

① 《马克思恩格斯选集》第4卷，人民出版社1995年版，第310页。
② 《马克思恩格斯选集》第4卷，人民出版社1995年版，第364页。
③ 《列宁全集》第55卷，人民出版社1990年版，第305页。

认识"来说明辩证法的实质，从而将辩证法与形而上学的根本区别归结于是否承认矛盾，是否承认对立面的统一。但是依据列宁这句话的完整意思来看，辩证法的实质不仅在于承认事物的对立面的统一（形而上学者也是承认事物的对立面的统一，因为事物的对立面的统一是事物本身所固有的，不论你承认还是不承认，它都是客观存在的），关键在于把事物当作对立面的统一来认识（一些犯形而上学错误的人就是因为在思维反映存在的认识过程中没有把事物当作对立面的统一来认识）。也就是说只有把事物当作对立面的统一来认识，才是辩证的认识，才具有辩证思维。因此，列宁认为哲学史上两种发展观点就是如此。一种是形而上学的发展观，"认为发展是减少和增加，是重复"，也就是说这种发展观不是把发展当作对立面的统一来认识的；另一种是辩证法的发展观，认为发展是对立面的统一（统一物之分为两个互相排斥的对立面以及它们之间的相互关系），也就是说这种发展观是把发展当作对立面的统一来认识的。很显然列宁认为辩证法不只是客观事物存在的辩证法，还是客观事物认识的辩证法，所以他认为在普列汉诺夫那里，对立面的统一是被当做实例的总和，"而不是当做认识的规律（以及客观世界的规律）"。这就是说辩证法的规律（如对立统一规律）既是客观世界的规律，也是认识的规律。

列宁在分析马克思主义的《资本论》中的辩证法思想和黑格尔的辩证法思想基础上，认为在任何一个命题中，如树叶是绿的，伊万是人，茹奇卡是狗等，都可以发现辩证法一切要素的胚芽，都已经有辩证法：个别就是一般，都已经有必然与偶然、现象与本质的对立统一关系。所以列宁明确指出，"辩证法本来是人类的全部认识所固有的"，"辩证法也就是（黑格尔和）马克思主义的认识论：正是问题的这'一方面'（这不是问题的一个'方面'，而是问题的实质）普列汉诺夫没有注意到，至于其他的马克思主义者就更不用说了"①。在

① 《列宁专题文集 论辩证唯物主义和历史唯物主义》，人民出版社 2009 年版，第151 页。

我们看来，列宁的这一论述表达了这样几层重要含义。

第一，既然辩证法是人类的全部认识本身所固有的，那么辩证法必须运用于反映论，运用认识的过程和发展，只有这样才能保证人的认识的正确。而形而上学唯物主义的错误就在于它把人类的全部认识本身所固有的辩证法抛弃了，沿着形而上学唯物主义路线认识客观事物，必然会导致人的认识的错误。所以列宁在这里又专门强调，形而上学唯物主义的根本缺陷就是不能把辩证法应用于反映论，应用于认识的过程和发展。这就是辩证唯物主义认识论与形而上学唯物主义认识论的根本区别之一。

第二，列宁充分肯定了辩证法的实质就是认识论，辩证法的理论性质就是认识论，把握了辩证法的认识论性质和认识论意义，就等于把握了辩证法的实质。在这里需要说明两点。一是列宁所说的辩证法的实质是认识论，与列宁所说的"统一物之分为两个部分以及对它的矛盾着的部分的认识是辩证法的实质"是否相矛盾。笔者认为它们是不相矛盾的，恰好是完全一致的。前面我们已经分析了"统一物之分为两个部分以及对它的矛盾着的部分的认识是辩证法的实质"这一论断，说明列宁的这一论断就是强调，辩证法不仅在于对事物的对立面的承认，而且在于把事物当作对立面的统一来认识，是不是辩证法，具不具有辩证思维，关键在于是不是把事物当作对立面的统一来认识。在列宁后面分析"树叶是绿的，伊万是人，茹奇卡是狗"等命题中包含辩证法（个别就是一般）时，就是把事物当作对立面的统一（一般与个别的对立统一、必然与偶然的对立统一、现象与本质的对立统一）来认识的。因此，列宁的"统一物之分为两个部分以及对它的矛盾着的部分的认识是辩证法的实质"这一论断本身就是表达了辩证法的实质是认识论，列宁这一论断的分析也是要说明辩证法的实质是认识论。二是列宁的"辩证法也就是（黑格尔和）马克思主义的认识论"的科学论断所要表达的深刻内涵是什么。高清海先生在《论辩证法就是认识论》一文中认为我们过去对"辩证法也就是（黑格尔和）马克思主义的认识论"这一科学论断的理解有误，他认为过去的理解只是把这一论断作为说明辩证唯物主义认识论与形而上学唯物主义认识论的区别的论据，也就是列宁的这一论断说明了马克思主义认识论把辩证法应用于反映论，应用于认识的过程和发展，而没有说明列宁这一论断还包括另一方面的含义，那就是辩证法的认识论性质。这就说明高清海先生认为列宁的这一论断应该包括了两方面的内涵：一是强调辩证唯物主义是把辩证法应用于反映论，从而与形而上学唯物主义认识论划清了界限；二是强调辩证法的实质就是认识论，所以，他强调我们既要从辩证法方面去理解认识论的内容，又要从认识论方面去理解辩证法的性质。在我们看来，列宁的这一论断所表述出来的深刻内涵不是两个方面，而是一个方面，那就是第二方面，即辩证法的实质就是认识论。理由有这样三点。1. 从列宁这一论断提出的背景看，列宁是针对普列汉诺夫对辩证法这一问题的错误理解而言的，普列汉诺夫把辩证法看成"实例的总和"，而没有把辩证法当作"认识的规律"，这说明列宁在这里就是要着重解决"辩证法是什么"即辩证法的实质是什么的问题，要把辩证法当作"认识的规律"。列宁的整个论述都是在"谈谈辩证法问题"这一背景（视域）下而展开的。这说明列宁提出这一论断有很明确的针对性，就是针对"辩证法是什么"这一问题的。所以列宁的论断就是对"辩证法是什么"即辩证法的实质或理论性质是什么所作出的科学回答。2. 从列宁这一论断提出的过程看，列宁是以"树叶是绿的，伊万是人，茹奇卡是狗"等命题为例，说明辩证法是什么，辩证法就是把事物当作对立面的统一（个别与一般的对立统一）来认识，辩证法是人类的全部认识所固有的，辩证法的规律就是认识的规律。因此，辩证法也就是认识论。这就是说列宁的论证过程仍然是解决"辩证法是什么"的问题，那么列宁这一论断仍然只是说明辩证法的实质这一含义，这一论断并没有两方面的含义。3. 从列宁提出这一论断的语言表达看，这一论断就是说明辩证法的实质是认识论。理解这一点的关键是列宁这句话中的"问题"怎么理解。在我们看来列宁这个论断中所提到的"问题"不是指"辩证法也就是（黑格尔和）马克思主义的认识论"这一问题，而是指"辩证法是什么"这一问题，因此列宁在这里所说的"辩证法也就是（黑格尔和）马克思主义认识论"不是作为一个问题而提出的，而是作为"辩证法是什么"这一问题的结论提出来的，并且辩证法涉及的问题是多方面的，在列宁看来这个论断不单是"辩证法是什么"这一问题所涉及的一方面的内容，而是最重要的内容，是"辩证法"这一问题的实质。所以列宁这一论断本身不是表达两方面的含义，而是表达一方面的含义，即对辩证法的实质的科学回答，即辩证法的实质就是认识论。

列宁关于辩证法的认识论实质的科学回答，不仅将马克思恩格斯关于辩证法论述所包含的辩证法的认识论性质和认识论意义明确表达出来，而且将辩证法的世界观意义、认识论意义和方法论意义有机统一起来，科学地阐述了辩证法的世界观意义在于辩证法是"关于世界的全部具体内容的以及对它的认识的发展规律的学说，即对世界的认识的历史的总计、总和、结论"；辩证法的认识论意义在于"辩证法是活生生的、多方面的（方面的数目永远增加着的）认识，其中包含着无数的各式各样观察现实、接受现实的成分（包含着从每个成分发展成整体的哲学体系）"；辩证法的方法论意义在于辩证法是"活生生的实在的内容的形式，是和内容不可分离地联系着的形式"。从而进一步阐发辩证法、认识论、逻辑学三者同一的原理。在古代哲学中，辩证法、逻辑学和认识论三者还没有被区分开来，逻辑只是形式逻辑，还没有出现辩证逻辑。近代哲学从康德开始，本体论、认识论和逻辑学被严格地区分开来，处于相互分离之中，黑格尔第一次在唯心主义基础上把本体论、认识论和逻辑学三者结合起来，并把逻辑提升到辩证逻辑的水平。列宁高度评价了黑格尔的思想，并加以改造，指出逻辑是关于一切物质的、自然的、精神的事物的发展规律的学说。辩证法、逻辑学、认识论虽然在其表现形式上有所不同，但在本质上是同一的。他认为马克思的《资本论》极其成功地做到了辩证法、逻辑学、认识论三者的统一，"在《资本论》中，唯物主义的逻辑、辩证法、认识论［不必要三个词：它们是同一个东西］都应用于一门科学，这种唯物主义从黑格尔那里吸取了全部有价值的东西并发展了这些有价值的东西"①。列宁立足于唯物主义的根基，第一次提出了辩证法、逻辑学和认识论三者同一的思想，也是他对马克思主义认识论作出的重要贡献。

---

① 《列宁专题文集 论辩证唯物主义和历史唯物主义》，人民出版社 2009 年版，第145 页。

第二章　马克思主义辩证法的认识论意义研究的必要

　　学哲学用哲学是中国共产党的优良传统。毛泽东同志说过，哲学就是认识论。毛泽东的这个概括准确说明了哲学理论实质上是认识理论，学哲学用哲学根本上讲是解决认识问题。因为哲学的基本问题是思维和存在的关系问题，不论是对思维和存在谁是第一性谁是第二性的不同回答，还是对思维和存在的同一性的不同回答，都是探讨人的认识问题。因此学哲学用哲学就是掌握哲学的认识方法和运用哲学的认识方法。学哲学就是学会像哲学家那样思考，学习马克思主义哲学就是学会像马克思那样思考。正像康德所说他不是教哲学，而是教人学会哲学思考。而哲学史上的各种哲学给我们提供的哲学的认识方法很多，有的是正确的，有的是错误的，有的是根本的，有的是非根本的，但是最根本的科学方法就是马克思主义辩证法。马克思主义哲学的科学认识方法就是唯物辩证法在认识论中的具体展开。中国共产党之所以不断在革命和建设中取得一个又一个胜利，就在于突出学习马克思主义哲学特别是学习辩证法和认识论的重要性。在新时代条件下中国共产党要完成自己的伟大历史使命，必须要像习近平总书记所强调的那样，增强辩证思维能力，提高驾驭复杂局面、处理复杂问题的本领，实际上就是要充分发挥辩证法的认识论作用。因此加强辩证法的认识论意义研究，深刻领会辩证法的认识论意义，发挥辩证法的认识论作用，不论是过去、现在还是将来，不论是理论上还是现实上都是极为必要的。

第一节　马克思主义辩证法的认识论意义研究是深入把握马克思主义哲学实质的需要

马克思主义哲学是在对人类哲学思想特别是费尔巴哈的唯物主义"基本内核"和黑格尔的辩证法"合理内核"的批判继承的基础上产生的，它体现的精神实质与以往的哲学有本质的区别。根据马克思主义经典作家的论述，马克思主义哲学的实质可以从多方面概括。从马克思主义哲学的研究对象看，马克思主义哲学是关于自然、人类社会和思维发展的普遍规律的科学；从马克思主义哲学的内容看，马克思主义哲学是唯物论与辩证法、唯物辩证法的自然观与历史观有机统一的科学体系；从马克思主义哲学的内在逻辑看，马克思主义哲学是世界观、认识论和方法论相统一的学说；从马克思主义哲学的功能和作用看，马克思主义哲学是无产阶级认识世界和改造世界的思想武器。而要深入把握马克思主义哲学的实质，必须加强辩证法的认识论意义研究，弄清辩证法的认识论意义与马克思主义哲学的实质之间的内在联系。这里我们着重从马克思主义哲学的研究对象和马克思主义哲学的内在逻辑两个方面阐述研究辩证法的认识论意义是深入把握马克思主义哲学实质的需要的论点。

一　从研究对象把握马克思主义哲学的实质必须研究辩证法的认识论意义

哲学的研究对象与一切科学的研究对象一样都不是固定不变的，而是随着人类认识的发展变化和人类知识结构的发展变化而不断完善的，只不过哲学的研究对象相对于其他科学的研究对象更富于变化的性质。这是由哲学自身所具有的特殊性，以及它在知识体系中占据的特殊地位所决定的。综观哲学研究对象的变化，在马克思主义哲学之前，哲学的研究对象经历古代哲学和近代哲学两个发展变化的阶段。古代哲学是以自然为研究对象，是人类用于解释和认识自然对象的理论思维，是包括一切理论学科在内的知识的总汇，是以知识总汇形式表现出来的最高智慧。恩格斯就指出："最早的希腊哲学家同时也是自然科学家。"[1] 这是当时哲学与科学尚未分化的结果。到了近代，科学已从哲学分化出来，形成与哲学相独立的专门科学，但是哲学与科学的矛盾也是当时哲学家不得不面临的问题，而以古代知识总汇的哲学概念是无法解决哲学与科学的矛盾的，因此近代哲学家力图建立一个创新的哲学概念，把哲学看成是凌驾于一切科学之上并包括一切科学真理的特殊科学即"科学之科学"。这是他们不想放弃哲学对科学的原有的统辖力的表现。黑格尔就是力图建立一个"科学之科学"的哲学体系，并认为自己的哲学已经达到了最后完成的绝对真理。

马克思主义哲学确立的研究对象是"关于自然、人类社会和思维发展的普遍规律"或"关于外部世界和人类思维的运动的一般规律"。对于马克思主义哲学确立的研究对象需要作出以下方面说明。

一是马克思主义哲学为什么这样确立自己的研究对象。因为当时科学分化的客观事实是自然界和人类社会已经成为自然科学和社会科学的研究领域，构成各门实证科学的研究对象，揭示了自然领域和人类社会领域中的普遍规律。因此哲学不可能像古代哲学那样成为"知识的总汇"，也不可能像近代哲学那样成为"科学之科学"，也就是说哲学不能代替各门实证科学去揭示自然领域和人类社会领域里的普遍规律，只能根据自然领域和社会领域即外部世界的发展规律去总结人类思维运动的规律，揭示客观世界与人类思维运动所共同遵循的普遍规律。正如恩格斯所说，在以往的哲学中除了思维及其规律的学说以外，"其他一切都归到关于自然和历史的实证科学中去了"[2]。所以哲学的研究领域就只有思想领域，研究思维过程本身的规律。恩格斯明确指出了这一点。他说："对于已经从自然界和历史中被驱逐出去的哲学来说，要是还留下什么的话，那就只留下一个纯粹思想的领

---

① 《马克思恩格斯全集》第 20 卷，人民出版社 1971 年版，第 526 页。
② 《马克思恩格斯全集》第 20 卷，人民出版社 1971 年版，第 28 页。

域：关于思维过程本身的规律的学说，即逻辑和辩证法。"① 显然恩格斯说明了科学从哲学中分化以后，哲学与科学在知识体系中的分工不同，科学只是揭示自然规律或社会规律，而哲学则是对自然规律和社会规律进行总结形成普遍规律，作为指导科学在揭示这些规律时所应遵循的认识规律。所以马克思主义哲学所揭示的普遍规律既是外部世界（自然和人类社会）存在的规律，也是认识的规律。

二是马克思主义哲学确立的研究对象既不同于它以前的哲学研究对象，也不同于科学的研究对象。这个不同表明了马克思主义哲学给自己确立的任务，是要揭示外部世界和主观思维这两个运动系列共同遵循的一般规律，以便为人们自觉地应用这些规律提供理论指导，指导人们的思维正确反映存在，获得真理性认识，所以这个一般规律就是思维正确反映存在的规律。马克思主义哲学与以往哲学研究对象的不同表现在，它所揭示的"一般规律"既不是古代哲学的"知识总汇"，具有包罗万象的性质，也不是近代哲学所说的凌驾于各门科学之上的"科学之科学"，具有最大的普适性，可以代替各门具体科学，而是总结各门科学的成果而建立起的关于外部世界和人类思维运动的一般规律，并为科学研究活动提供理论思维的指导，提高科学研究的认识水平和认识活动的自觉性。马克思主义哲学与科学研究对象的不同表现在，各门具体科学都揭示各自领域内的普遍规律，自然科学是揭示自然领域的普遍规律，社会科学是揭示社会领域的普遍规律，思维科学是揭示思维领域的普遍规律，但没有一门科学是从客观世界（自然和人类社会）与主观思维两方面的相互关系中去研究它们共同遵循的普遍规律。而马克思主义哲学研究对象的确立就表明了它是揭示客观世界与主观思维运动共同遵循的规律，说明思维与存在达到统一的规律。因此，只有哲学才把思维和存在的关系问题作为自己研究的基本问题，而任何一门科学尽管都涉及思维和存在的关系问题，但都不把它作为自己研究的基本问题，也就是说思维和存在的关系问题

---

① 《马克思恩格斯选集》第4卷，人民出版社1995年版，第257页。

在它们那里不是一个问题，思维和存在的统一是它们的不证自明的前提，它们关注和追求的是思维反映存在的结果，不关心思维反映存在的过程。但是哲学把思维和存在的关系问题作为自己研究的基本问题，关注和追求的正是思维反映存在的过程，说明思维和存在是怎样的统一，思维怎样才能与存在达到统一，为思维反映存在提供普遍原则和基本方法。而在马克思主义哲学看来，思维和存在要达到统一，必须遵循客观世界运动和主观思维运动的共同规律。恩格斯就明确指出："我们的主观的思维和客观的世界服从于同样的规律，因而两者在自己的结果中不能互相矛盾，而必须彼此一致，这个事实绝对地统治着我们的整个理论思维。它是我们的理论思维的不自觉的和无条件的前提。"① 因此马克思主义哲学认为解决思维和存在的关系问题，达到思维和存在的统一，使人的认识走向正确的无条件的前提就是主观思维要遵循与客观世界运动相同的规律，这说明主观思维和客观世界所服从的相同规律实际上就是认识规律。马克思主义哲学将"自然、人类社会和思维的运动和发展的普遍规律"或"外部世界和人类思维的运动的一般规律"作为研究对象，就是揭示贯穿于自然、人类社会和思维运动中的普遍规律，作为人类认识的规律。

三是马克思主义哲学确定的研究对象既表明了哲学就是认识论，也表明了辩证法也是认识论。因为前面我们已经说明了马克思主义哲学所揭示的一般规律既不同于其他具体科学的规律，也不是代替具体科学的规律，而是在更高层次最一般意义上对具体科学成果进行总结，寻求各种具体科学知识的获得所体现的认识过程和认识规律，为各门科学认识提供理论指导。因此马克思主义哲学揭示贯穿于自然、社会和人类思维运动和发展的普遍规律不是马克思主义哲学研究的目的，而是科学认识的手段和方法，真正的目的是为思维反映存在的运动，达到思维与存在的统一，人的认识走向正确提供普遍遵循的规律。同时马克思主义哲学揭示贯穿于自然、社会和人类思维运动和发

---

① 《马克思恩格斯全集》第20卷，人民出版社1971年版，第610页。

展的普遍规律更不是只要求人们承认客观世界的运动变化发展存在着普遍规律，而主要是要求人们认识这些规律，利用这些规律，在思维反映存在的认识活动中贯穿这些规律，达到主观思维运动与客观世界运动规律的统一，使人的认识走向正确。正是在这一意义上讲，马克思主义哲学就是认识论。不仅如此，马克思主义哲学的研究对象也表明了它是科学形态的认识论。马克思主义哲学以前的哲学之所以没有科学彻底地解决思维和存在的统一问题，就在于它们是把外部世界的运动规律同主观思维的运动规律割裂开来的，本体论、认识论和方法论是相互独立的，不是有机统一的，因此马克思主义哲学以前的哲学不论是唯物主义还是唯心主义，都不是科学形态的哲学，都没有为人的思维反映存在提供科学的认识规律和认识方法。只有马克思主义哲学把自己的研究对象确定为揭示贯穿于自然、社会和人类思维运动和发展的普遍规律，把外部世界的运动与主观思维的运动统一起来了，找到了主观思维运动和外部世界的运动共同遵循的规律，为人的认识提供了科学方法。这就说明马克思主义哲学不仅是认识论，而且是科学形态的认识论。

下面我们进一步说明马克思主义哲学确立的研究对象表明了辩证法就是认识论。首先马克思主义哲学所确定的研究对象在他们的理论中与辩证法的研究对象在性质上是同义的。恩格斯对辩证法的研究对象提出两种表述，一是辩证法是关于自然、人类社会和思维的运动和发展的普遍规律的科学；二是辩证法是关于外部世界和人类思维的运动的一般规律的科学。这两种表述是一致的，因为外部世界的运动就是指自然和人类社会的运动，只不过前者是从辩证法的普遍规律存在的领域而言的，也就是说辩证法的普遍规律是普遍适用于自然、人类社会和思维三个领域的；后者侧重于思维和存在的关系而言，是针对黑格尔颠倒了主观与客观、意识与外部世界的关系而提出来的，主要是为了说明思维反映存在，认识走向正确必须遵循相同的规律，必须要求主观思维的运动规律服从于客观世界运动的规律。而不是像黑格尔那样虽然揭示了客观世界的运动和主观思维的运动有共同规律，但是他要求客观世界运动的规律服从于主观思维运动的规律即他所说的"绝对精神"运动的逻辑演化规律。因此他的哲学研究不可能引导人们的认识走向正确，没有科学彻底地解决思维和存在的统一问题。因为认识是正确地反映客观世界的运动。认识只有按照客观世界运动的规律去认识客观世界，才能正确反映客观世界的运动。所以恩格斯关于辩证法的定义只是侧重点不同，角度不同，没有本质的差别。按照高清海先生的说法，前者是三分法，后者是二分法。二分法更能表现哲学的本质和特点，突出了认识论的根本矛盾即思维和存在之间的矛盾，突出了主观与客观的关系的内容。① 由此可见，辩证法的定义不论是三分法还是二分法，都表明辩证法的实质就是认识论，辩证法的普遍规律既是客观世界存在的规律，也是客观世界认识的规律。辩证法所揭示的普遍规律就是在客观决定主观条件下主观认识所应遵循的普遍规律。

其次，既然马克思主义哲学确立的研究对象是揭示贯穿于自然、人类社会和思维的运动和发展的普遍规律，那么这些规律是什么呢，就是质量互变规律、对立统一规律和否定之否定规律。这些基本规律既是马克思主义哲学所揭示的一般规律，也是辩证法所揭示的一般规律。这就说明马克思主义哲学的研究对象与辩证法的研究对象是一致的，而且基于哲学就是认识论，马克思主义哲学所揭示的普遍规律自然就具有认识论意义，同样也符合逻辑地推论出辩证法所揭示的普遍规律具有认识论意义的观点。还有辩证法揭示的这些普遍规律不是空洞的形式、纯粹的公式，而是包含着丰富的内容，是立足于哲学基本问题即思维和存在的关系问题的规律。唯物论围绕思维和存在的关系问题说明了人的认识要走向正确，必须坚持存在第一性、意识第二性的基本原则，思维要以存在为出发点，坚持从物到感觉、思想的认识路线。但是这只是为人的认识走向正确提供了前提和可能，而要把可能变成现实，必须坚持思维和存在统一的发展原则，遵循思维和存在统一的基本规律，这就是马克思主义辩证法所完成的历史任务。马克

---

① 参见高清海《马克思主义哲学基础》上册，北京师范大学出版社 2012 年版。

思主义辩证法所揭示的质量互变规律、对立统一规律、否定之否定规律就是人的认识走向正确所遵循的基本规律。正是如此，列宁在说明辩证法规律时，强调辩证法的规律是"世界和思维的运动的一般规律"①，"认识的规律（以及客观世界的规律）"②，明确提出"辩证法也就是（黑格尔和）马克思主义的认识论"③。

二 从内在逻辑把握马克思主义哲学的实质必须研究辩证法的认识论意义

马克思主义哲学不仅在研究对象上不同于以往的旧哲学，而且在理论的内在逻辑上也不同于以往的旧哲学。古代哲学是宇宙本体论，以追寻宇宙现象背后的本原的东西作为自身的主要目标，尽管它们涉及认识论和方法论，但是认识论和方法论在古代哲学理论体系中不占主体地位，而且本体论、认识论和方法论这三个部分是相互割裂的，并没有形成具有内在联系的完整体系。近代哲学的研究主题由本体论转向了认识论，在近代哲学家看来，哲学不仅要回答世界的本原是物质还是精神的问题，而且要回答我们如何才能正确认识现实世界的问题，即认识论问题。这一问题便成为近代哲学研究的最主要的问题，哲学家们围绕认识的对象、主体、起源、途径、方法，以及真理检验等方面进行论战，从而形成经验论和唯理论两大哲学派别。尽管他们研究的主题发生了变化，但是他们的哲学理论体系中仍然存在着本体论和方法论。不过与古代哲学一样，本体论、认识论和方法论三者是相互独立地存在于近代哲学的各种理论体系中。只有黑格尔哲学把本体论、认识论和方法论三者有机统一于其哲学体系中，但是黑格尔哲学是在唯心主义基础上实现了本体论、认识论和方法论的内在统一，所以它还不是世界观、认识论、方法论相统一的科学理论。只有马克思主义哲学才是科学的彻底的将世界观、认识论和方法论内在统一于

---

① 《列宁全集》第38卷，人民出版社1959年版，第186页。
② 《列宁选集》第2卷，人民出版社2012年版，第556页。
③ 《列宁选集》第2卷，人民出版社2012年版，第559页。

自身的哲学体系中，成为科学的世界观、认识论和方法论。在马克思主义哲学中，不再存在独立的相互割裂的唯物论、辩证法、认识论，这些部分不仅本身是内在统一的，而且统一在它们都是世界观又都是认识论也都是方法论上。也就是说唯物论不仅是世界观的理论，而且是认识论的理论和方法论的理论；辩证法不仅是方法论的理论，而且是世界观的理论和认识论的理论；认识论不仅是认识的理论，而且是世界观的理论和方法论的理论。在马克思主义哲学中，唯物论、辩证法和认识论都既起着世界观的作用，也起着认识论的作用，还起着方法论的作用，即它们都具有世界观的意义，也具有认识论的意义，还具有方法论的意义。所以列宁明确指出，辩证法、逻辑和认识论在马克思主义哲学中不是三个不同的东西，而是一个东西。列宁说："在《资本论》中，逻辑、辩证法和唯物主义的认识论不必要三个词，它们是同一个东西。"① 列宁讲的辩证法、逻辑和认识论三者的一致，与我们这里所说的世界观、认识论和方法论三者的一致，不仅本质上是相同的，而且更明确地表达了辩证法就是认识论的理论。

　　下面我们就分别说明在马克思主义哲学中唯物论、辩证法和认识论都是世界观、认识论和方法论相统一的理论。唯物主义和唯心主义是哲学的两个基本派别，它们是围绕思维和存在谁是第一性，谁是第二性，即世界的本原是什么的不同回答而形成的两种不同的哲学理论。这就是我们通常说的"本体论"问题，是划分唯物主义与唯心主义的唯一标准。既然唯物主义与唯心主义是关于世界的本原是什么的不同回答的结果，那么唯物主义和唯心主义是两种不同的世界观（本体论）的观点就是理所当然的。但是我们通常把唯物主义和唯心主义只看成是两种不同的世界观，似乎唯物主义和唯心主义的理论都不涉及认识论和方法论问题，不具有认识论和方法论意义。这是不对的，也是过去认识上的误解。其实唯物主义和唯心主义本身就是两种不同的认识论和方法论。唯物主义坚持存在第一性，意识第二性，就是指

---

① 《列宁全集》第 38 卷，人民出版社 1959 年版，第 357 页。

人的认识要以存在为出发点，是通过思维对客观存在反映的结果。这就是肯定思维的内容来自于客观存在，必须从客观事实出发去认识事物。不论是古代朴素唯物主义、近代形而上学唯物主义还是现代辩证唯物主义，都充分肯定了这一点。古希腊哲学的集大成者亚里士多德就明确肯定了认识起源于感觉并承认对象先于认识而存在。他在《范畴篇》中指出，知识的对象是先于知识而存在的，感觉的对象也是先于感觉活动而存在的。近代哲学的奠基人培根认为认识的对象是感性自然界，认识的过程起源于感性知觉。机械唯物主义创始人霍布斯（Thomas Hobbes）同培根（Francis Bacon）一样承认认识的对象和来源是客观事物，并坚持知识起源于感觉的经验论立场。他指出，必须承认我们所有的一切知识都是从感觉获得的，一切观念最初都来自事物本身的作用。费尔巴哈正如恩格斯所指出的那样，认为我们自己所属的物质的、可以感知的世界，是唯一真实的，而我们的意识和思维，不论它看起来是多么的超感觉的，总是物质的、肉体的器官即人脑的产物。马克思指出："观念的东西不外是移入人的头脑并在人的头脑中改造过的物质的东西而已。"① "不是人们的意识决定人们的存在，相反是人们的社会存在决定人们的意识。"② 恩格斯针对杜林认为原则是从思维而不是从外部世界得来的错误观点，指出 "思维永远不能从自身中，而只能从外部世界中汲取和引出这些形式"③。恩格斯在批判黑格尔唯心主义思想时指出，唯物主义 "决心在理解现实世界（自然界和历史）时按照它本身在每一个不以先入为主的唯心主义怪想来对待它的人面前所呈现的那样来理解；他们决心毫不怜惜地抛弃一切同事实（从事实本身的联系而不是从幻想的联系来把握的事实）不相符合的唯心主义怪想。除此以外，唯物主义并没有别的意义"④。这既说明了唯心主义是以主观想象为认识的出发点，又说明了唯物主

---

① 《马克思恩格斯选集》第 2 卷，人民出版社 1995 年版，第 112 页。
② 《马克思恩格斯选集》第 2 卷，人民出版社 2012 年版，第 8 页。
③ 《马克思恩格斯选集》第 3 卷，人民出版社 2012 年版，第 410 页。
④ 《马克思恩格斯选集》第 4 卷，人民出版社 1995 年版，第 242 页。

义的真实意义就是强调人的认识是以客观存在为出发点，按照客观世界的本来面貌认识客观世界。列宁在继承马克思恩格斯的思想基础上，更是明确地从认识论高度理解唯物主义和唯心主义，提出了唯物主义和唯心主义两条不同的认识路线。他指出："从物到感觉和思想呢，还是从思想和感觉到物？恩格斯坚持第一条路线，即唯物主义的路线。马赫坚持第二条路线，即唯心主义的路线。"① 这就是感觉、思想以什么为出发点的问题，以物为出发点的就是唯物主义的认识路线，以感觉思想为出发点的就是唯心主义认识路线。列宁还从认识论高度揭示唯心主义产生的根源，这也说明了唯心主义本身也是一种认识论理论，涉及认识论问题。列宁指出："从粗陋的、简单的、形而上学的唯物主义的观点看来，哲学唯心主义不过是胡说。相反地，从辩证唯物主义的观点看来，哲学唯心主义是把认识的某一特征、某一方面、某一侧面，片面地、夸大地、überschwengliches（狄慈根）发展（膨胀、扩大）为脱离了物质、脱离了自然的、神化了的绝对。"显然唯物主义和唯心主义的对立是发生在人的认识过程中。根据以上的分析，唯物主义本身就是认识论，它为人的认识提供了正确的前提和方向，相反，唯心主义只会把人的认识引向错误。因此我们通常认为唯物主义是正确的，唯心主义是错误的，其实它们的正确与错误的对立就是在认识路线上的正确和错误的对立，只有坚持唯物主义认识路线才能使人的认识走向正确，否则必然会走向错误。正如列宁指出的："沿着马克思的理论的道路前进，我们将愈来愈接近客观真理（但决不会穷尽它）；而沿着任何其他的道路前进，除了混乱和谬误之外，我们什么也得不到。"②

　　唯物主义和唯心主义也是两种不同的方法论。从最简单意义上讲，哲学是世界观和方法论的统一，有什么样的世界观就有什么样的方法论。唯物主义和唯心主义作为两种不同的世界观，自然也是两种

　　① 《列宁选集》第 2 卷，人民出版社 2012 年版，第 37 页。
　　② 《列宁选集》第 2 卷，人民出版社 2012 年版，第 103—104 页。

不同的方法论。从深层次意义上讲，唯心主义和唯物主义作为两种不同的方法，实际上就是认识论意义上的方法。因为认识论就是关于认识的本质及其运动规律的理论，是关于主观反映客观的认识规律的理论，而方法论就是为人们提供如何处理主观意识和客观规律的关系的基本原则，以指导人们去正确地认识规律、掌握规律和运用规律。因此，唯物主义和唯心主义的方法论意义正是在它们的认识论意义的前提下所讲的，也正是在它们的认识论意义基础上所体现出来的。可以说，唯物主义和唯心主义在认识论意义上坚持怎样的原则，怎样的路线，它们就会起着怎样的方法论作用。当然唯物主义坚持了正确的认识原则和认识路线，它所起的方法论作用就是积极的，相反唯心主义坚持了错误的认识原则和认识路线，它所起的方法论作用必然是消极的。从实际情况看，唯心主义和唯心主义作为两种不同的方法论的对立，就是从实际出发与主观主义方法的对立。唯物主义坚持物质第一性、意识第二性，意识是物质的派生物。因此人只有按照客观事物的本来面目去认识客观事物，才能使认识走向正确，这就是坚持从实际出发实事求是的科学方法。从实际出发实事求是是唯物主义一元论的根本要求。唯心主义坚持意识第一性，物质第二性，片面地夸大意识的能动性和主观性，把意识看成是主观自身或上帝的启示，因此人的认识就是先入为主地通过主观想象而构造出来的，或者是通过上帝的启示而得来的，这就是主观主义或僧侣主义的方法。列宁就指出，一切知识来自于经验、感觉、知觉，这是对的。但是如果认为知觉的源泉是客观实在，那就是唯物主义；如果认为不是，那就不可避免地陷入主观主义，陷入不可知论。

在我们分析辩证法的世界观意义、认识论意义和方法论意义之前，我们先对"唯物主义是世界观，辩证法是方法论"这个通常理解作一说明。在马克思主义哲学教学中，一些教师通常认为唯物主义是世界观，辩证法是方法论。单独看这种理解似乎是没有什么问题的，因为唯物主义确实是一种世界观，辩证法也确实是一种方法论。但是这种理解引申出来的问题，就是认为唯物主义只是世界观，辩证法只是方法论。我们之所以这样说，有三点理由。一是从传统的马克思主义哲学教科书体系看，唯物论与辩证法是相互独立的，先讲唯物论后讲辩证法，尽管我们在教学中也强调马克思主义的唯物论是辩证的唯物论，马克思主义的辩证法是唯物主义辩证法，似乎是突出了唯物论与辩证法的内在统一。但是实际情况特别是给学生传达的信息中，还是把唯物论与辩证法割裂开来了。既然如此，唯物主义是世界观与辩证法是方法论这两种理解就是独立的，即唯物主义只有世界观意义，没有方法论意义也没有认识论意义，辩证法只有方法论意义，没有世界观意义也没有认识论意义。二是从以往的马克思主义哲学教科书的表述和教师的讲授看，唯物论与辩证法实际上是相互独立的。以往的表述和讲授往往认为，唯物主义与唯心主义的对立体现在对"世界是什么"的不同回答，即世界是物质的还是精神的，所以唯物主义与唯心主义是两种不同世界观的对立；辩证法与形而上学的对立体现在对"世界怎么样"的不同回答，即世界是运动变化发展的还是静止不动的，所以辩证法与形而上学是两种不同方法论的对立。而"世界是什么"和"世界怎么样"这两个不同而又独立的问题决定了唯物主义是世界观与辩证法是方法论这两种理解的独立，这个独立的背后就隐含着唯物主义只有世界观的意义，辩证法只有方法论的意义。当然，唯物主义是要回答"世界是什么"的问题，辩证法是要回答"世界怎么样"的问题，但是我们必须要清楚唯物主义是在哪个意义上回答"世界是什么"的问题，辩证法是在哪个意义上回答"世界怎么样"的问题。在我们看来，唯物主义是在人与世界的关系、思维与存在的关系问题下回答"世界是什么"的问题，唯物主义认为存在是第一性的，思维是第二性的，世界统一于物质，唯心主义则相反。辩证法也是在人与世界的关系、思维和存在的关系问题下回答"世界怎么样"的问题，这样，"世界怎么样"的问题就转化为思维和存在是怎样的统一和怎样达到统一的问题。辩证法认为思维和存在的统一是动态的近似的统一，因为辩证法认为世界万物是联系的、运动变化发展的，因此，在思维反映存在的认识过程中必须要求主观思维随着客观存在的变化而变化，在变化中不断使思维向存在接近。那么思维和存在怎样达到统一？在辩证法看来，思维和存在要达到统一，除了坚持唯物主义的基本原则，还必须要求主观思维的运动服从与客观世界的运动相同的规律。因此，辩证法所揭示的普遍规律就是为思维达到与存在的统一、人的认识走向正确提供遵循的规律。这样唯物主义与辩证法的内在统一不是通过回答了"世界是什么"就应回答"世界怎么样"这个逻辑线索而实现的，而是通过思维和存在的关系问题而实现的。也就是说思维和存在关系问题是联系唯物论与辩证法的桥梁。如果这样理解，那么唯物论和辩证法就都具有世界观意义、认识论意义和方法论意义。三是从唯物主义是世界观，辩证法是方法论这种表述的语言逻辑看，也是把世界观与方法论对立起来的，把唯物论与辩证法对立起来的，把世界观与方法论看成两个不同的东西，把唯物论与辩证法看成两个不同的东西。言外之意就是说唯物主义与辩证法的不同在于唯物主义是世界观，辩证法是方法论，很显然没有把唯物主义当成认识论和方法论，也没有把辩证法当成世界观和认识论。

　　不仅可以通过对以往理解的分析，说明辩证法既具有世界观意义，又具有认识论意义，也具有方法论意义，而且从马克思主义哲学的内在逻辑也可以说明辩证法既具有世界观意义，又具有认识论意义，也具有方法论意义。马克思主义哲学在哲学史上实现了伟大变革的一个重要标志，就在于它克服了以往哲学割裂本体论、认识论和方法论的弊端，将世界观、认识论和方法论内在统一于马克思主义哲学之中，使马克思主义哲学成为世界观、认识论和方法论相统一的科学。既然如此，那么在马克思主义哲学中的每一个基本理论都既具有世界观的意义，又具有认识论的意义，也具有方法论的意义。而辩证法作为马克思主义哲学的重要基本理论，自然是既属于世界观又属于认识论也属于方法论。否则马克思主义哲学是世界观、认识论和方法论相统一的科学的观点就不能成立。

从恩格斯关于辩证法的两个定义也可以说明辩证法既具有世界观的意义，又具有认识论的意义，也具有方法论的意义：一是辩证法是"关于自然、人类社会和思维的运动和发展的普遍规律的科学"[①]；二是辩证法是"关于外部世界和人类思维的运动的一般规律的科学"[②]。整个世界是由自然界、人类社会和人类思维三个领域构成的，自然界和人类社会构成外部世界。所以恩格斯关于辩证法的定义的两种提法都说明了，辩证法实际上是关于整个世界运动变化发展的普遍规律的科学，辩证法所揭示的质量互变规律、对立统一规律，否定之否定规律就是适用于整个世界的普遍规律。无论是就世界的各个领域还是就人与世界的关系，即思维和存在的关系看，辩证法所揭示的普遍规律都具有世界观的意义，辩证法的世界观意义正是体现在它对整个世界的普遍规律的揭示。恩格斯关于辩证法的两种定义同样表明了辩证法的认识论意义。因为马克思主义辩证法所揭示的整个世界的普遍规律一方面说明客观世界的运动不是杂乱无章的，而是有规律的；另一方面，也是更重要的，是要求在人的思维反映存在的认识过程中必须遵循与客观世界的运动相同的规律，使主观思维的运动规律与客观世界的运动规律达到一致，这样人的认识才能走向正确，否则人的认识只能走向错误。这就不难理解，为什么面对同样的客观世界，会出现正确认识与错误认识这两种情况，其主要原因就在于主观的思维是否遵循了同客观世界的运动相同的规律。因此马克思主义辩证法所揭示的普遍规律即客观世界存在的规律也是客观世界认识的规律。当然，要准确领会和把握辩证法的认识论意义，必须立足于哲学基本问题即思维和存在的关系问题。前面我们说过，不论是唯物主义与唯心主义的对立还是辩证法与形而上学的对立，都是围绕思维和存在的关系问题而展开。唯物主义和唯心主义围绕思维和存在的关系问题争论的是认识以什么为出发点的问题。马克思主义唯物论强调存在决定思维，因

---

　　① 《马克思恩格斯选集》第 3 卷，人民出版社 1995 年版，第 484 页。
　　② 《马克思恩格斯选集》第 4 卷，人民出版社 1995 年版，第 243 页。

65

此人的认识必须以存在为出发点，只有这样人的认识才可能走向正确，这是一个基本的原则和前提。马克思主义唯物论就是为人的认识即思维反映存在、思维达到与存在的统一提供了正确的原则和前提。辩证法与形而上学围绕思维与存在的关系问题争论的是思维怎样反映存在和思维怎样才能达到与存在的统一的问题。马克思主义辩证法认为思维反映存在是一个动态的运程，思维和存在的统一是近似的统一，主观的思维必须遵循与客观世界的运动相同的规律，思维才能达到与存在的统一，这就说明人的认识要走向正确，必须坚持辩证法的发展观点，遵循辩证法所揭示的普遍规律。因此马克思主义辩证法理论的伟大功绩就在于它为解决思维和存在是怎样的统一和怎样达到统一提供了正确的道路和方法。在这个意义上讲，辩证法所揭示的基本特征就是客观事物认识的基本原则，辩证法所揭示的普遍规律就是客观事物认识的普遍规律。

恩格斯不仅对辩证法做出了科学的规定，而且对误解和误用辩证法给予了尖锐的批判，透过他的批判，我们不仅可以看出他对辩证法的方法论意义给予了充分肯定，而且清楚了应当如何理解和把握辩证法的方法论意义。恩格斯曾经对官方的黑格尔学派误解和误用他的老师的辩证法给予了尖锐的批判。他指出，"官方的黑格尔学派从老师的辩证法中只学会搬弄最简单的技巧，拿来到处应用，而且常常笨拙得可笑。在他们看来，黑格尔的全部遗产不过是可以用来套在任何论题上的刻板公式，不过是可以用来在缺乏思想和实证知识的时候及时搪塞一下的词汇语录"①。恩格斯的这个批判既深刻又击中了要害。深刻之处在于恩格斯明确地说明了官方的黑格尔学派对辩证法误解和误用的表现是将黑格尔的辩证法当作到处套用的公式，也明确说明了辩证法的方法论意义应体现在与思维内容的结合。击中要害就在于它击中了我们习惯性使用辩证法的要害。当我们习惯性地从"一方面"与"另一方面"去简化问题的时候，当我们习惯性地从"作用"与"反

---

① 《马克思恩格斯选集》第 2 卷，人民出版社 1995 年版，第 40 页。

作用"去论证问题的时候，当我们习惯性地从"成绩是主要的"与"问题却不少"去分析现实状况的时候，当我们习惯性地从"贡献"与"局限"去评价历史人物的时候，就已经把辩证法当成了公式，需要的时候就拿来套用在任何对象上，用过之后也可以收起来再备用。这恰好是把辩证法变成了"变戏法"。这种习惯性地理解恰好曲解了辩证法的实质，遗忘了辩证法的基本要求是具体问题具体分析。这种机械化、公式化、工具化式的理解和运用的辩证法就不是辩证逻辑，而是形式逻辑。形式逻辑都要求暂时撇开思想的具体内容，而专门研究人的思维结构及其运动的规律和规则，如矛盾律、同一律、排中律。这是黑格尔所说的"外延逻辑"。而辩证法是黑格尔所说的"内涵逻辑"，是思想内容和形式相统一的辩证逻辑。思想内容就是思维和存在的关系问题，形式就是辩证法的基本规律。辩证法的方法论意义就是为思维反映存在的认识活动提供与辩证法规律相一致的基本方法，如矛盾分析法、质量互变分析法、辩证否定分析法等。就以上的分析可以看出，辩证法的方法论意义是不容置疑的。关键在于如何理解、把握和运用辩证法的方法论意义。

如果说恩格斯关于辩证法的定义及其有关论述包含了辩证法的世界观意义、认识论意义和方法论意义这一基本思想，那么列宁关于辩证法的有关论述就是明确表达了辩证法的世界观意义、认识论意义和方法论意义。列宁指出："逻辑不是关于思维的外在形式的学说，而是关于'一切物质的、自然的和精神的事物'的发展规律的学说，即关于世界的全部具体内容的以及对它的认识的发展规律的学说，即对世界的认识的历史的总计、总和、结论。"① 列宁这里说的逻辑就是指辩证法，他所表达的辩证法的世界观意义就在于它是"对世界的认识的历史的总计、总和、结论"，是对人类在其发展过程中所创建的全部科学反映世界的认识成果的总结、凝聚和积淀的结果。列宁所表达的辩证法的认识论意义是针对普列汉诺夫这些马克思主义者把辩证法

---

① 《列宁全集》第 55 卷，人民出版社 1990 年版，第 77 页。

当成"实例的总和"而忽视辩证法的认识论意义，明确提出"辩证法也就是（黑格尔和）马克思主义的认识论"，也是针对形而上学唯物主义的根本缺陷而提出来的，他认为"辩证法是活生生的、多方面的（方面的数目永远增加着的）认识，其中包含着无数的各式各样观察现实、接受现实的成分（包含着从每个成分发展成整体的哲学体系）"。这就是说只有把辩证法的基本特征和基本规律作为认识客观事物所遵循的特征和规律，应用于反映论，应用于认识的发展和过程，才能使认识的数目和成分不断增加，包括过程的、心理的、语言的、逻辑的、经验的、情感的、意志的等多方面。随着认识数目和成分的不断增加，人的认识才能更接近现实，从不完全的不确切的知达到比较完全比较确切的知，这样人的认识就不会像形而上学唯物主义那样成为僵死的教条，而是活生生的认识。列宁所表达的辩证法的方法论意义是针对形式逻辑而言的，以此区别辩证法与形式逻辑的方法论意义之不同。形式逻辑的方法论意义表现在它为人的认识提供的是僵死的、机械的公式和纯粹的形式，公式化、工具化、形式化在形式逻辑的方法论意义中比较明显。辩证法的方法论意义表现在它为人的认识提供了包含着丰富的思想内容的活生生的形式，灵活性、全面性、具体问题具体分析等特征在辩证法的方法论意义中比较明显。所以列宁认为辩证法的方法论意义就在于它是"活生生的实在的内容的形式，是和内容不可分离地联系着的形式"。

认识论也是世界观，也是方法论，与世界观、方法论是同一个东西，是比较容易理解的，没有什么异议。高清海先生讲道，"广义的认识论就是关于主观反映客观的认识规律的理论。由于人们只能按照事物的状况去认识事物，反映客观世界的认识必须服从于客观世界的运动规律，所以主观反映客观的认识规律与客观世界的运动规律在根本上就是同一的，广义的认识论也就是世界观。在马克思主义哲学关于如何认识世界的最高层次的基础理论中，没有脱离世界观的认识论"①。所谓方

---

① 参见高清海《马克思主义哲学基础》上册，北京师范大学出版社2012年版，第24页。

法论就是研究如何运用客观规律以便自觉地去认识世界和改造世界的理论。而认识论就是探讨认识的辩证法过程及发展规律,并指导人们按其规律去认识客观事物,使人的认识走向正确,获得真理性的理论,从这个意义上讲认识论本身就具有方法论意义。基于认识论与世界观、方法论的一致性这个问题在传统的马克思主义哲学教科书和教学中没有什么异议,我们这里没有重点探讨这一问题,而是探讨了唯物论和辩证法的世界观意义、认识论意义和方法论意义。

第二节 马克思主义辩证法的认识论意义研究是实践发展的需要

一 实践需要是理论研究的出发点

马克思主义认为,实践是认识存在和发展的基础,认识产生于实践并服务于实践。这就要求理论研究必须以实践的需要为出发点和落脚点。马克思恩格斯在《德意志意识形态》中指出,我们"不是在每个时代中寻找某种范畴,而是始终站在现实历史的基础上,不是从观念出发来解释实践,而是从物质实践出发来解释各种观念形态"[①]。这就是从实践对理论的基础地位来说明实践的需要是理论研究的出发点。

实践需要是理论研究的出发点和落脚点体现在,实践的需要决定理论研究的问题,实践的需要决定理论研究的走向,实践的需要决定理论研究的价值。理论研究归根到底是对问题的研究,应包含强烈的问题意识。如果理论研究不具有强烈的问题意识,不能提出有意义的问题并解决问题,那么理论研究是没有时代价值的。马克思指出:"真正的批判要分析的不是答案,而是问题。……问题就是公开的、无畏的、左右一切个人的时代声音。问题就是时代的口号,是它表现

---

① 《马克思恩格斯文集》第 1 卷,人民出版社 2009 年版,第 544 页。

自己精神状态的最实际的呼声。"① 实践需要的发展决定理论研究问题的变化，理论创新实际上就是问题创新。中国化马克思主义理论的创新和发展就是问题的创新和发展，没有以毛泽东为核心的第一代中央领导集体对"什么是新民主主义革命，怎样进行新民主主义革命"这一根本问题的追问，就不会有毛泽东思想的创立，不会有马克思主义中国化的第一次飞跃。没有以邓小平、江泽民为核心的中央领导集体和以胡锦涛同志为总书记的党中央对"什么是社会主义、怎样建设社会主义，建设一个什么样的党，怎样建设党，实现什么样的发展，怎样发展"这一系列根本问题的追问，就不会有中国特色社会主义理论体系的形成和发展。没有以习近平同志为核心的党中央对"新时代坚持和发展什么样的中国特色社会主义，怎样坚持和发展中国特色社会主义"这一根本问题的追问，就不会有习近平新时代中国特色社会主义思想的形成。中国化马克思主义理论的创新和发展的历史表明，只有在"问题"与"理论"的交织互动中，我们才能破解时代难题，推进马克思主义中国化跃升到新的阶段，使马克思主义保持强大的生命力。

　　既然理论研究归根到底是对问题的研究，而问题就是时代的声音、群众的呼声，代表了时代需要什么，群众需要什么，那么这就决定了理论应当研究什么，决定了理论研究应朝什么方向发展。因此实践的需要决定理论研究的走向。当今时代理论研究应把目光投向那些事关国家、民族命运，事关经济社会发展全局的重大问题、关键问题，比如抗击疫情问题、人民健康问题、治理现代化问题、脱贫攻坚问题、生态文明建设问题等。在研究这些问题中建构中国理论，引领中国发展，总结中国经验，提供中国方案，为实现中华民族伟大复兴和世界和谐发展提供理论指导，让理论研究的成果化为新时代的实践智慧。

　　既然理论研究是立足于实践需要而进行的，那么离开实践需要进行理论研究就是纸上谈兵，毫无价值，同样离开实践需要进行理论创

---

① 《马克思恩格斯全集》第 40 卷，人民出版社 1982 年版，第 289—290 页。

新，也是无的放矢，毫无根据。马克思指出："理论在一个国家实现的程度，总是取决于理论满足这个国家的需要的程度。"① 毛泽东同志指出："对于马克思主义的理论，要能够精通它、应用它，精通的目的全在于应用。如果你能应用马克思列宁主义的观点，说明一个两个实际问题，那就要受到称赞，就算有了几分成绩。被你说明的东西越多，越普遍，越深刻，你的成绩就越大。"② 这就是说，理论研究的价值体现在它能否满足国家建设和发展的实践需要，能否说明和解决实际问题。如果理论研究满足了国家建设和发展的实践需要，说明和解决了实际问题，那么理论研究就有价值，反之亦然。这就要求我们必须随着实践的变化发展，推进理论创新，只有这样我们的理论才能担当起指导实践的重任，引导实践的发展。

根据以上的分析，我们之所以提出和研究马克思主义辩证法的认识论意义这一新的课题，之所以认为马克思主义辩证法的研究应转向辩证法的认识论意义研究，之所以要突出马克思主义辩证法的认识论意义研究的价值，正是基于实践的需要。

二 辩证法的认识论意义研究是基于新时代中国特色社会主义实践的需要

实践决定理论，理论研究是立足于实践需要而进行的，因此理论的创新也是立足于实践的发展而进行的。实践的发展无止境，理论的创新也是无止境的。历史证明，任何一个民族的进步和国家的兴旺发达都是在实践发展中推进理论创新的结果。江泽民同志明确指出："创新是一个民族进步的灵魂，是一个国家兴旺发达不竭的动力。"从此之后，创新成为我国各个领域、各个行业、各个方面发展的基本理念。到 2006 年，我党明确提出建设创新型国家的战略部署，党的十七大提出到 2020 年进入创新型国家行列的目标，党的十八大进一步

---

① 《马克思恩格斯文集》第 1 卷，人民出版社 2009 年版，第 12 页。
② 《毛泽东选集》第 3 卷，人民出版社 1991 年版，第 815 页。

提出实施创新驱动发展战略，党的十九大再次把加快建设创新型国家作为贯彻新发展理念、建设现代化经济体系的一项重大战略任务。

创新是事物发展过程中的质变和飞跃，是一种批判性、革命性的活动，充分体现了辩证法的本质。马克思指出："辩证法在对现存事物的肯定的理解中同时包含对现存事物的否定的理解，即对现存事物的必然灭亡的理解；辩证法对每一种既成的形式都是从不断的运动中，因而也是从它的暂时性方面去理解；辩证法不崇拜任何东西，按其本质来说，它是批判的和革命的。"[1] 恩格斯认为："辩证哲学推翻了一切关于最终的绝对真理和与之相应的绝对的人类状态的观念。在它面前，不存在任何最终的东西、绝对的东西、神圣的东西；它指出所有一切事物的暂时性；在它面前，除了生成和灭亡的不断过程、无止境地由低级上升到高级的不断过程，什么都不存在。"[2] 马克思恩格斯都是把辩证法的本性确定为批判性、革命性和创新性，强调所有一切事物都是处于运动变化和创新发展的过程之中。同时也说明了思维着的头脑中的正确反映、理论的创新都是辩证法运用的结果。因此，要达到理论创新，没有辩证思维，不突出辩证法的认识论意义，不发挥辩证法的认识论作用，是不可能的。

辩证法与形而上学作为人类认识的两种不同的思维方式是根本对立的。形而上学的思维方式是"在绝对不相容的对立中思维"，他们的公式是"是就是，不是就不是；除此以外，都是鬼话"[3]。形而上学思维就是用僵化的隔离的概念、判断、思维去把握事物，看待运动。"在他们看来，一个事物要么存在，要么就不存在；同样，一个事物不能同时是自身又是别的东西"[4]。结果只能是要么否认运动的真实性，要么歪曲真实的运动。一句话，形而上学思维不是把对立看成统一中的对立，把统一看成是对立中的统一，没有贯彻对立统一方

① 《马克思恩格斯选集》第 2 卷，人民出版社 1995 年版，第 112 页。
② 《马克思恩格斯选集》第 4 卷，人民出版社 1995 年版，第 217 页。
③ 《马克思恩格斯选集》第 3 卷，人民出版社 1995 年版，第 360 页。
④ 《马克思恩格斯选集》第 3 卷，人民出版社 2012 年版，第 396 页。

法，是一种无矛盾的思维。形而上学思维方法在思维反映存在的矛盾面前，只抓住思维的割断、僵化的一面，没有抓住概念的联系、转化的一面，用孤立僵死的概念去反映运动，把活生生的变化不息的客观事物变成了凝固的、僵死的、没有变化的东西。辩证思维是在相容的对立中思维，是在对立中发现统一，在统一中看到对立，把对立和统一内在统一起来，这是辩证法思维方法的基本要求。因此辩证法思维就是矛盾思维，矛盾分析法是这种思维的充分表现。"在我们头脑中能否具有矛盾思维，能否树立起牢固的矛盾观点，主要不决定于是否承认现实存在着矛盾的事实，甚至也不决定于是否承认矛盾是一切事物的本质这一原理，而主要决定于在思维中是否掌握了把对立和统一这两种相反的关系内在地统一起来的方法，只有掌握对立统一的思维方法，才能有真正的矛盾观点，才能认识现实中的各种矛盾。相反地，不能把对立统一结合起来去思考，即使面对现实的矛盾，在思维中也会使矛盾瓦解，看不到存在着的矛盾"①。可见，辩证思维就是一种方法，即对立统一方法；辩证思维也是一种能力，就是分析矛盾、解决矛盾，在矛盾双方对立统一过程中认识事物发展规律的能力。人的认识过程有没有辩证思维，辩证思维能力怎样，就在于贯彻对立统一方法怎样，即能否善于从统一中把握对立，从对立中理解统一。只有贯彻了对立统一的辩证法思维方法，才能超越常规观念、常规思维，才能透过事物的表面现象把握事物的本质。"辩证法作为一种思维的高超艺术，它高超的地方就在于，能够在常识观念仅仅看到对立的东西里面，发现统一关系，在常识观念仅仅看到肯定性的东西里面，发现否定性，能够在常识观念仅仅看到同一的东西里面，发现对立关系，能够在常识观念仅仅看到否定性的东西里面，发现肯定性，如此等等"②。因此，要增强辩证思维，提高辩证思维能力，就必须学

---

　　① 参见高清海《马克思主义哲学基础》上册，北京师范大学出版社 2012 年版，第 294 页。

　　② 参见高清海《马克思主义哲学基础》上册，北京师范大学出版社 2012 年版，第 294 页。

习和掌握唯物辩证法，发挥辩证法的认识论作用，突出辩证法的认识论意义，而不是把辩证法当成纯粹的公式、纯粹的工具，也不是把辩证法仅仅理解为承认矛盾，更主要的是在思维反映存在的认识过程中自觉地贯彻对立统一方法和自觉地体现矛盾思维。

回顾历史，中国革命和建设的每一次成功，马克思主义中国化的每一次创新发展，无不闪烁着中国共产党人辩证法的智慧，无不是发挥了辩证法的认识论作用，无不展示了辩证法的认识论意义。毛泽东同志在革命年代写的《反对本本主义》《实践论》《矛盾论》等著作，在社会主义建设时期写的《论十大关系》《关于正确处理人民内部矛盾的问题》等著作，都是对辩证唯物主义世界观和方法论的灵活运用，形成了具有鲜明的中国特色的马克思主义哲学思想。特别是他的《实践论》和《矛盾论》，既是辩证法的著作，也是认识论的著作，充分体现了辩证法与认识论的有机统一。《实践论》是辩证的认识论，毛泽东在该著作中所阐述的认识的辩证过程、认识的总规律，就是辩证法基本规律在认识论中的贯彻运用。《矛盾论》是认识的辩证法，毛泽东在该著作中强调对立统一法则既是宇宙万物的根本法则又是思维的根本法则，把矛盾普遍性与特殊性的辩证关系即普遍离不开特殊、特殊也离不开普遍，既看成是客观世界的普遍原则，又看成是人的认识的普遍规律，即人的认识都是遵循从特殊到普遍再由普遍到特殊的规律。正是由于毛泽东同志具有高超的辩证思维，灵活地运用马克思主义辩证法，才解决了在中国革命和建设中的一个又一个重大的认识问题，形成我们党正确的认识路线和思想路线，指导中国革命和建设取得一次又一次的伟大胜利。邓小平同志非常善于运用辩证法解决实际问题。他强调必须抓住社会主义初级阶段的主要矛盾，坚持以经济建设为中心，解放生产力和发展生产力；必须坚持"两手抓，两手都要硬"，既抓物质文明建设又抓精神建设；在处理计划和市场的关系上，强调计划和市场不存在"姓资""姓社"的问题，不是制度问题，而是体制问题，社会主义有计划也有市场，资本主义有市场也有计划，计划和市场都是经济发展的手段；在处理中国发展与世界发展的关系上，强调中国的发展离不开世界，世界的发展也离不开中国；在处理发展中国家的发展与发达国家的发展的关系上，强调发展中国家的发展离不开发达国家的发展，发达国家的发展也离不开发展中国家的发展，并提出"南南合作"与"南北合作"伟大战略，等等。这些思想都体现了邓小平同志充分发挥辩证法的认识论作用，也内在包含着辩证法的认识论意义。江泽民同志从经济、政治和思想文化的辩证关系出发提出"三个代表"重要思想，解决了"建设一个什么样的党、怎样建设党"的重大理论问题。胡锦涛同志从人与自然、人与社会、人与人的辩证关系出发，提出科学发展观，提出构建社会主义和谐社会的伟大思想，解决"实现什么样的发展、怎样发展"的重大理论问题。这同样体现了他们对辩证法的认识论作用的高度重视，内在地包含着辩证法的认识论意义，闪耀着辩证法智慧。

今天，"中国特色社会主义进入了新时代，这是我国发展新的历史方位"[①]。"这个新时代是承前启后，继往开来，在新的历史条件下继续夺取中国特色社会主义伟大胜利的时代，是决胜全面建成小康社会、进而全面建设社会主义现代化强国的时代，是全国各族人民团结奋斗、不断创造美好生活，逐步实现全体人民共同富裕的时代，是全体中华儿女戮力同心、奋力实现中华民族伟大复兴中国梦的时代，是我国日益走近世界舞台中央、不断为人类作出更多贡献的时代。"[②] 时代的变化和实践的发展意味人们必将面临新的矛盾、新的问题。因为问题是时代的声音，是时代矛盾的集中反映。而要解决新的矛盾、新的问题，就要有新理念新思想新战略。因为新时代要有新的思想武装，新时代要有新的理念举措。这一切归根到底要有适应时代变化的新的理论思维。恩格斯指出："每一个时代的理论思维，从而我们时代的理论思维，都是一种历史的产物，它在不同的时代具有完全不同

---

① 《习近平关于"不忘初心、牢记使命"重要论述选编》，中央文献出版社 2019 年版，第 8 页。

② 《习近平关于"不忘初心、牢记使命"重要论述选编》，中央文献出版社 2019 年版，第 9 页。

的形式，同时具有完全不同的内容。"① 而理论思维中最根本的最重要的是辩证思维。正如恩格斯所说，"对于现今的自然科学来说，辩证法恰好是最重要的思维形式，因为只有辩证法才为自然界中出现的发展过程，为各种普遍的联系，为从一个研究领域向另一个研究领域过渡，提供了模式，从而提供了说明方法"②。习近平总书记更加明确强调增强辩证思维、提高辩证思维能力在认识和解决新时代各种矛盾和问题、做好各项工作中的重要性。他在主持中共十八届中央政治局第二十次集体学习时指出："今天，我们党要团结带领人民实现'两个一百年'的奋斗目标，实现中华民族伟大复兴的中国梦，必须不断接受马克思主义哲学智慧的滋养，更加自觉地坚持和运用辩证唯物主义世界观和方法论，更好在实际工作中把握现象和本质、形式和内容、原因和结果、偶然和必然、可能和现实、内因和外因、共性与个性的关系，增强辩证思维、战略思维能力，把各项工作做得更好。"③

习近平总书记的系列重要讲话，既反映了他的高超的辩证思维能力，也要求我们在分析问题和解决问题中提高辩证思维能力。他高超的辩证思维能力，体现在他论述改革问题时，强调"要有强烈的问题意识，以重大问题为导向"；分析国际国内形势时，强调要坚持"两点论"，一分为二看问题，既要看到国际国内形势中有利的一面，也要看到不利的一面；阐述全面深化改革时，强调胆子要大，步子要稳，"在战略上要勇于进取，战术则要稳扎稳打"；阐述社会治理时，指出"管得太死，一潭死水不行；管得太松，波涛汹涌也不行"；等等。习近平总书记不仅在认识问题上运用辩证思维方法，展现了高超的辩证思维能力，而且他还对中国共产党人提出了提高辩证思维能力，提高驾驭复杂局面、处理复杂问题的本领的要求。他指出："我们的事业越是向纵深发展，就越要不断增强辩证思维能力。" 而要提

---

① 《马克思恩格斯选集》第 4 卷，人民出版社 1995 年版，第 284 页。
② 《马克思恩格斯选集》第 4 卷，人民出版社 1995 年版，第 284 页。
③ 《习近平关于"不忘初心、牢记使命"重要论述选编》，中央文献出版社 2019 年版，第 167 页。

高辩证思维能力，"我们一方面要加强调查研究，准确把握客观实际，真正掌握规律；另一方面要坚持发展地而不是静止地、全面地而不是片面地、系统地而不是零散地、普遍联系地而不是单一孤立地观察事物，妥善处理各种重大关系"①。具体地讲就是要求我们在面临各种复杂的社会利益关系时，善于处理局部和全局、当前和长远、重点和非重点的关系，在权衡利弊中趋利避害，作出最为有利的战略抉择，在全面深化改革中，不能"东一榔头西一棒子"，而是要突出改革的系统性、整体性、协同性；在推进改革中，我们要充分考虑不同地区、不同行业、不同群体的利益诉求，准确把握各方利益的变化点和结合点，使改革成果更多更公平地惠及全体人民。这些要求实际上也是告诉我们在面临各种复杂问题时，认识问题和解决问题必须要有辩证法的智慧，突出辩证法的认识论意义，发挥辩证法的认识论作用。

纵观中国社会主义的建立、中国特色社会主义建设和发展，每一次成功都体现了马克思主义的管用、唯物辩证法的管用；每一次成功都是辩证法发挥认识论作用的结果。在中国特色社会主义进入新时代条件下，我们更需要发挥辩证法的认识论作用，突出辩证法的认识论意义，加强理论创新，促进实践创新，实现理论创新和实践创新的良性互动，完成新时代中国特色社会主义建设的总任务、总目标。我们研究辩证法的认识论意义，既是对中国共产党人理论创新和实践创新所蕴含的辩证法智慧的高度认同和学理上的探索，也是适应新时代中国特色社会主义实践发展的需要。

三　辩证法的认识论意义研究是基于马克思主义哲学教学实践的需要

传统的马克思主义哲学教科书体系一直存在着唯物论、辩证法、认识论和唯物史观相互独立的问题，没有很好地体现马克思主义哲学

---

① 《习近平关于"不忘初心、牢记使命"重要论述选编》，中央文献出版社 2019 年版，第 171—172 页。

是世界观认识论方法论有机统一的内在逻辑。学术界的一些学者如高清海先生等对此作过深入研究，他把传统的马克思主义哲学教科书体系概括为"两大主义"（辩证唯物主义与历史唯物主义）和"四大块"（唯物论、辩证法、认识论和唯物史观），马克思主义哲学就变成为唯物论、辩证法、认识论和唯物史观四个独立部分的简单拼凑。他认为这样的马克思主义哲学体系是不符合马克思主义哲学的本意的，没有体现马克思主义哲学的实质，力图改变传统的马克思主义哲学教科书体系。他在《找回失去的哲学自我》等著作和相关文章中对此都作过深入的分析，并尝试性地建立了马克思主义哲学的全新体系，阐述了符合马克思主义哲学本意的许多深刻的内容。他的《马克思主义哲学基础》（上下册）的问世得到国内外学术界专家的普遍关注和高度评价。孙正聿教授在该著作再版序言中指出："作为马克思主义哲学教科书体系改革的一部标志性成果，《马克思主义哲学基础》（上下册）一问世，立刻得到国内外学界的普遍关注和高度评价。《人民日报》《光明日报》《文汇报》《北京日报》《哲学研究》《哲学动态》等报刊纷纷发表评论，真可谓好评如潮。我国著名哲学家黄枬森、陶德麟、齐振海教授指出：'这是一本最有特色的书……本书在众多教科书中独树一帜，自成一家之言，是 10 年来哲学研究的可喜成果'（黄枬森教授）；该书是'我国第一部真正突破 30 年来传统教科书体系、令人耳目一新的著作，具有很高的理论价值……是我国哲学界自建国以来最优秀的成果之一'（陶德麟教授）；这是'一部在体系和内容上都有重大改革和创新的马克思主义哲学原理教科书'，'该书突破了哲学原理教科书旧有的框架，对哲学原理体系进行了改革，以很大的理论勇气和探索精神，克服了重重困难，迈出了可喜的一步'（齐振海教授）。这部书也引起了国外学者的关注，苏联《共产党人》和日本《现代思想》杂志的评论文章都认为它具有'开创中国哲学体系改革的先河'的意义。"①

---

① 参见高清海《马克思主义哲学基础》上册，北京师范大学出版社 2012 年版，第 1 页。

尽管该著作在学术界产生了重大影响，但是其体系和内容重大改革和创新的成果并没有很好地、广泛地运用于马克思主义哲学教学之中。传统的马克思主义哲学教科书体系和内容还是影响着当今的马克思主义哲学教学（包括马克思主义基本原理的教学）。当今的马克思主义哲学教学和马克思主义基本原理的教学仍然把唯物论、辩证法、认识论和唯物史观作为相互独立的几个部分来讲，先讲唯物论再讲辩证法，接着讲认识论，最后讲唯物史观。这样既没有把思维和存在的关系问题作为哲学的基本问题贯彻在马克思主义哲学的各个部分中，特别是把辩证法看成是脱离哲学基本问题的另类问题，因此无法说明辩证法的认识论意义，无法说明辩证法本身就是认识论；也没有体现出马克思主义哲学是世界观、认识论和方法论相统一的科学，马克思主义哲学基础理论的每一个部分都具有世界观意义、认识论意义和方法论意义。因此，我们研究辩证法的认识论意义，就是立足于马克思主义哲学教学的实践需要，服务于马克思主义哲学教学实践的需要，力图很好地吸收高清海先生的研究成果，融入马克思主义哲学教学之中，改变马克思主义哲学教学的现状；也是力图引起学术界对马克思主义辩证法的认识论意义研究的高度重视，起到抛砖引玉的作用，促进马克思主义辩证法理论研究的转向；还是力图提升马克思主义哲学教学的效果。过去的马克思主义哲学教学由于把辩证法与哲学基本问题割裂开来，忽视辩证法的认识论意义，讲不清辩证法的认识论意义，导致把辩证法当成"实例的总和"，当成纯粹的公式、机械的工具来讲，给学生造成的印象是学习马克思主义辩证法是要求我们承认事物的普遍联系和永恒发展，承认事物的运动变化发展是有规律的。其实马克思主义辩证法要求我们用联系的观点和发展的观点看待事物，按照客观世界运动的规律去认识事物，目的在于解决思维和存在的关系问题，为思维反映存在的认识活动提供基本原则和基本规律，促进思维和存在的统一，使人的认识走向正确。因此我们研究辩证法的认识论意义，就是让教师在教学中深入剖析辩证法的认识论意义，讲清辩证法的认识论意义，这样才能让学生明确马克思主义辩证法的实质，学习马克思主义辩证法，不至于把马克思主义辩证法简单化。

第三节　马克思主义辩证法的认识论意义研究是深化辩证法研究的需要

辩证法是马克思主义哲学的重要组成部分，历来受到国内外学者的广泛关注和研究，产生了丰富的研究成果。但是，不论是国外的学者还是国内的学者，在研究马克思主义辩证法时都有一个明显的倾向，那就是重视马克思主义辩证法的世界观意义和方法论意义的研究，没有或者至少缺乏明确研究马克思主义辩证法的认识论意义。然而，马克思主义辩证法同整个马克思主义哲学一样，其理论性质是世界观、认识论、方法论相统一的学说。因此，缺乏对马克思主义辩证法的认识论意义的研究，是对马克思主义辩证法研究的不完整，要完整地深入地研究马克思主义辩证法必须重视马克思主义辩证法的认识论意义的研究。

一　深化国外关于辩证法研究的需要

世纪之交，英美马克思主义者掀起了研究马克思主义的新高潮，特别是对辩证法理论的研究呈现出繁荣的局面，马克思主义辩证法成为当代英美马克思主义研究中最有活力和争论最激烈的领域之一，一批具有重要理论价值和学术影响的研究辩证法的著作先后问世。如詹姆逊（Fredric Jameson）的《晚期马克思主义——阿尔多诺或辩证法的韧性》、奥尔曼（Bertell Ollman）的《辩证法考察》、巴斯卡（Roy Bha Skar）的《辩证法：自由的脉搏》、史密斯（Tony Smith）的《辩证法的社会理论及其批判》等。在这些英美学者的阐述中，影响比较大的是以史密斯（Tony Smith）、莫瑞（Patrick murray）、威廉姆斯（Williams）为代表的"体系辩证法"，以奥尔曼（Bertell Ollman）、詹姆逊（Fredric Jameson）、哈维（David Harvey）为代表的"历史辩证法"，以巴斯卡（Roy Bha Skar）、科瑞文（Sean Creaven）、约瑟夫

（Jonathan Joseph）为代表的"自由辩证法"，他们致力于什么是马克思的辩证法、今天我们研究马克思的辩证法有什么意义、如何在实际中应用马克思的辩证法等问题的研究。"体系辩证法"的代表们认为马克思的辩证法是从黑格尔那里继承过来的建构概念的逻辑方法，马克思的辩证法就是构造《资本论》理论体系的方法，其他方法不能称之为马克思的辩证法。他们的研究也涉及辩证法的认识论意义，但并未充分展开。"历史辩证法"的代表们认为马克思的辩证法就是分析生产方式矛盾运动推动历史深层逻辑展开的方法，阐述历史发展的内在规律和本质。"自由辩证法"的代表们认为马克思的"每一个人的自由发展是一切人自由发展的条件"是自由的最高形态，实现这一自由的途径是把马克思的去异化辩证法拓展为解放的辩证法，即自由辩证法，自由的实现必须通过解放。这三种解释各有它的局限性。"体系辩证法"把马克思的辩证法简单化了、黑格尔化了，缺失了马克思辩证法思想中高瞻远瞩的批判维度和革命维度；"历史辩证法"把马克思主义还原为科学，把革命性与科学性对立起来，缺失了对马克思主义的"前提与结果"双向运动的考察；"自由辩证法"把马克思的自由思想建立在超历史的抽象自由观念上，不符合马克思自由辩证法的本来意义。不仅如此，这三种解释在他们那里往往是对立的、相互排斥的。因此，付文忠教授认为应当把这三种解释看成马克思辩证法的三个维度：体系辩证法是辩证法的理论维度，历史辩证法是辩证法的实践维度，自由辩证法是辩证法的价值维度。但是，在我们看来，即使这样理解马克思的辩证法，也只是表达了马克思的辩证法追求的宗旨和方法论意义，没有体现马克思主义辩证法的认识论意义。所以，我们认为，国外关于辩证法的研究要得以深化，必须加强马克思主义辩证法的认识论意义研究。

二　深化国内关于辩证法研究的需要

邓小伟围绕德国哲学家阿多尔诺（Theoder Wiesengrund Adorno）的著作《否定的辩证法》进行了研究，认为该著作中主要论述了认识论中的概念"非同一性"思想、消除对一切概念崇拜思想和反体系性思想①。首先，从概念"非同一性"思想来看，阿尔多诺认为那些存在于一定时间、空间，并且受特定时间、空间约束的个别的、特殊的失误是非同一性的，不可能既是自身又是它物，而只能是同一或非同一这两个方面中的一个。那些个别性的事物不可能与自身真正地同一，那就必然是非同一的，即"辩证法是始终如一的对非同一性的意识"②。其次，阿多尔诺基于彻底使盲目膜拜的行为意识消失的基础上，认为一个事物的表述并不能完全由定义所决定，所以，哲学所应当关心的问题是那些非概念性的个性和特殊性，即概念虽然是人类思维活动展开的工具，但同时也是思维活动与思想转化的一种阻碍，需要打破概念的束缚，从哲学概念中解脱出来，才能够获得哲学的新认知。最后，从反体系性的思想来看，阿多尔诺认为真正的哲学是能够生动地表达"苦难"的学说的，而并非那些能够达到对事物总体本质认识的理论体系，其认为一切体系都是故弄玄虚，体系只能够证明学者们胸襟狭窄，容不下不同的思想，容易使哲学变得瘫痪，是思想不可避免失败的标志。作者在对阿多尔诺否定的辩证法思想的深刻内涵进行研究的基础上，肯定了该思想对近现代哲学进行反思所能够产生的积极价值，同时也指出其所提出的纯粹以否定和批判为主要目的的思想与唯物辩证法的相关内容存在诸多的冲突，仅仅停留在了理论层面，难以在实践中得到应用。从研究的价值方面来说，基于对阿多尔诺否定的辩证法的理论探索发现，一方面，着重研究了否定辩证法存在的价值性；另一方面，还提到了引导人们研究逻辑性和知识认知的思考的方面，从而对理解的认知探索更加深刻。

张之沧同样以阿多尔诺的《否定的辩证法》一书为依据对否定辩证法的认识论意义进行了研究，认为阿多尔诺的否定的辩证法的主要内容包括批判同一性、否定"肯定之否定"、主客体关系辨析、反体

---

① 邓小伟：《论"否定的辩证法"的认识论思想》，《井冈山师范学院学报》2005 年第 1 期。

② ［德］阿多尔诺：《否定的辩证法》，张峰译，上海人民出版社 2020 年版，第 3 页。

系的辩证法等四部分内容，并对每一部分内容进行了分析①。其中批判同一性主要是对传统哲学中孜孜以求的同一性、一致性和统一性进行批判，认为根本不存在作为统一性和统一性基础的绝对的第一性或者最基本的原子；否定"肯定之否定"主要认识辩证法的根本特性在于其具有的否定性，即在坚持现实的复杂性、事物的差异性、认识的相对性和历史的实践性的基础上，对事物进行的否定性思考；主客体关系辨析则是指主体和客体是一种非同一性的关系，"其两级性可以表现为一切辩证法都在其中发生的非辩证结构"②；反体系的辩证法是指任何一种理论，如果最终变成一种永恒和绝对的体系，就会容易使人们认识不到其中所包含的内在矛盾和缺憾，进而使辩证法失去了真正的意义，因此，需要对体系进行否定。在研究过程中，阿多尔诺认为辩证法就是矛盾地思考矛盾，即用矛盾的方法去认识矛盾着的客体，从而得出较为合理的结论。综合而言，较邓小伟关于否定的辩证法的认识论意义的研究相比，作者的研究在内容方面增加了关于主客体之间关系的辨析，这也是辩证法研究和实践过程中重点关注的内容，该研究更加丰富了辩证法在人类认识各种事物关系方面的科学性和方法性，使否定的辩证法这一研究更加完善。

吴建良以列宁《哲学笔记》为依据对何为辩证法的合理形式这一问题进行了解读，列宁在他对黑格尔、马克思的辩证法理论的探索之后发现并证实了，辩证法的模式一共有 3 类，分别是在主观辩证法理论之上的实践辩证法、结合逻辑和认知论的主观辩证法、结合本体论与认识论的客体辩证法。他觉得将这 3 类和黑格尔的研究理论相比较而言，区别性是很大的，即其中的辩证法不是黑格尔所提出的客观辩证法，而是融入人的认知进程的主观的辩证法。同时，作者通过深入分析列宁的相关观点，认为事物的辩证法对应于客体的辩证法和实践的辩证法，并且不能离开认识论去单独地说明客观物质世界的辩证

---

① 张之沧：《论"否定的辩证法"的认识论意义》，《洛阳师范学院学报》2015 年第12 期。

② ［德］阿多尔诺：《否定的辩证法》，张峰译，上海人民出版社 2020 年版，第 149 页。

法，而应该将认识论融入客观物质辩证法之中①。通过对该研究成果的分析可以看出，虽然作者的主要目的在于探讨辩证法的合理形式，但其中对列宁在辩证法的认识论方面的相关观点进行了明确，也为认识辩证法提供了更为宽广的思路，即通过三种存在形式来进行深入、综合的研究。

辛爱梅针对马克思"合理形态辩证法"的意义进行了研究，认为马克思所提出的合理形态的辩证法是基于新的世界观、方法论和思想史成果产生的。其中新的世界观主要体现在合理形态的辩证法与历史唯物主义的对世界的认知理论是相辅相成的，这种关系具体外露在历史的物质主义、对一切事物的严厉批评，以及对黑格尔哲学的合理否定上，从而达到合理即现实的哲学目标。② 通过对作者所明确的马克思合理形态辩证法的三重意义的对比分析可以看出，马克思的辩证法作为对前人研究内容的批判与继承，其中蕴含着丰富的认识论意义，是认识世界的新方法、新视角，同时也是丰富人们对辩证法的理解和应用的有效方法。

宋憶冰以卢卡奇总体性的辩证法对研究内容进行了探讨。卢卡奇认为基于黑格尔辩证法产生的马克思的辩证法具有总体性、历史性的特征。其中总体性是指部分是整体中的部分，整体对部分具有统御的作用；历史性则指任何总体性的内容并不是无中生有的，是在历史更迭变化中出现的，在这个基础上，他建议对每一个单独的事实进行深入研究探讨，并将其视为历史发展里的某个阶段，以便能够将事实变为现实。同时，卢卡奇肯定了马克思辩证法思想中对人的重要性的突出，主张维护马克思主义思想的公共和历史性质，认为它是革命特性的前提性因素。在进行研究探索的过程中，具体阐述了卢卡奇的历史辩证法的思维和体系方面，强调马克思主义哲学的历史意义，强调马

---

① 吴建良：《何为辩证法的合理形式？——列宁〈哲学笔记〉再解读》，《中国矿业大学学报》2016 年第 1 期。

② 辛爱梅：《马克思"合理形态辩证法"的三重意义》，《思想理论教育导刊》2013 年第 8 期。

克思主义思想中人的重要性；并基于培养人对历史的影响力和阶层理念，强调捍卫马克思辩证法的实用性，加强马克思辩证法的革命特质。① 从辩证法认识论意义研究的视角来看，作者关于卢卡奇总体性辩证法的研究重申了马克思辩证法思想在促进人类对实践认识方面的积极性，使辩证法思想从片面、局限的理解范畴中解脱出来，实现辩证法的新发展、新突破。

以上是国内一些学者关于辩证法中涉及认识论意义的研究。下面我们进一步从国内学者关于列宁的"辩证法也就是认识论"的科学论断，辩证法、认识论和逻辑三者一致的思想等方面的研究进行分析。

自从 20 世纪八九十年代高清海教授发表《论辩证法就是认识论》和孙正聿教授发表《列宁关于辩证法就是认识论的基本思想及其现实意义》之后，国内学者关于列宁的"辩证法就是认识论"的科学论断的研究极为热烈，产生了丰富的理论成果。如王安琦的《辩证法也就是马克思主义的认识论浅议》、崔可英的《辩证法就是马克思主义的认识论》、袁国立的《关于辩证法就是马克思主义的认识论》、石崇英的《辩证法也就是马克思主义的认识论》等。高清海教授明确认为"辩证法就是认识论"有两个方面的含义；一是指应当从辩证法去理解认识论的内容；二是指应当从认识论去理解辩证法的性质，并认为我们过去只是强调第一个方面的意义，忽视第二个方面的意义，即只强调要把辩证法运用于认识论，突出辩证法在认识论中的作用，没有突出辩证法本身就是认识论，说明辩证法的认识论性质和认识论意义。而且他对我国传统的马克思主义哲学教科书的一些错误理解给予了批评，如我国传统的马克思主义哲学教科书在讲辩证法时只引用恩格斯的普遍规律的定义，回避辩证法是认识论的提法。② 孙正聿教授认为列宁提出"辩证法也就是认识论"这一科学论断，是对整个哲学史特别是对黑格尔哲学研究的总结，更主要是对普列汉诺夫的辩证

---

① 宋憶冰：《论卢卡奇总体性的历史辩证法》，《现代交际》2018 年第 16 期。

② 高清海：《论辩证法就是认识论》，《社会科学战线》1983 年第 2 期。

法是"实例的总和"的批判,明确地从理论性质上把辩证法归结为认识论。并且他根据高清海教授《论辩证法就是认识论》一文的理解,认为辩证法与形而上学的对立,只能是两种认识观点、两种认识学说、两种认识理论的对立。他还指出,列宁关于辩证法就是认识论的思想具有重要的现实意义,既从唯物辩证法的理论性质上为建设哲学科学体系提出了明确的指导思想,也为我们指出了正确概括科学成果的方向①。王安琦在《辩证法也就是马克思主义的认识论浅议》一文中认为列宁关于"辩证法也就是马克思主义的认识论"的论断意在说明,唯物辩证法与马克思主义认识论是同一门科学,是紧密联系的有机整体;同时,唯物辩证法并不排斥现时所说的狭义的认识论,而把它作为一个层次包含在自身之内。只有全面理解列宁思想的原意,才能真正把握列宁关于唯物辩证法体系设想的本质②。崔可英在《辩证法就是马克思主义的认识论》一文中根据毛泽东的《矛盾论》《实践论》和列宁的"辩证法也就是认识论"的科学论断,认为唯物辩证法的核心也就是认识论的核心,矛盾分析的方法也就是认识(研究)的方法,关于事物矛盾问题的精髓也就是认识论的精髓③。石崇英在《辩证法也就是马克思主义的认识论》一文中认为辩证法也就是认识论,是指辩证法和认识论的同一、一致。这种同一、一致,不仅是在二者的内容上,而且就二者的作用、发展和验证等方面看也是同一、一致的。唯物辩证法和马克思主义认识论的任务、作用是完全一致的。辩证法若不作为认识规律便失去了它存在的意义,认识规律若不符合辩证法便失去了它自身的价值。辩证法规律的重要意义,不但在于它反映了客观世界的矛盾运动,而且在于它为人们提供了认识世界(分析矛盾)和改造世界(解决矛盾)的唯一科学的方法,在于这一

---

① 孙正聿:《列宁关于辩证法就是认识论的基本思想及其现实意义》,《社会科学战线》1985 年第 4 期。

② 王安琦:《辩证法也就是马克思主义的认识论浅议》,《理论学刊》1987 年第 3 期。

③ 崔可英:《辩证法就是马克思主义的认识论》,《理论学刊》1987 年第 4 期。

科学的世界观同时又是科学的方法论①。袁国立在《关于辩证法就是马克思主义的认识论》一文中认为辩证法无论是从其目的、作用还是从其体系的建立，都是和人类的认识分不开的。只有坚持从认识论的角度去看待辩证法，才能全面正确地理解和运用马克思主义哲学，尤其是唯物辩证法理论。辩证法离不开认识论，认识论也离不开辩证法。所以我们还必须从辩证法的角度去理解认识论。只有辩证唯物主义在实践的基础上把辩证法引进认识论，把认识看作是一个辩证的过程，把反映论变为能动的、革命的反映论，从而建立科学的认识论。②

　　总体上看，学术界对列宁的"辩证法也就是认识论"的科学论断的研究，都在不同程度上表达了辩证法的认识论意义。具体地讲主要有两个方面，一是他们认为列宁的"辩证法也就是认识论"的科学论断具有两个方面的意义，其中一方面就是辩证法具有认识论性质。高清海教授发表《论辩证法也就是认识论》，认为列宁的"辩证法也就是认识论"的科学论断具有两个方面的意义，即辩证法的认识论性质和认识论的辩证法性质。这之后，学术界虽然围绕列宁的"辩证法也就是认识论"的科学论断进行了多方面的研究，但是都没有超越高清海教授的认识，仍然停留在列宁的"辩证法也就是认识论"的科学论断具有两个方面的意义上，强调辩证法离不开认识论，认识论离不开辩证法。二是他们认为辩证法的规律是认识的规律，辩证法与形而上学的对立，只能是两种认识观点、两种认识学说、两种认识理论的对立；认为不能简单地理解辩证法的发展观，不能只从本体论意义上理解辩证法的规律，还要从认识论意义上理解辩证法的规律。

　　20世纪八九十年代，我国关于列宁的"辩证法、认识论和逻辑三者一致"的思想的研究也非常热烈，出现了许多有代表性的研究成果，如何邦泰的《如何理解辩证法、认识论和逻辑的统一》、蒋文宣的《辩证法、认识论、逻辑学是辩证的同一》、蔡灿津的《对逻

　　① 石崇英：《辩证法也就是马克思主义的认识论》，《安徽大学学报》1983年第1期。
　　② 袁国立：《关于辩证法就是马克思主义的认识论》，《河南师范大学学报》1997年第5期。

辑、辩证法、认识论同一问题的简要考察》、肖安邦的《关于辩证法、认识论与逻辑的统一》、卞敏的《列宁论辩证法、认识论、逻辑的三者同一》等。但是，至今在对列宁的"辩证法、认识论和逻辑三者一致"的这一原理的理解上仍未取得一致的看法。对学术界的不同观点，唐幸存在《辩证法、认识论和逻辑三者同一原理研究综述》一文中进行了梳理。第一种理解认为，列宁的原意是说辩证法、认识论和逻辑三者是同一个东西的三个方面，而不是说三者是具有统一关系的三个不同的东西。第二种理解认为，列宁说辩证法、认识论和逻辑三者"是同一个东西"是指三者的统一，而不是三者完全等同。第三种看法认为，说三者"是同一个东西"和说三者是三个相对独立的东西，它们是三个层次，是从属关系，这两种提法都是正确的。第四种理解认为，列宁说三者"是同一个东西"，指的是三者合一（或熔化）后产生的一个新的东西——辩证法的科学体系。第五种理解认为，列宁说三者"是同一个东西"，仅仅是指在《资本论》中是"同一个东西"①。尽管学者对列宁的"辩证法、认识论和逻辑三者一致"的思想有不同的认识和不同的观点，没有明确提出辩证法的认识论意义这一问题，但是，他们都认为辩证法与认识论是内在统一的，辩证法本身就是认识论。如肖安邦在《关于辩证法、认识论与逻辑的统一》一文中指出："我们应当从两方面来理解列宁的这个命题：辩证法不仅是客观世界的辩证法，也是人类认识的辩证法；认识论也不像旧认识论，而是活生生的、具有辩证法性质的认识论，只是有了辩证法，并把它用于认识论，才能使辩证唯物主义认识论克服了唯物主义认识论的根本缺陷。"②卞敏在《列宁论辩证法、认识论、逻辑的三者同一》一文中指出："辩证法、认识论、逻辑学的三者同一与世界观、认识论、方法论的三者同一具有一致性，这种一致性应当贯穿于马克思主义哲学体系的始终。只有这样，才能避免那种脱离认识论基

---

　　① 唐幸存：《辩证法、认识论和逻辑三者同一原理研究综述》，《国内哲学动态》1984年第 3 期。
　　② 肖安邦：《关于辩证法、认识论与逻辑的统一》，《理论探索》1999 年第 2 期。

础的本体论，脱离唯物论原则的辩证法，脱离辩证法规律的认识论，脱离认识论内容的逻辑。""遗憾的是，我们现行的哲学教科书的体系所存在的最大缺陷就是没有贯彻辩证法、认识论、逻辑三者同一的原则。唯物论、辩证法、认识论、历史唯物论等几大块被机械地结合在一起，没有做到体系的每一部分都体现出既是辩证法，又是认识论，也是逻辑学。"① 总之，辩证法的内容就包括着认识论的性质，包含着认识的规律。列宁在《谈谈辩证法问题》中，在讲到辩证法实质时，讲了辩证法具有认识的内容，他说："统一物之分为两个部分以及对它的矛盾着的部分的认识，是辩证法的实质。"由上我们就不难理解，列宁为什么说"辩证法也就是马克思主义的认识论"，"辩证法是活生生的，多方面的认识"，强调了辩证法与认识论的一致。

通过对国内相关研究成果的梳理和分析，我们可以看出，国内学者对马克思主义辩证法的研究，不论就研究广度、研究深度，还是研究成果来说，都超过了国外学者。他们都触及了马克思主义辩证法的认识论意义这一问题，表达了马克思主义辩证法具有认识论意义这一观点，也强调要肯定马克思主义辩证法的认识论意义，加强对马克思主义辩证法的认识论意义的研究，特别是要把这些研究成果融入马克思主义哲学的教科书和教学之中。客观地讲，他们的探索和见解对我们专门研究马克思主义辩证法的认识论意义给予了极大的启发。我们专门研究马克思主义辩证法的认识论意义，正是基于我国传统的马克思主义哲学教材和教学忽视了马克思主义辩证法的认识论意义，以及以往的研究基础。理论研究本身就是发现问题、分析问题和解决问题，我们研究马克思主义辩证法的认识论意义，就是在以往的教材、教学和研究中发现问题、分析问题并力图解决问题，为我国传统的马克思主义哲学教材的完善、马克思主义哲学教学效果的提升、学术研究的深化尽一份力。实践的发展无止境，理论的创新也无止境。尽管以往的这些研究成果为我们进一步研究和深入把握辩证法的认识论意

---

① 卞敏：《列宁论辩证法、认识论、逻辑的三者同一》，《求是学刊》1987 年第 1 期。

义具有重要的参考价值，但是，在我们看来，学术界的研究还是有一定的不足之处，它们对当前的哲学教科书和教学中为什么忽视辩证法的认识论意义缺乏深入探讨和分析，对辩证法的认识论意义的具体表现缺乏深入研究，对辩证法的认识论意义与马克思主义认识论的关系缺乏深入研究。这既与学者们没有重视这些问题有关，也与他们的研究成果形式有关。他们的研究成果都是学术论文，由于篇幅的限制而难以展开，因而没有形成系统的、完善的思想认识。而且这些研究成果主要集中在 20 世纪八九十年代，后来学术界基本没有进一步研究这一问题，这些研究成果也一直没有很好地运用于马克思主义哲学教科书和教学中，因此，为了保证该问题研究的连续性，弥补以往研究的不足，将学术研究成果转化为教学资源，推进马克思主义辩证法研究的纵深发展，必须加强马克思主义辩证法的认识论意义研究。

第三章 马克思主义辩证法的认识论意义的忽视及其原因

马克思、恩格斯在对黑格尔的唯心主义辩证法彻底改造基础上，创立了科学形态的辩证法理论——唯物辩证法。继马克思、恩格斯之后，列宁在对马克思主义辩证法丰富和发展上作出了重大贡献。其中之一就是列宁明确提出"辩证法也就是（黑格尔和）马克思主义的认识论"①的科学论断，突出了辩证法的认识论意义和认识论性质，并专门论述过辩证法的世界观意义、认识论意义和方法论意义。我国学术界高清海教授、孙正聿教授等众多学者曾对列宁的"辩证法就是认识论"的思想进行过深入研究，突出了辩证法的认识论意义。但是目前学术界对列宁的这一论断较少问津，没有在以往的研究成果基础上作出进一步研究，最为遗憾的是学术界关于这方面的研究成果并没有被我国马克思主义哲学教科书和教学所吸收，教科书的表述和教师的讲授仍然存在着对辩证法的认识论意义的忽视。认真分析和研究对辩证法的认识论意义的忽视及其原因，对我们准确把握马克思主义辩证法的精神实质和还原马克思主义辩证法的本来面目具有重要意义。

第一节 马克思主义辩证法的认识论意义的忽视

"辩证法就是认识论"这一论断，我们通常是从认识论必须包括

---

① 《列宁选集》第 2 卷，人民出版社 2012 年版，第 559 页。

辩证法的方面去理解的。也就是说这一论断强调必须把辩证法应用于反映论，体现了马克思主义认识论与旧唯物主义认识论的区别。这种理解是对的，但这只说到了问题的一个方面，即从辩证法角度去理解认识论的内容。而"辩证法就是认识论"的另一方面涵义，是应当从认识论角度去理解辩证法的理论性质，即站在认识论高度来说明辩证法的认识论意义和认识论性质。这也是"辩证法就是认识论"这一论断的更深层的涵义。但是在我们过去的一些马克思主义哲学教科书的表述和一些教师的讲授中，并没有准确领会列宁这一论断的精神实质，存在着忽视马克思主义辩证法的认识论意义的倾向。

一　辩证法的世界观意义、认识论意义和方法论意义的分离

人生在世，每个人都有世界观，这就是通常指的日常生活中的世界观，是指那些支配人们的认识和行为的原则、观点和信念等。但是这些看法还没有形成系统，上升到理论形态高度，很多是经验的积累、习惯的养成、风俗的传承。因此它与哲学所说的世界观是根本不同的，而哲学所讲的世界观是对一般的世界观的理论化、系统化的结果，是对一般世界观所涉及的内容的升华，是在更高层次上关于世界的根本观点、根本看法，是理论化、系统化的世界观。当然哲学所讲的世界观尽管是对世界的根本看法、根本观点，但它并不是对世界上一切事物都是有根本的看法的，如果那样哲学就是包罗万象的知识总汇了，实际上它只是从总体上为世界的存在和发展提供根本看法。所谓从总体上提出看法，就是对客观世界与主观世界二者如何存在和发展及二者的相互关系提出看法，也可以说客观世界与主观世界二者如何存在和发展及二者相互联系如何就是哲学这一世界观所要解决的根本问题，所以哲学的世界观所说的关于世界的根本看法，实际上就是关于世界的根本问题的看法，它的这一看法关系到我们如何认识世界和改造世界，为我们正确认识世界和改造世界提供观点和方法。从这个意义上讲，哲学所说的世界观就是人们认识世界（包括改造世界）的理论，同认识论是一致的。

高清海先生指出："认识论也有广义和狭义的分别。狭义的认识论是指关于知识的起源和构成、认识的形式、发展阶段和过程以及真理的性质和标准的理论。狭义认识论与知识学相同。认识论一词最初就是从近代的知识学一词演变来的。广义的认识论是指关于主观反映客观的认识规律的理论。"① 高清海先生的这个分析是很有见地的。一般意义上讲认识过程就是获取知识追求真理的过程，因此狭义的认识论与知识学是相同的。但是哲学不是知识体系，哲学的认识不是获取知识，而是提供获取知识的方法，认识方法的获得或者说是否为知识获取提供了方法，源于对认识规律的把握。因此，哲学所讲的认识论不是狭义的认识论，而是广义的认识论，是给人们提供认识规律的理论，指导人们如何运用认识规律去认识客观世界，获取知识，追求真理。

　　在我们明确了哲学所说的认识论是广义的认识论之后，我们将进一步分析认识论的内涵。认识论简单地讲就是论认识或者关于认识的理论。具体地讲认识论就是关于认识的本质及其发展规律的理论。怎样理解认识的本质在哲学史上有三种表现形式。

　　一是把认识理解为直观的反映，即旧唯物主义对认识的理解。其特点是从生物学的直观出发，把人等同于从生物的角度去看待认识，把认识看成同动物的反映特性一样完全是受外界事物的刺激而引起的消极的、被动的、直观的反映。这种理解没有体现人的能动性，难以说明人的认识活动与动物的心理活动的区别，更无法说明为什么人脑能够创造出客观尚不存在的对象，具有超前的反映能力，能够掌握规律，预见未来。

　　二是把认识理解为观念要素的组合，这是随着科学分化之后，针对直观反映论所暴露的局限即忽视人的主体性、能动性而提出的理论，如贝克莱把认识看成观念要素的集合，休谟把认识看成主观感觉的集合，康德认为认识是主观依赖于先验的知性范畴去综合经验的知

──────────

　　① 参见高清海《马克思主义哲学基础》上册，北京师范大学出版社 2012 年版，第 24 页。

识内容。这种理解尽管克服了旧唯物主义把认识归结为消极的、被动的直观反映的错误，但是他们夸大了主体的能动性，抹杀了认识的客观来源，把认识看成是主观自生的了。

三是马克思主义哲学把认识理解为实践基础上主体对客体的能动反映。人作为实践的主体，是为了改造客观对象以满足自身的需要才去认识客观对象的。因而人不是被动地接受客观对象的刺激，消极地反映对象，而是根据主体需要积极地主动地去反映对象，人是在自我意识下有目的、有选择地反映对象。人不仅反映对象的表面现象，而且反映对象的本质和规律，不仅要反映对象的当下状态，而且要反映对象的应当状态。因此，人的认识不是一个仅限于对象表面现象直观反映的过程，而是一个深入把握对象内在本质的能动的抽象过程，不仅仅是对对象的摹写活动，而且是包括摹写和选择在内的对对象实在的再创造活动。人对对象的反映就是摹写基础上的创造和创造性摹写的有机统一。马克思主义关于认识本质的科学理解，既克服了旧唯物主义直观反映论的局限，又坚持了"从物到感觉、思想"的唯物主义认识路线，既克服了唯心主义夸大主体能动性，把认识看成是主观自生的错误，又科学地突出了认识的能动性，把认识的反映性与认识的能动性有机地结合起来了，对人的认识做出了既唯物又辩证的理解。而马克思主义哲学之所以对认识的本质做出科学的说明，旧唯物主义和唯心主义之所以对认识的本质理解有这样或那样的局限，根源在于是从实践出发理解认识的本质还是没有从实践出发理解认识的本质。离开实践活动理解认识的能动性必然导致唯心主义先验论，离开实践活动理解认识的反映性必然导致直观的反映论。

"方法"一词在中国古代是规矩、规则的意思。《墨子·天志》把以"规"度量圆形之法称作圆法，把以"矩"度量方形之法称作方法。"无以规矩，不成方圆"就是从这里来的。在西方，"方法"一词源于希腊文，由"沿着"和"道路"两个词组成，意思是沿着正确的道路前进。今天我们所说的方法，就是主体依据对客体发展规律的认识而为自己规定的活动方式和行为准则，是人们实现特定目的的手段，是主体接近、把握以至于改造客体的工具或桥梁。方法论是关于方法的本质、特性的理论，探讨方法的基本原理和基本原则，研究如何运用客观规律以便自觉地认识世界和改造世界的理论。

在我们分析了世界观、认识论和方法论的含义之后，我们要进一步论述马克思主义哲学的理论性质。马克思主义哲学与旧哲学相比，其理论性质发生了根本的转变，那就是马克思主义哲学是世界观、认识论和方法论相统一的科学形态的哲学。马克思主义哲学以前的哲学体系，除了个别的哲学体系以外，本体论、认识论和方法论都是彼此分离的，它们都是作为相互独立的内容包括在一个哲学体系之中，彼此互不统一。如古希腊哲学家柏拉图的哲学体系中，有本体论内容，将理念看成世界的本原，提出可见世界（现象世界）和可知世界（本质世界、理念世界），认为现象世界是"分有"理念世界的结果，这为现象世界找到了成立的根据和基础，从而理念成为柏拉图所理解的本体。同样，柏拉图认为对理念的认识主要靠灵魂的回忆，他的知识回忆说，就是他的整个认识论的重要部分。还有柏拉图在继承芝诺的否定辩证法和苏格拉底问答法那种意义上的逻辑辩证法基础上，创立了揭示概念间对立统一关系的思辨辩证法，对辩证法作出了重要贡献，第欧根尼·拉尔修（Diogenes Lartius）称他为辩证法的创始人，他的辩证法思想正是其哲学体系中的方法论。古希腊哲学家亚里士多德的哲学体系中，本体论内容就是他的本原学说或实体学说，并区分了第一实体和第二实体，内容极为丰富，构成他的《形而上学》的主体部分。亚里士多德也有认识论内容，他的认识论主要以灵魂学说和形式质料学说为基础，明确肯定了认识起源于感觉并承认对象先于认识而存在。亚里士多德同样重视方法问题，专门写了《工具论》，以便为知识的寻求提供工具和方法，创立了形式逻辑。

这里所说的个别体系主要是黑格尔的哲学体系。黑格尔在唯心主义基础上实现了本体论、认识论和方法论的内在统一，而不是像其他哲学体系那样，虽然有本体论、认识论和方法论的内容，但不是内在统一的，而是相互独立的。就像前面所提到的柏拉图、亚里士多德的哲学体系中有本体论内容、认识论内容和方法论内容，但都是作为相互独立的内容存在于他们的哲学体系之中，没有达到内在统一。

马克思主义哲学是世界观、认识论和方法论相统一的科学学说，这是从事马克思主义哲学教育和研究的人都认同的。但是人们在理解"统一"上是不一致的。一种理解认为马克思主义哲学的世界观、认识论和方法论的统一，就表现在马克思主义哲学是由唯物论、辩证法、认识论和唯物史观几个部分组成的，也就是说在马克思主义哲学体系中既有唯物主义世界观，也有辩证法方法论、还有辩证唯物主义认识论，所以马克思主义哲学体现了世界观、认识论和方法论的统一。按照这样理解，马克思主义哲学不是世界观、认识论和方法论内在统一的学说，而是世界观、认识论和方法论三个独立板块机械组合起来的学说，世界观、认识论和方法论在马克思主义哲学中就不是同一个东西了。而且如果一个哲学体系中只要有世界观部分、认识论部分和方法论部分，就可以算作世界观、认识论和方法论的统一，那么在哲学史上只要称得上哲学体系的，任何一个哲学家的哲学都是世界观、认识论和方法论相统一的学说。不仅黑格尔哲学实现了本体论、认识论和方法论的统一，做到了辩证法、认识论和逻辑学的统一，把辩证法、认识论和逻辑学看成一个东西，而且其他哲学体系也做到了这一点。就是我们前面所说的柏拉图、亚里士多德的哲学体系都做到了这一点，他们的哲学体系包括本体论部分、认识论部分和方法论部分。如此近代哲学家的哲学体系就更不用说了。

另一种理解的"统一"是指世界观、认识论和方法论在马克思主义哲学中的内在统一，不是把马克思主义哲学看成世界观、认识论和方法论三个部分结合在一起，而是把三个部分看成同一个东西，是同一个东西具有的三个方面的属性。也就是说，马克思主义哲学的每个理论，既是一个世界观的问题，也是一个认识论的问题，又是一个方法论的问题；既具有世界观的意义，也具有认识论的意义，又具有方法论意义；既起世界观的作用，又起认识论的作用，还起方法论的作用。比如我们通常认为唯物论和唯心论是世界观，辩证法与形而上学是方法论，这是不对的，实际上唯物论和唯心论的对立既是不同世界观的对立，也是不同认识论的对立，还是不同方法论的对立。我们在前面章节已经作过分析，这里就不赘述了。

　　根据以上的分析，我们说马克思主义哲学是科学形态的哲学，就在于马克思主义哲学体系中实现了世界观、认识论和方法论的内在统一，而马克思主义哲学以前的哲学体系，除个别哲学体系（即黑格尔哲学体系）以外，都没有成为科学形态的哲学，就在于它们的哲学体系中的本体论、认识论和方法论是彼此割裂的，不存在内在统一，不是同一个东西，而是三个相互独立的内容。由此可见，马克思主义哲学始终是按照世界观、认识论和方法论的内在统一的基本原则来阐述和分析他们的每一个哲学基本原理的，也可以说马克思主义哲学是把世界观、认识论和方法论的统一作为一个主线贯穿在其中的。这可以说是马克思主义哲学的一个根本的精神实质。

　　既然如此，我们不论是在编写马克思主义哲学教科书还是在讲授马克思主义哲学基本原理时，都应遵循马克思主义哲学是世界观、认识论和方法论相统一的原则。即使是在阐述和分析马克思主义哲学的每一个基本原理和每一重要部分时，都应当既要说明它们的世界观意义，也要说明它们的认识论意义，又要说明它们的方法论意义，而不是认为马克思主义哲学的一个部分是讲世界观问题，一个部分是讲方法论问题，一个部分是讲认识论问题。但是我们过去的很多教材和很多教师不是按照世界观、认识论和方法论的内在统一去理解马克思主义哲学，而是按照马克思主义哲学包括了世界观、认识论、方法论的思路去理解马克思主义哲学。正是如此，才有我们前面所说的理解马克思主义哲学的世界观、认识论和方法论的"统一"的两种不同看法。如果按照前一种看法理解马克思主义哲学的世界观、认识论和方法论的统一，那么马克思主义哲学就没有超越它以前的哲学体系，就不能成为科学形态的哲学。而我们很多教材和很多教师就是按照高清海先生所反对"两种主义"（辩证唯物主义和历史唯物主义）和"四大块"（唯物论、辩证法、认识论、唯物史观）的思维模式去建构马克思主义哲学体系和讲授马克思主义哲学基本原理。这样做的结果是，马克思主义哲学体系仍然是重复旧唯物主义哲学体系，教科书的表述和教师的讲授仍然停留在旧唯物主义水平上。现行教材在世界的物质统一性部分阐述的原理，例如，世界是物质的，物质是运动的，时间和空间是运动的物质的存在形式，物质的运动是有规律的，等等，没有一条不是旧唯物主义所讲过的，只要去查一下 18 世纪法国唯物主义者和 19 世纪费尔巴哈的著作，就一目了然了。

显然，如果把马克思主义哲学看成是由世界观、认识论和方法论几个部分组合而成的，那么就没有认清马克思主义哲学的精神实质和本来面目。在讲授马克思主义哲学时，往往把某一个基本原理要么作为世界观讲授，要么作为认识论讲授，要么作为方法论讲授，也就是把某一基本原理只理解为世界观，或者只理解为认识论，或者只理解为方法论，没有从世界观、认识论和方法论内在统一意义上理解和阐述马克思主义哲学的每一个基本理论。

从世界观、认识论和方法论的相互割裂理解马克思主义哲学，就导致我们国内不论是教科书的表述还是教师的讲授，都倾向于从本体论上理解辩证法。我们的教科书只讲辩证法是世界观，是方法论，不讲辩证法就是认识论。在具体讲授中先讲规律、原则、范畴，然后列举大量实例加以证明。例如我们在讲对立统一规律时、论证矛盾的普遍性时，往往会举出自然界、人类社会和人的思维中的大量事例来证明。这样讲是不符合辩证法的科学性质的，也不符合马克思、恩格斯、列宁的意愿，辩证法的科学性质与马克思主义哲学的科学性质是一致的，是世界观、认识论和方法论的内在统一。如果仅强调辩证法是世界观，就是强调辩证法是客观规律的科学，强调客观辩证法；如果仅强调辩证法是方法论，就会把辩证法当成实例的总和，论证的工具。马克思、恩格斯、列宁的辩证法作为一种理论，作为自为辩证法，主要突出辩证法是认识世界的理论和方法，主要研究人们的认识规律和思维规律。

总之，对马克思主义辩证法的认识论意义的忽视，一个根本表现就是我们长期从世界观、认识论和方法论的分离去理解辩证法，这从反面说明从世界观、认识论和方法论的内在统一去理解辩证法是把握马克思主义辩证法的认识论意义的关键。所以，高清海先生认为，"能不能把辩证法理解为认识论，这是能不能彻底贯彻世界观、认识论、方法论或者辩证法、认识论、逻辑学三者统一的关键"①。

二　唯物主义与辩证法的分离

唯物论与辩证法的分离，与我们长期从世界观、认识论和方法论的分离理解马克思主义哲学，或者说把马克思主义哲学看成是世界观、认识论和方法论相互独立的几个部分的组合，是密切相关的，这种现象不论是在我国现行的很多马克思主义哲学教材中还是很多教师的讲授中，都是比较普遍的。

从现行的很多马克思主义哲学教材的表述看，往往是先讲唯物论，围绕哲学基本问题第一方面的不同回答，划分出唯物主义和唯心主义两种基本派别，阐述唯物主义和唯心主义的基本观点和历史发展形态，阐述物质和意识的辩证关系，阐述世界的物质统一性原理等。然后就讲辩证法与形而上学的区别，以及辩证法的基本规律和范畴。根据唯物辩证法的总的特征是联系和发展这一基本观点，说明辩证法与形而上学的区别在于是否承认事物的普遍联系和永恒发展。根据唯物辩证法的三大规律即对立统一规律、质量互变规律、否定之否定规律的论述，说明客观世界存在这些基本规律，要求人们按照这些规律认识世界，这就是辩证法的方法论意义。教材中的这些表述看起来似乎是有道理的，但却存在严重的问题。一是反映出唯物主义和唯心主义才是围绕哲学基本问题而展开的，辩证法与形而上学不是围绕哲学基本问题而展开的。也就是说唯物主义和唯心主义才是回答哲学基本问题的，辩证法与形而上学不回答哲学基本问题，而是回答事物是否是普遍联系和永恒发展的。这恰好是我们过去将唯物论与辩证法分离

---

① 参见高清海《找回失去的"哲学自我"》，北京师范大学出版社 2004 年版，第 362 页。

开来的致命之处，没有在哲学基本问题上将唯物论与辩证法统一起来，没有把唯物论与辩证法看成都是围绕哲学基本问题而展开的理论。"所以才有人从两个对子提出了应当有两个哲学基本问题的问题，现在看来像过去那样讲哲学基本问题有点过窄了，甚至没把恩格斯关于基本问题的内容和精神完全传达出来"①。二是把唯物主义和唯心主义只当作世界观看待，把辩证法和形而上学只当作方法论看待，没有把唯物主义和唯心主义同时又作为认识论、方法论看待，也没有把辩证法与形而上学同时又作为世界观、认识论看待。这样不论是唯物论的认识论意义还是辩证法的认识论意义都被忽视了。

从马克思主义哲学教学看，很多教师在教学中给学生讲授唯物主义和唯心主义时，一个重要结论是，唯物主义与唯心主义是回答"世界是什么"的问题。这是根据哲学基本问题第一方面，即"世界的本原是什么"得出的结论，认为唯物主义主张世界的本原是物质，唯心主义主张世界的本原是精神。在讲授辩证法与形而上学时，一个重要结论是，辩证法与形而上学是回答"世界怎么样"的问题。这是根据辩证法与形而上学的区别在于是否承认事物的普遍联系和永恒发展得出的结论，认为辩证法主张世界的万事万物是相互联系的和变化发展的，形而上学是把世界看成孤立的静止不动的。这样，教师给学生传达的信息就是，唯物主义和唯心主义的区别是世界观上的区别，是两种不同的世界观；辩证法与形而上学的区别是方法论上的区别，是两种不同的方法论。这样讲解马克思主义哲学，必然会把它变成唯物主义一般原则与辩证法一般原则的简单相加，而不是唯物论与辩证法的内在统一，这样哲学就似乎有两个基本问题即"世界是什么"的问题和"世界怎么样"的问题，而不是思维和存在的关系这个哲学基本问题。这样讲解马克思主义哲学，也完全是脱离辩证法的具体内容去论述世界的物质统一性，脱离唯物主义的具体内容去论述辩证法的基本规律和范畴，最多只是划清了唯物主义和唯心主义的原则界限、辩证

---

① 参见高清海《找回失去的"哲学自我"》，北京师范大学出版社 2004 年版，第 363 页。

法与形而上学的原则界限。其严重后果是无法说明马克思主义哲学为什么是辩证唯物论，实现唯物论与辩证法的统一，更无法说明马克思主义哲学与旧唯物主义哲学的区别。因为熟悉西方哲学史特别是近代西方哲学的人都知道，近代唯物主义哲学同样也回答了"世界是什么"和"世界怎么样"的问题。比如18世纪法国唯物主义者和19世纪费尔巴哈都认为世界是物质的世界，世界统一于物质，物质世界独立于人的意识之外。他们也认为物质世界是处在运动变化之中，运动变化是有规律的。但是他们之所以没有把唯物论与辩证法有机统一起来，没有成为彻底的唯物主义者，就在于他们始终没有围绕哲学基本问题阐述唯物论和辩证法，实现唯物论与辩证法的统一。所以，形而上学并不是一般意义上否认"联系""发展"和"矛盾"，主要是否认思维和存在之间的矛盾，否认思维和存在的矛盾关系的发展，在"绝对不相容的对立中思维"，即无矛盾的思维，"是就是，不是就不是，除此之外，都是鬼话"，不把思维和存在的统一看成是矛盾运动中的统一、历史发展中的统一，而是直观的不变的统一。

虽然一些教师在马克思主义哲学教学中强调，马克思主义哲学的唯物主义是辩证的唯物主义，区别于旧唯物主义，是因为马克思主义哲学在肯定存在对思维的本原性、物质对意识的决定作用的同时，又肯定意识对物质的能动反作用，因此马克思主义哲学是唯物主义与辩证法的统一；同样，我们也常常认为，马克思主义哲学辩证法是唯物主义辩证法，区别于唯心主义辩证法，是因为马克思主义哲学主张世界是物质的世界，物质的世界处在运动变化发展之中，物质世界的运动变化发展有其自身的规律。而唯心主义是以思维、精神作为主体，用思维的运动规律和变化逻辑说明客观物质世界的产生及变化发展，是"头脚倒置"的辩证法。这样讲解马克思主义的唯物主义和辩证法的内在统一，看起来是有道理的，但是并没有触及问题的根本，没有实现唯物论与辩证法的内在统一。因为这样还是把唯物论与辩证法当成两个不同的东西来讲的，唯物论讲的是思维与存在的关系，辩证法讲的是事物的运动变化发展及其规律。这样讲解马克思主义哲学的唯物论和辩证法，对给学生普及马克思主义哲学基本知识是有一定作用的，但对学生深入理解马克思主义是唯物论和辩证法的内在统一的学说是不够的。因为马克思主义的唯物论与辩证法的内在统一是在哲学基本问题即思维和存在的关系问题上的内在统一。马克思主义的唯物论与辩证法都是围绕哲学基本问题而展开的，都是以解决思维和存在的矛盾关系为根本任务。简单地讲，马克思主义的唯物论是为人的认识达到思维与存在的统一、使认识走向正确提供前提和出发点；马克思主义辩证法正是为人的认识达到思维与存在的统一、使认识走向正确提供正确的道路和方法，阐述思维与存在是怎样统一和达到统一的道路和方法。因此，理解马克思主义的唯物论与辩证法的内在统一始终不能离开哲学基本问题。这样，不仅唯物论具有认识论意义，发挥了认识论的作用，而且辩证法也具有认识论意义，发挥了认识论的作用。

马克思主义的唯物论之所以是辩证唯物论，实现了唯物主义与辩证法的内在统一，超越了旧唯物主义哲学，就在于它是把唯物论与辩证法统一在哲学基本问题上，或者说它始终是围绕哲学基本问题来理解唯物论与辩证法的。哲学基本问题就是思维和存在的关系问题，它最为集中、最为深刻地表述了世界观的内在矛盾。从马克思主义哲学看来，人及其思维是自然的产物，人的思维在本质上与自然界服从于同一规律，在思维和存在、精神和物质"谁是谁的本原"问题上，坚持物质第一性、意识第二性的唯物主义原则，肯定存在对思维的本原性。与此同时，马克思主义哲学认为人及其思维不仅按照"自然的尺度""物的尺度"去适应自然，而且按照"人的目的""人的尺度"去构建所要求的世界的理想蓝图、达成目的性要求，并以自己的行动去改造自然，以自己的现实性去消灭现存世界的规定性，创造出更加现实的世界满足人的需要。这样，马克思主义哲学既坚持了存在对思维的本原性的唯物主义基础，又肯定思维对存在的能动性的辩证法内容，在哲学基本问题上实现了唯物论与辩证法的内在统一，创立了辩证唯物主义。而旧唯物主义肯定存在对思维的本原性但否认了思维对存在的能动性，唯心主义抽象地发展了思维的能动性而否认了存在对思维的本原性。所以马克思在《关于费尔巴哈的提纲》中指出："从前的一切唯物主义（包括费尔巴哈的唯物主义）的主要缺点是：对对象、现实、感性，只是从客体的或者直观的形式去理解，而不是把它们当做感性的人的活动，当做实践去理解，不是从主体方面去理解。因此，和唯物主义相反，唯心主义却把能动的方面抽象地发展了，当然，唯心主义是不知道现实的、感性的活动本身的。"① 由此可见，旧唯物主义没有把唯物主义与辩证法统一起来，不是辩证唯物论，唯心主义没有把辩证法与唯物主义统一起来，不是唯物辩证法，它们都没有在哲学基本问题上实现唯物论与辩证法的有机统一。

　　显然，我们过去常常认为唯物论是世界观、辩证法是方法论，就是因为没有在哲学基本问题上认识唯物论与辩证法的内在统一，没有把唯物论和辩证法看成是解决同一问题即哲学基本问题，实现人的思维与存在的统一，使认识走向正确的方法。这样理解不仅把唯物论与辩证法明确地割裂开来了，而且把唯物论与辩证法的认识论意义忽视了。

三　辩证法与认识论的分离

　　人们经常说，马克思主义认识论之所以是能动的反映论，是因为它把实践观引入了认识论，把辩证法应用于反映论。因此，在马克思主义哲学中，辩证法与认识论是有机统一的，但是马克思主义辩证法与认识论的有机统一是不是我们传统理解的那样呢？或者说我们的传统理解是不是真正把握了马克思主义辩证法与认识论的有机统一的实质呢？在我们看来，传统理解并没有真正把握马克思主义辩证法与认识论的有机统一的实质，因为传统理解是对马克思主义辩证法与认识论的有机统一的片面理解，只是从辩证法应用于反映论来说明马克思主义辩证法与认识论的有机统一，没有从辩证法本身就是认识论的视角来说明马克思主义辩证法与认识论的有机统一，而这一点恰是理解马克思主义辩证法与认

---

① 《马克思恩格斯选集》第 1 卷，人民出版社 2012 年版，第 133 页。

识论的有机统一的根本，至少是准确理解列宁所说的"辩证法也就是（黑格尔和）马克思主义的认识论"这一科学论断的根本。

首先，我们要充分肯定在马克思主义哲学体系中，辩证法与认识论是内在统一的。从自在意义讲，无论是外在于思维的物质世界还是作为物质高级运动形式的人类思维，无论是思维反映存在的人类认识活动还是主体改造客体的人类实践活动，它们都是一个辩证的发展过程。从自在意义上看，既不存在辩证法与形而上学的对立，也不存在客观辩证法与主观辩证法的区分。从自为意义上讲，辩证法是人类把握世界的一种理论思维方式、一种发展学说、一种世界理论。马克思主义辩证法作为自为辩证法，作为一种理论思维方式，不是简单肯定物质世界、人类思维、人类认识活动和人类实践活动是一个辩证的发展过程，否则就是朴素辩证法，而是为人类理解和描述物质世界、人类思维，以及人类认识活动和实践活动的辩证发展过程提供正确的思维方式，也是为人类把握物质世界、人类思维，以及人类认识活动和实践活动辩证运动规律提供正确的思维方式。因此马克思主义辩证法就是人们认识自在辩证法的前提，不掌握马克思主义辩证法理论就不可能认识和把握自在的世界的辩证运动。这就不难理解，为什么面对同样的自在的世界的辩证运动，会有辩证法与形而上学相对立的世界观。简单地讲辩证法的世界观就是对自在的世界的辩证运动做出了正确认识，形而上学的世界观就是对自在的世界的辩证运动做出了错误认识。从而，马克思主义辩证法本身就是一种认识学说、一种认识理论，马克思主义辩证法与认识论的内在统一是理所当然的。正是在这一意义上，马克思明确指出："辩证法在对现存事物的肯定的理解中同时包含对现存事物的否定的理解，即对现存事物的必然灭亡的理解；辩证法对每一种既成的形式都是从不断的运动中，因而也是从它的暂时性方面去理解；辩证法不崇拜任何东西，按其本质来说，它是批判的和革命的。"①

---

① 《马克思恩格斯选集》第 2 卷，人民出版社 2012 年版，第 94 页。

恩格斯也强调辩证法理论就是提示主观思维运动和客观世界运动所遵循的同一规律，或者说是揭示思维反映存在过程中所遵循的规律。因为认识是为了正确反映客观世界的运动，而要正确反映客观世界的运动，必须要求认识按照客观世界运动的规律去认识客观世界，也就是说认识要走向正确，必须要求主观思维运动的规律与客观世界运动的规律相一致。因此，恩格斯指出："我们的主观的思维和客观的世界服从于同样的规律，因而两者在自己的结果中不能互相矛盾，而必须彼此一致，这个事实绝对地统治着我们的整个理论思维。它是我们的理论思维的不自觉的和无条件的前提。"① 显然，恩格斯是把辩证法作为认识的理论加以说明的。在他看来辩证法理论就是为人们提供认识客观世界所遵循的规律。就这一意义上讲，马克思主义辩证法所揭示的普遍规律既是客观世界运动的规律，也是思维运动的规律，既是存在的规律，也是认识的规律。

　　继马克思、恩格斯之后，列宁在总结马克思、恩格斯辩证法理论基础上，根据马克思、恩格斯关于辩证法的认识，敏锐地发现马克思、恩格斯都是突出辩证法的认识论意义，把辩证法作为认识学说，把辩证法与认识论有机统一起来的，从而提出："辩证法也就是（黑格尔和）马克思主义的认识论。"② 不仅如此，他在分析和阐发马克思主义哲学的许多理论时都提到了认识论高度。比如，列宁从认识论高度理解哲学基本问题，揭示了哲学基本问题第一方面的认识论意义，将唯物主义和唯心主义作为两条不同的认识路线加以阐述，赋予唯物主义和唯心主义认识论意义。列宁指出："从物到感觉和思想呢，还是从思想和感觉到物呢？恩格斯坚持第一条路线，即唯物主义的路线。马赫坚持第二条路线，即唯心主义的路线。"③ 列宁的认识和论断说明了，唯物主义和唯心主义关于哲学基本问题第一方面的不同回答，即思维和存在谁是谁的本原、谁决定谁，不仅是世界观的问题，

① 《马克思恩格斯全集》第 20 卷，人民出版社 1971 年版，第 610 页。
② 《列宁选集》第 2 卷，人民出版社 2012 年版，第 559 页。
③ 《列宁选集》第 2 卷，人民出版社 2012 年版，第 37 页。

而且是认识论的问题，是认识的基础和源泉问题，即人的认识的出发点问题。唯物主义是以存在为认识的出发点，唯心主义是以思想和感觉为认识的出发点。就这一意义上讲，列宁的理论是对恩格斯的哲学基本问题理论的深化。列宁还从认识论高度界定了物质范畴。恩格斯针对旧唯物主义关于物质范畴理解没有弄清一般与个别的关系，将哲学的物质范畴归结为水、火、气等具体物质，就着重从一般与个别的关系这一角度去界定物质范畴。恩格斯在《自然辩证法》中指出："物、物质无非是各种物的总和，而这个概念就是从这一总和中抽象出来的，运动本身无非是一切感官可感知的运动形式的总和；'物质'和'运动'这样的词无非是简称，我们就用这种简称把感官可感知的许多不同的事物依照其共同的属性概括起来。"① 根据恩格斯的定义，哲学上这个带有普遍性的物质就是从各种可感觉的具体物质中抽象和概括出来的。而列宁则是从认识论高度即物质和感觉、物质和意识的关系的视角定义物质范畴的。他在《唯物主义和经验批判主义》中指出："物质是标志客观实在的哲学范畴，这种客观实在是人通过感觉感知的，它不依赖于我们的感觉而存在，为我们的感觉所复写、摄影、反映。"② 根据列宁的定义，物质就是不依赖于人的意识又为人的意识所反映的客观实在，因此我们常常强调列宁所定义的物质既具有客观实在性，又具有可知性。列宁后来更加明确表达了他定义物质的这一认识论高度。他指出："物质这个概念，正如我们已经讲过的，在认识论上指的只是不依赖于人的意识而存在并且为人的意识所反映的客观实在，而不是任何别的东西。"③

其次，我们所说的辩证法与认识论的分离，是针对我们一些马克思主义哲学教科书和一些教师的讲授而言的。也就是说我们的一些马克思主义哲学教科书和一些教师的讲授把马克思主义哲学体系本身是辩证法与认识论的有机统一割裂开来了。这里我们就以一些教材的表

① 《马克思恩格斯选集》第 3 卷，人民出版社 2012 年版，第 939 页。
② 《列宁选集》第 2 卷，人民出版社 2012 年版，第 89 页。
③ 《列宁选集》第 2 卷，人民出版社 2012 年版，第 192 页。

述和一些教师的讲授为例加以说明。"马克思主义理论研究和建设工程重点教材"——《马克思主义哲学》在第五章开篇就讲道："当我们深思熟虑地考察自然、社会和思维的时候，呈现在我们面前的是一幅由种种联系交织起来的画面，一幅由运动发展所构成的世界图景。唯物辩证法就是对这幅世界图景的理论抽象，它是关于自然、社会和思维发展的一般规律的科学，是世界观和方法论的统一。"这个表述直接就说明了辩证法具有世界观意义和方法论意义，而没有突出辩证法的认识论意义，没有从世界观、认识论和方法论的统一去理解辩证法，该教材在具体论述时与其他很多教材一样，先论证世界的普遍联系和永恒发展，然后论述联系发展的基本范畴和基本规律。从教材的论述看，主要是说明世界万事万物都是处于普遍联系之中，事物内部和事物之间存在着现象与本质、内容与形式、必然与偶然、可能与现实、原因与结果的关系，事物的发展存在着对立统一规律、质量互变规律和否定之否定规律。而这样的论述似乎只是关于存在的揭示，给人们提供关于存在的知识，那么这与科学还有什么区别？这种表述没有从思维和存在的关系来论述唯物辩证法的基本特征和基本规律。而且这样论述给我们传达的信息是，似乎唯物辩证法就是告诉我们世界是处于普遍联系和永恒发展的，事物的变化发展是有规律的，这与旧唯物主义没有什么区别。学生掌握唯物辩证法理论也只是知道世界普遍联系和永恒发展，联系和发展有五大基本范畴和三大基本规律，只是记住了这些基本结论和基本教条。而讲述辩证法理论一方面要说明它的世界观意义，另一方面突出它的认识论意义，才能更好地发挥它的方法论作用。但是我们这些教材的表述和分析只是说明了辩证法的世界观意义，尽管也强调辩证法的方法论意义，但是不突出辩证法的认识论意义，不从思维反映存在的过程即认识的过程讲述辩证法理论，它的世界观意义不可能转化为方法论意义。就这一意义讲，辩证法理论的世界观意义和方法论意义的中介正是它的认识论意义。简单地讲，辩证法所说的基本特征既是存在的特征，也是认识的特征，辩证法所讲的基本规律既是存在的规律也是认识的规律。因此讲述辩证法的基本特征和基本规律必须从思维反映存在即认识的角度出发。

"马克思主义理论研究和建设工程重点教材"——《马克思主义基本原理概论》在第一章第二节一开始就指出："唯物辩证法认为，世界上的万物都处于普遍联系之中，普遍联系引起事物的运动发展。"这样表述的意思是唯物辩证法承认事物的普遍联系和永恒发展。这就造成一些教师和学生理解上形成一个误解，即形而上学就是否认事物的联系和发展，辩证法与形而上学的区别就是是否承认事物的联系和发展。这样只是从经验层面理解辩证法。其实任何一个正常人都会承认事物是相互联系和变化发展的，经验层面是没有辩证法与形而上学的区别的。辩证法与形而上学的区别是在于是否承认思维和存在之间的矛盾，以及思维和存在的矛盾和发展，它们的区别不是发生在直观的运动之中，而是发生在思维反映存在即人的认识过程之中。该教材接下来论述了联系和发展的基本内涵、基本特点，论述了五大基本范畴和三大基本规律的内容。这些论述只是给人们提供了联系观、发展观、基本范畴和基本规律的相关知识，证明了事物都是联系和发展的，都存在着原因和结果、内容与形式、可能与现实、必然与偶然、现象与本质之间的联系，也证明事物的发展有其规律。正是如此，我们的一些教师在讲授辩证法时都是通过列举大量事例证明事物的普遍联系和永恒发展，证明事物的变化发展都要遵循对立统一规律、质量互变规律、否定之否定规律，这样就把辩证法看成了"实例的总和"，这恰好是列宁一直所批判的那种认识。所以列宁才强调"辩证法就是认识论"，就是要求我们应该把辩证法提升到认识论高度去理解。其实，马克思主义唯物论是要求人们在对世界的物质本质把握基础上，在思维反映存在即人的认识过程中，按照世界的本来面目去认识世界，这样认识才可能走向正确。马克思主义辩证法是要求人们在揭示世界的本来面目（世界万事万物是相互联系和变化发展的，事物的运动发展有其规律的）基础上，在思维反映存在即人的认识过程中，要遵循唯物辩证法所揭示的基本特征和基本规律，人的认识就会走向正确。

针对我们过去把辩证法与认识论割裂开来，只注重认识论的辩证法性质，没有重视辩证法的认识论性质这一现象，高清海先生在《论辩证法就是认识论》一文中认为我们过去理解列宁的"辩证法就是认识论"这一论断是片面的。对于列宁这个论断的理解，高清海先生认为，通常都是从认识论必须包括辩证法的方面去理解的。这当然是对的。必须把辩证法运用于反映的过程和发展，必须从辩证法去理解认识学说的内容和实质是毫无疑问的。旧唯物论的根本缺陷就表现在这里。由于不能把辩证法应用于反映论，致使它们的理论变得极端片面。列宁这一论断具体指明了马克思主义的认识理论与形而上学唯物论的认识学说的根本区别。① 如果仅仅从这方面去理解列宁的论断，那就太片面了，只是从认识学说去理解这句话，没有全面把握列宁这一论断的内涵和实质。也就是说这样理解只是把列宁的论断当作认识论的论断，而不是作为辩证法的论断，突出的是认识论，而不是辩证法。其实列宁这个论断更为重要的是一个辩证法的论断，突出的是辩证法和如何理解辩证法。因为这个论断是针对普列汉诺夫对辩证法的性质的错误理解而提出来的。所以高清海先生认为，在《谈谈辩证法问题》这篇短文一开头，"列宁就批评了普列汉诺夫一些人把辩证法的对立面的同一仅仅'当做实例的总和……而不是被当做认识的规律（以及客观世界的规律）'的错误，在辩证法就是认识论这句话的后半句，列宁又再次指出，'正是问题这一方面（这不是问题的一个方面，而是问题的本质）普列汉诺夫没有注意到，至于其他的马克思主义者就更不用说了'"②。列宁对普列汉诺夫的批评说明，列宁所提出的"辩证法就是认识论"有两方面的含义。高清海先生把它概括为："一方面，应当从辩证法去理解认识论的内容；另一方面，也必须从认识论去理解辩证法的性质。"③ 在我们看来，前一方面是指认识论的辩证法性质，后一方面是指辩证法的认识论性质。而普列汉诺夫却没

---

①　参见高清海《论辩证法就是认识论》，《社会科学战线》1983 年第 2 期。

②　高清海：《论辩证法就是认识论》，《社会科学战线》1983 年第 2 期。

③　高清海：《论辩证法就是认识论》，《社会科学战线》1983 年第 2 期。

有注意到辩证法的认识论性质，但辩证法的认识论性质恰好是列宁这一论断的本质方面。也就是说辩证法本身就是认识论，具有认识论的意义。所以列宁一再强调辩证法既具有世界观意义，又具有方法论意义，也具有认识论意义，认为在马克思主义哲学中逻辑学、辩证法和认识论不是三个不同的东西，而是一个东西。

根据以上分析，我们认为不论是教材的编写还是教师的教学，都应该在讲授我们过去设定的辩证法理论之前，专门把辩证法理论的世界观意义、认识论意义和方法论意义作为辩证法内容的一节，总体上分析和阐述辩证法理论的世界观意义、认识论意义和方法论意义，然后再具体从世界观意义、认识论意义和方法论意义上分析唯物辩证法基本特征和基本规律。特别要从认识论意义上分析唯物辩证法的基本特征和基本规律，说明联系和发展既是客观事物存在的特征，也是客观事物认识的原则；说明三大规律既是客观事物存在的规律，也是客观事物认识的规律，而不是从一般意义上讲唯物辩证法的基本特征和基本规律，我们目前的一些教科书和教师就是从一般意义上讲联系和发展及基本规律的。

第二节　马克思主义辩证法的认识论
意义被忽视的原因

辩证法的认识论意义被忽视在我们过去的一些马克思主义哲学教科书和一些教师的讲授中是较为普遍的现象。正因如此，高清海、孙正聿等专家学者专门撰写文章研究列宁的"辩证法就是认识论"这一科学论断的精神实质和重要意义，既是对我们忽视辩证法的认识论意义的纠正，也是引导我们高度重视辩证法的认识论意义，将辩证法的认识论意义贯穿在马克思主义哲学教科书和马克思主义哲学教学中。当然只是呼吁是不够的，还必须弄清这种现象出现的根本原因，这样才能找到解决问题的对策。

一　通行的马克思主义哲学教科书体系的影响

从中国的马克思主义哲学教科书编写的总的情况看，从新中国成立以来的半个多世纪里，特别是 20 世纪 80 年代以来，我国高校党校出版的马克思主义哲学教科书数量有很多种，包括哲学专业的马克思主义哲学教材和作为公共政治理论课的马克思主义哲学教材。尽管 21世纪高校思想政治理论课不专门开设马克思主义哲学这门课程，而是开设《马克思主义基本原理概论》这门课程，但由于马克思主义的三个重要组成部分是马克思主义哲学、马克思主义政治经济学和科学社会主义，因此，《马克思主义基本原理概论》这个"马工程"统编教材仍然涉及丰富的马克思主义哲学基本理论。但是这些众多的教材从体系上看是从苏联移植过来的，是苏式教科书的"变种"。苏联的马克思主义哲学教科书是苏联学者按照斯大林的指导在 20 世纪 40 年代根据他们的理解水平而编写的，至多只能视为苏联学者所理解的马克思主义哲学，并不能完全代表更不能等同于马克思主义哲学，而且今天已经证明那时所理解和表达的许多观点与马克思主义哲学的精神实质是相悖的。但是我们多年来却沿用他们的马克思主义哲学教科书的基本内容，作为马克思主义哲学的标准模式。20 世纪 60 年代最有影响的艾思奇主编的《辩证唯物主义和历史唯物主义》（人民出版社1961 年版），是新中国成立以后中国人以苏式马克思主义哲学教科书为蓝本自己编写的第一部有代表性的马克思主义哲学教材。"文化大革命"结束后的 20 世纪 70 年代末 80 年代初，中国新编的马克思主义哲学教材几乎是艾思奇的《辩证唯物主义和历史唯物主义》与苏式马克思主义哲学教材的仿制。就是当时影响极大的中国人民大学李秀林等主编的《辩证唯物主义与历史唯物主义原理》也是如此。这些教科书都是按照高清海先生总结的"两大主义"（辩证唯物主义和历史唯物主义）和"四大块"（唯物论、辩证法、认识论和唯物史观）的体系结构编写的，把马克思主义哲学看成是由唯物论、辩证法、认识论和唯物史观几个相互独立的部分组合起来的。这样的体系结构既没有很好地贯彻列宁所说的辩证法、逻辑学、认识论三者内在统一原则，也没有体现列宁所强调的辩证唯物主义和历史唯物主义是"一块整钢"的精神。不仅影响了马克思主义哲学教材的编写，而且连"马克思主义哲学史"的编写，我国学者也习惯于以唯物论、辩证法、认识论和唯物史观为框架和思想线索来展示马克思主义哲学发展的历史进程。

这种照搬苏联马克思主义哲学教科书的体系结构得以影响中国哲学界几十年与毛泽东的《辩证法唯物论提纲》有着密切联系。20 世纪 20—30 年代，毛泽东在延安较为系统地研读过西洛科夫等人编写的《辩证法唯物论教程》、米丁主编的《辩证唯物论和历史唯物论》（上册）、斯大林的《辩证唯物主义和历史唯物主义》，在此基础上写成了包括《实践论》《矛盾论》在内的《辩证法唯物论提纲》。它与苏联的《辩证法唯物论教程》《辩证唯物论和历史唯物论》（上册）明显地存在着理论上的亲缘关系，篇章结构基本上相同，基本内容都是先讲唯物论的关系、唯物论的认识论、辩证法及其诸法则等。尽管毛泽东的《辩证法唯物论提纲》有独创性，把哲学理论与改造旧中国的革命实践紧密联系起来了，成为指导中国革命的教科书。但苏联哲学教科书的烙印是很深的，并经毛泽东之手影响着中国的马克思主义哲学教科书的体系结构和内容。

任何事物都是内容和形式的统一。内容决定形式，有什么样的内容就有什么样的形式，内容发生了变化，其形式也要发生相应的变化。形式反作用于内容，适合内容的形式，对内容的发展有积极的推动作用，不适合内容的形式，对内容的发展起消极的阻碍作用。马克思主义哲学教科书的体系和内容就是一个形式和内容的关系问题。体系是内容的逻辑结构。马克思主义哲学教科书的体系应遵循马克思主义哲学的内容，完整地体现马克思主义哲学的内容。马克思主义哲学的内容是唯物论与辩证法、唯物辩证法的自然观与历史观的统一，它的每一个基本理论既是世界观，又是认识论，也是方法论，既具有世界观意义，又具有认识论意义，也具有方法论意义。按照这样的思路，唯物论和唯心论的争论既是一个世界观问题，又是一个认识论问题，也是一个方法论问题。同样，马克思主义的辩证法和认识论也是如此。我们这样分析就是要说明马克思主义哲学体系应是唯物论、辩证法和认识论有机统一的，或列宁说的辩证法、认识论、逻辑学三者一致。这才是与马克思主义哲学内容相符合的教科书体系。按照这样的原则构建马克思主义哲学教科书体系，马克思主义哲学的精神实质才能明确表达出来。比如，我们讲唯物论就不会只讲它的世界观意义，而且要讲它的认识论意义、方法论意义；我们讲辩证法就不会只讲它的方法论意义，而且要讲它的世界观意义、认识论意义。这样的话，马克思主义哲学的内容不是更丰富完整了？马克思主义哲学的精神实质不是更明确了？这就是一个适合内容的形式对内容的发展起积极推动作用的道理。

　　但是我们过去的许多马克思主义哲学教科书体系并没有遵循马克思主义哲学基本理论的内容和实质加以构建，没有按照马克思主义哲学每一个理论是世界观、认识论和方法论相统一的原则加以构建，这就出现了唯物论、辩证法、认识论相互独立的体系结构。根据这样的体系结构，过去我们编写马克思主义哲学教材时，讲唯物论就是当作世界观来讲，讲辩证法就是当作方法论来讲，讲认识论就是当作认识的学说来讲。同样教师的讲授也是如此。所以在一些教师和学生的观念中长期存在着"唯物论是世界观、辩证法是方法论"的思想意识。这样的体系结构一定会制约马克思主义哲学内容的完整体现和马克思主义哲学精神实质的明确表达，将马克思主义哲学应有的内容剔除出去了，将马克思主义哲学应有的精神实质掩盖了。这对区分马克思主义哲学与旧哲学，认识马克思主义哲学在哲学史上的伟大变革有着严重的制约作用。这就是不适合马克思主义哲学内容的体系结构所带来的严重后果，也是不适合内容的形式对内容的发展起消极阻碍作用的具体表现。

　　由此可见，要讲清辩证法的认识论意义，必须从旧体系的变革开始，打破过去的"两大主义，四大块"的体系结构的限制。一旦变革教科书的旧体系，必然会引起教师的认识和教学的变化，因为教科书始终是教师教学的蓝本。从目前我国众多的马克思主义哲学教科书看，只有高清海先生的《马克思主义哲学基础》（上下册）发生了体系和内容的变革，在他的教科书中既没有"两大主义，四大块"的痕迹，也将马克思主义哲学的完整内容和精神实质体现出来了，还将辩证法的认识论意义突出出来了。我们只要翻一下高清海先生《马克思主义哲学基础》（上下册）第四章"客体的规律性"，就会清楚地看到，他不是在一般意义上讲辩证法，说明对立统一规律、质量互变规律、否定之否定规律的内容和实质，而是先讲规律的含义、分类，特别是讲到思维规律、辩证法规律时，就明确强调"我们在这里分析的思维规律主要不是生理——心理活动规律，而是指人们认识活动过程的规律"，"思维规律作为在处理主观客观关系中支配人类认识活动过程的规律，和存在规律比较起来有许多特点"。[1] 思维遵循什么规律或思维运动存在着什么规律呢？思维要遵循辩证法所揭示的普遍规律，或者说思维的运动存在着辩证法所揭示的普遍规律。高清海先生指出，"辩证法理论直接面对的是思维与存在、主观与客观的关系，它所揭示的是思维与存在、主观与客观、主体与客体统一的运动规律。所以辩证法就是马克思主义的认识论。辩证法的规律既是存在的规律，又是认识的规律，是思维把握存在的规律，主观与客观相互统一的规律"[2]。高清海先生这个教材的体系设计和内容安排，要求教师在讲授辩证法三大规律时，首先是转变观念，不能把辩证法的规律只当作存在的规律来讲，只当作世界观来理解，只是证明世界的存在和发展具有这些普遍规律，而是应该把辩证法的三大规律既作为存在规律讲，又作为认识规律讲，作为主观与客观、思维与存在统一的规律来讲，目的是要求人的认识活动必须遵循这些规律，从而人的认识才能走向正确。如果我们目前的马克思主义哲学教科书和涉及马克思主义

---

① 高清海：《马克思主义哲学基础》（上册），北京师范大学出版社2012年版，第265页。
② 高清海：《马克思主义哲学基础》（上册），北京师范大学出版社2012年版，第269页。

哲学内容的教科书都能这样建构体系并安排内容，教师也能这样讲解，那么辩证法的认识论意义一定会显现出来。

二　教师的理论水平和哲学修养的影响

一般而言，教材是教师教学的蓝本，教材的体系和内容直接影响着教师的教学。同样，马克思主义哲学教材的体系和内容也会影响教师的教学。一是影响教师的理解；二是影响教师的讲授。也就是说他们的理解和讲授主要依据马克思主义哲学教材，把教科书的马克思主义哲学当作正宗的马克思主义哲学。但是严格地讲教师的教学虽然要依据教材，但也要跳出教材，要努力把教材体系转化为教学体系，把教材的内容转化为教学内容。要做到这一点，离不开教师的理论水平和哲学修养的提高。而当前我们的一些教师在教学中忽视了辩证法的认识论意义，或者没有把辩证法作为一种认识学说讲授，是与他们的理论水平和哲学修养有密切关系的。由于我们没有承担过本科学生哲学专业课的教学，对这部分教师的情况了解不多，不能妄加评论。因此，我们这里着重从思想政治理论课——马克思主义基本原理概论课教师的情况作一说明。

目前，承担马克思主义基本原理概论教学任务的教师有两种类型，一是专职教师，二是兼职教师（高校专职辅导员）。专职教师很大一部分过去从事马克思主义哲学研究。对马克思主义政治经济学的教学，有马克思主义基本原理这方面的理论基础和学科背景的教师，就基本上能把马克思主义哲学的基本观点、基本原则讲清楚，把它们作为知识灌输给学生，但是这类教师严格地讲只是"教书匠"。由于他们讲课时间比较长，多年重复式地照本宣科，对传统马克思主义哲学教科书的基本知识比较熟悉，所以他们能够熟练自如地把自己记忆中的马克思主义哲学知识通过理解、分析而表达出来，传授给学生，在一定意义上讲是熟能生巧的过程。这部分教师的教学由于受教材的影响和制约比较大，特别是受思想政治理论课国家统编教材的制约，缺乏对教材的深入研究，没有将教材体系转化为教学体系，没有把辩证法的认识论意义突出并加以论述，因为教材没有这方面的内容。如果没有认真学习马克思主义哲学经典著作，不了解学术界关于"辩证法就是认识论"这方面的研究成果，教师不讲授辩证法的认识论意义，讲不清楚辩证法的认识论意义也是很自然的事情。

以高校专职辅导员为主体的兼职教师，由于他们的学科背景和知识储备主要是思想政治教育，没有经过哲学包括马克思主义哲学的系统学习和训练，客观地讲，他们讲授《思想道德修养与法律基础》《毛泽东思想和中国特色社会主义理论体系概论》也许还能胜任，但是讲授包括马克思主义哲学的《马克思主义基本原理》这门理论性较强的课程，是比较困难的。目前部分高校有这样一些教师在承担马克思主义基本原理概论的教学任务，那么他们的教学效果到底怎样呢？据我们了解，他们不熟悉教材，连照本宣科都难以做到；他们没有深入研究教材，对马克思主义哲学基本原理、基本观点没有很好地理解，所以他们对这些基本原理、基本观点讲不清楚，甚至是讲错。对于这部分教师，要求他们讲清辩证法的认识论意义比较困难。即使教材设计了辩证法的认识论意义的内容，他们也可能讲不清楚；即使他们知道列宁的"辩证法就是认识论"的论断，也了解学术界关于"辩证法就是认识论"这方面的研究成果，他们也是难以讲清辩证法的认识论意义的。这主要是与他们的知识储备和理论水平有关。

总体上讲，这两类教师的整体素质是不高的。根据以上分析，我们认为教材体系和内容是导致教师在马克思主义哲学教学中忽视了辩证法的认识论意义的客观原因，教师整体素质不高是导致教师在马克思主义哲学教学中忽视辩证法的认识论意义的主观原因。

教师素质的高低既是过去受教育的结果，也会影响今后的教育，因为教师既是教育者也是受教育者。马克思在《关于费尔巴哈的提纲》中就指出："有一种唯物主义学说，认为人是环境和教育的产物，因而认为改变了的人是另一种环境和改变了的教育的产物，——这种学说忘记了：环境正是由人来改变的，而教育者本人一定是受教育的。"① 马克思在这里强调，人虽然是教育的产物，但不能片面强调教育者的作用，把教育者看成是凌驾于社会之上的作为普通群众改变命运的救世主。因为教育者本人也是受教育的，不论是环境的改变还是人的改变，都应归结于革命的实践。既然教育者本身是受教育的，那么教师既是教育者也是受教育者，每一位教师就是连续的教育活动的承上启下的人。我们的思想认识和理论水平既受过去教育的影响，又会影响后来的学生，一代又一代反复，就将人们的思维固化了。比如辩证法的认识论意义的被忽视，既是我们以前教育的结果，又是今后教育的一个先入为主的前提，也就是说，过去的教育把辩证法只看成一种发展观，把辩证法与形而上学的区别归结为是否承认联系、运动变化发展，同样会造成我们把这种思想认识传达给下一代的学生。这样，辩证法的认识论意义就难以被突出出来。因此，在我们看来教师的双重身份和教育活动的连续性也是造成辩证法认识论意义被忽视的重要原因。

三　孤立地理解马克思主义辩证法经典命题

在马克思主义经典文献中，关于辩证法是什么的经典表述有 6 个基本命题。在我们看来，以往的马克思主义哲学教科书和一些教师的教学对辩证法的这 6 个经典命题的孤立理解是辩证法的认识论意义被忽视的重要原因。

命题一：辩证法不过是关于自然、人类社会和思维的运动和发展的普遍规律的科学。②

命题二：辩证法就归结为关于外部世界和人类思维的运动的一般规律的科学。③

①　《马克思恩格斯选集》第 1 卷，人民出版社 2012 年版，第 138 页。
②　《马克思恩格斯选集》第 3 卷，人民出版社 1995 年版，第 484 页。
③　《马克思恩格斯选集》第 4 卷，人民出版社 1995 年版，第 243 页。

命题三：辩证法，即最完备最深刻最无片面性的关于发展的学说。①

命题四：辩证法也就是（黑格尔和）马克思主义的认识论。②

命题五：辩证法不崇拜任何东西，按其本质来说，它是批判的和革命的。③

命题六：辩证法是某种建立在通晓思维的历史和成就的基础上的理论思维形式。④

辩证法的这 6 个经典命题是马克思主义哲学关于辩证法的通常解释。每一个命题都有非常丰富而深刻的内涵，存在着内在联系，只是各自的侧重点不同。因此我们应同等程度地重视这 6 个命题，把握它们的内在统一性和关联性。但是过去的一些马克思主义哲学教科书和教师的教学存在着对这 6 个经典命题的孤立理解，既表现在重视程度不同，也表现在没有注重这些命题之间的内在联系和内在统一。

长期以来，我们通常把命题一（辩证法是关于自然、人类社会和思维的运动和发展的普遍规律的科学）作为关于辩证法的标准定义，把命题二（辩证法就归结为关于外部世界和人类思维的运动的一般规律的科学）和命题三（辩证法即最完备最深刻最无片面性的关于发展的学说）只是作为命题一的某种强调和补充，没有同等看待它们对辩证法实质的把握。20 世纪 80 年代，我国哲学界对命题四（辩证法也就是认识论）极为关注，发表了较多的学术论文，讨论辩证法的理论性质，提出了许多有价值的观点，对人们科学理解马克思主义辩证法提出很多新的思考。特别是高清海和孙正聿在《社会科学战线》上分别发表的《论辩证法就是认识论》《列宁关于辩证法就是认识论的基本思想及其现实意义》影响特别大，对辩证法的认识论性质和意义作

---

① 《列宁选集》第 2 卷，人民出版社 2012 年版，第 310 页。
② 《列宁选集》第 2 卷，人民出版社 2012 年版，第 559 页。
③ 《马克思恩格斯选集》第 2 卷，人民出版社 1995 年版，第 112 页。
④ 《马克思恩格斯文集》第 9 卷，人民出版社 2009 年版，第 460 页。

出了深刻的解释，启发学者新的认识和研究，但是后来学术界对此命题关注不够，没有在以往的研究成果基础上进行深入研究，没有出现多少有价值的研究成果。我们提出和研究马克思主义辩证法的认识论意义，正是源于他们的研究成果的启发。命题五（辩证法按其本质来说，是批判的和革命的）是理论界极为熟悉，也经常加以引证的重要命题，但是人们更多的是注意到了辩证法的"批判功能"，而没有注意到它的"批判本质"，也就是说把"批判性"仅仅理解为辩证法的"功能"，而没有在"本质"意义上理解辩证法的"批判性"。关于命题六（辩证法是某种建立在通晓思维的历史和成就的基础上的理论思维形式），不仅在阐释辩证法的"本质"层面上极少涉及，而且在探讨辩证法的具体问题上也较少有人问津。

正是如此，我们关于辩证法的定义或关于辩证法本质的解释，长期是以命题一代替其他命题，即仅仅把辩证法定义为关于自然、人类社会和思维的运动和发展的普遍规律的科学。由此造成我们对辩证法本身的片面性理解，把辩证法归结为关于发展的学说，关于"普遍规律"的科学，把辩证法看成是凌驾于科学之上的具有最大普遍性的对象性理论，割裂了辩证法的世界观、认识论和方法论的统一，把辩证法当成了列宁所批判的"实例的总和"。不论是在马克思主义哲学教科书中，还是关于辩证法的许多论著中，人们往往用自然界、人类社会和人类思维的各种"实例"来证明辩证法的普遍性。同样，由于我们用命题一代替其他命题，造成我们忽视了辩证法的批判性本质，只强调辩证法的批判性功能，扭曲了辩证法作为哲学理论的反思的特性，也造成我们脱离辩证法理论的认识论内容和认识史基础去解释辩证法，把辩证法解释成一种可以脱离思想内容的所谓的"方法"，当成到处套用的公式，如恩格斯所批评的辩证法"不过是可以用来在缺乏思想和实证知识的时候及时搪塞一下的词汇语录"。

孤立地理解辩证法6个经典命题，用命题一代替其他命题，不仅造成我们无法全面深入地理解和阐释马克思主义的辩证法理论，而且导致我们无法正确把握辩证法 6 个经典命题的内在联系和有机统一。其实只要我们认真分析、深入研究这 6 个经典命题，它们之间的内在联系和有机统一就能清楚地认识到。命题一和命题二都是说明辩证法这门科学的研究对象。既然辩证法是一门科学，而任何科学都有它的研究对象，命题一和命题二只是从不同的角度说明了辩证法这门科学的研究对象，两种提法在内容和本质上是一致的。不同仅在于前者是三分法，后者是二分法，命题一说明了辩证法揭示的普遍规律是贯穿于自然界、人类社会和人类思维领域之中，是普遍适用于自然界、人类社会和人类思维领域的。而自然界和人类社会是独立于人类思维之外的客观世界，因此辩证法所揭示的规律也就归结为外部世界和人类思维运动的一般规律，这就有了恩格斯关于辩证法的第二个经典命题。恩格斯这两个经典命题不仅说明了自然界、人类社会和人类思维中存在着普遍规律即对立统一规律、质量互变规律和否定之否定规律，而且说明了人的认识即思维反映存在的过程中必须遵循这些普遍规律。因为客观世界的变化发展是有规律的，而人要正确认识客观世界，反映客观世界的本来面貌，必须遵循这些普遍规律，否则无法达到思维与存在的统一，无法走向正确认识。因此，辩证法所揭示的普遍规律既是存在的规律（外部世界运动的规律），也是认识的规律（人类思维运动的规律），是思维的运动和存在的运动的共同规律，是思维和存在相统一所遵循的普遍规律。所以辩证法从根本上讲就是为人们解决思维和存在、主观与客观之间的矛盾提供普遍规律的科学，它作为科学理论，不是单纯强调自然界、人类社会和人类思维领域贯穿着这些普遍规律，更重要的是为人们的认识提供普遍遵循的规律。这样理解的辩证法当然是马克思主义认识论。

命题三从表面看是突出辩证法是一种发展学说、发展观，但列宁在论述时并不是仅仅把辩证法当作一种发展学说，更不是说坚持辩证法就是承认事物是运动变化发展的，而是把辩证法也当作一种认识的学说来理解，把辩证法归结为认识论。他在提出命题三之后，进一步强调辩证法"这种学说认为反映永恒发展的物质的人类知识是相对的"①。这就是说，客观物质是永恒发展的，按照辩证思维、运用辩证思维反映客观物质的人类认识也是变化发展的，思维反映存在的过程也是一个辩证运动的过程，这与恩格斯所强调的思维规律与存在规律的一致是相符合的。所以列宁把马克思主义辩证法看成是一个伟大的认识工具，他指出："马克思的哲学是完备的哲学唯物主义，它把伟大的认识工具给了人类，特别是给了工人阶级。"② 这也说明列宁是站在认识论高度理解辩证法的。正是如此，列宁又强调"辩证法就是认识论"。所以在我们看来，命题三和命题四在列宁的思想认识中是一致的。"辩证法也就是（黑格尔和）马克思主义的认识论"这一命题就是强调辩证法的认识论性质和认识论意义。命题五是强调辩证法作为一种思维方式，把思维反映存在的过程看成是一个批判的革命的过程。辩证法的批判性革命性就是指人的认识的辩证性、批判性、革命性。马克思在说明辩证法的批判本质和革命本质时，正是从认识论高度，把辩证法作为认识的方式来阐述的。他认为辩证法在对现存事物的肯定理解中同时包含对现存事物的否定的理解，即对现存事物的必然灭亡的理解。而理解过程就是一个认识的过程，就是一个思维反映存在的过程。辩证思维的过程就是一个批判的、否定的过程，它是在肯定思维是对存在的反映前提下，强调思维反映存在的相对性，这种思维方式与相对主义是有根本区别的。相对主义是借口承认并夸大思维反映存在的相对性，而否认思维反映存在的绝对性。所以，列宁说："马克思和恩格斯的唯物主义辩证法无疑地包含着相对主义，可是它并不归结为相对主义，这就是说，它不是在否定客观真理的意义上，而是在我们的知识向客观真理接近的界限受历史条件制约的意义上，承认我们一切知识的相对性。"③ 这样看来，"辩证法的本质是批判的、革命的"论断同样表达了辩证法的认识论意义，说明了辩证法

①　《列宁选集》第 2 卷，人民出版社 2012 年版，第 310 页。
②　《列宁选集》第 2 卷，人民出版社 2012 年版，第 311 页。
③　《列宁选集》第 2 卷，人民出版社 2012 年版，第 97 页。

的认识就是革命的认识、批判性的认识，与形而上学的绝对主义认识和相对主义认识是有根本区别的，也说明了辩证法的批判性、革命性正是体现在人的认识过程中，或者说是通过人的认识来体现辩证法的批判性、革命性。命题六是指辩证法理论是总结人类认识史的结果，包括对人类哲学史、科学史及其他的历史成就的总结。这就要求我们在理解辩证法时不能离开辩证法理论的认识论内容和认识史基础，不能把辩证法看成是脱离思想内容的纯粹形式、纯粹工具和简单公式。我们过去的马克思主义哲学教材和教师的讲授往往是脱离认识论内容和认识史基础理解辩证法的，空洞地讲授唯物辩证法的基本特征和基本规律，没有突出辩证法理论的认识论性质和认识论意义。如果从思想内容和思想形式的统一去理解辩证法，辩证法理论的性质和认识论意义就能充分体现出来。命题六所要表达的意思正是如此。因为人的认识过程就是思维反映存在、主观反映客观的过程，其目的是达到思维与存在的统一、主观形式与客观内容的符合，也就是要求思想形式和思想内容的统一。因此，命题六就是强调人的认识要坚持思想形式与思想内容的统一，并为达到思想形式与思想内容的统一提供正确的思维方式。从这个意义讲，命题六仍然是突出辩证法的认识论意义。

第四章 马克思主义辩证法的认识论 意义把握的基本要求

辩证法的认识论意义是我们深入领会辩证法理论的精神实质所不能回避的根本问题，也是我们讲好马克思主义辩证法理论、提高马克思主义哲学教学效果所必须解决的根本问题。正是如此，我国学术界的专家学者一直以研究列宁的"辩证法也就是认识论"的重要论断，来强调辩证法的认识论意义。因此，就学术界而言，承认辩证法具有认识论意义已经不是一个问题了，但是如何正确把握辩证法的认识论意义，或者说正确把握辩证法的认识论意义的基本要求，已成为一个问题。这样，对传统的马克思主义哲学教科书和一些教师的教学而言，不仅要强调辩证法的认识论意义，而且要弄清正确把握辩证法的认识论意义的基本要求。在我们看来，正确把握辩证法的认识论意义的基本要求是，立足于概念层面的哲学思维理解辩证法，立足于哲学基本问题理解辩证法，立足于辩证法的认识论内容和认识史基础理解辩证法，立足于辩证法的批判本性理解辩证法。

第一节 立足于概念层面的哲学 思维理解辩证法

坚持辩证法反对形而上学是学习马克思主义哲学的基本要求和所应达到的理论效果，也是人们认识走向正确，思维和存在达到统一所应遵循的基本原则。因为马克思主义哲学是唯物主义与辩证法的有机统一，学习马克思主义哲学就是要求我们掌握马克思主义辩证法理论，形成辩证法的思维方式。同时，是否真正掌握马克思主义辩证法并灵活运用，是衡量学习马克思主义哲学的效果的标准。人的认识过程就是思维反映存在的过程，要达到人的认识正确、思维和存在的统一，必须坚持唯物主义反对唯心主义，坚持从实际出发，按照客观事物的本来面目认识事物。但是唯物主义理论只是为人们认识走向正确、思维和存在达到统一提供了正确的前提，使人的认识走向正确得以可能。要使可能变成现实，还必须懂得思维和存在是怎样统一和怎样达到统一的道路和方法，这就涉及辩证法与形而上学的问题。马克思主义辩证法就是人的思维和存在达到统一的正确道路和方法，使人的认识走向正确成为现实。因为马克思主义辩证法围绕思维和存在的关系问题为人们的认识走向正确提供了正确的原则和基本规律，即联系的原则、发展的原则和对立统一规律、质量互变规律、否定之否定规律。因此，只有在坚持唯物主义前提下，坚持辩证法反对形而上学，人的认识才能走向正确，思维和存在才能达到统一。

坚持辩证法反对形而上学虽然是人们经常挂在嘴边的一种说法，但是口头上承认辩证法反对形而上学是远远不够的，必须要贯彻到人的思维和人的认识之中，在人们认识中坚持辩证地思考问题，反对形而上学地思考问题，在人的思维中体现出辩证法的思维方式。只有这样人的认识才能走向正确。恩格斯对此作过深刻的说明，他认为黑格尔哲学的革命意义在于它结束了以为人的思想和行动的一切结果具有最终性质的看法，黑格尔哲学的一个伟大的基本思想就是把世界不是看成既成的事物的集合体，而是看成过程的集合体，不论是客观事物还是它们在人们头脑中的思想映象，都是处在生成和灭亡的不断变化之中。黑格尔的这一伟大的基本思想从黑格尔以来，已经成为一般人的意识了，被人们视为理所当然和不得不承认的事实。但是，在恩格斯看来，"口头上承认这个思想是一回事，实际上把这个思想分别运用于每一个研究领域，又是一回事。如果人们在研究工作中始终从这个观点出发，那么关于最终解决和永恒真理的要求就永远不会提出了；人们就始终会意识到他们所获得的一切知识必然具有的局限性，意识到他们在获得知识时所处的环境对这些知识的制约性；人们对于还在不断流行的旧形而上学所不能克服的对立……也不再敬畏了"①。

那么，人们如何才能真正坚持辩证法反对形而上学呢？如何才能把辩证法思维贯彻到人的认识过程中呢？一个根本要求是立足于概念层面的哲学思维理解辩证法，而不能以经验层面的常识思维理解辩证法。但是，我们的一些马克思主义哲学教材和教师在理解辩证法和形而上学时，最为根本的问题，就是在经验层面的意义上理解和解释辩证法与形而上学的区别，如艾思奇主编的《辩证唯物主义和历史唯物主义》对辩证法与形而上学的解释是："辩证法认为，世界上一切事物是发展变化的，事物发展的原因是在于它内部的矛盾性。相反，形而上学用孤立的、静止的和片面的观点去看世界，把一切事物看成彼此孤立的和永久不变的。如果说到变化，也只是限于数量的增减和位置的变更，而不承认事物的实质的变化，并且硬说一切变动原因在于事物外部力量的推动。"② 这是我们过去关于辩证法与形而上学的通常解释，国内各种马克思主义哲学教材关于辩证法与形而上学的解释，基本上没有超越艾思奇的版本解释，这样一代影响一代，代代相传，就将以上的解释当成经典的解释、权威的解释。孙正聿教授认为，"这种解释的问题在于，它没有区分经验层面的常识思维与概念层面的哲学思维，以至人们的思想总是滞留在经验层面，以常识思维去看待哲学思维"③。也就是说，不是把人们的思维从常识层面上升到哲学层面，而是把哲学层面的理论问题下降为经验常识问题，把辩证法与形而上学的区别归结为是否承认事物的联系和运动变化发展。如果这样理解辩证法与形而上学，那是不存在辩证法与形而上学的区别的，因为经验层面、感觉确实性意义上没有人否认事物的联系和运动变化发展，每个人都能直观地感受到事物的联系和运动变化发展。因此经

---

① 《马克思恩格斯选集》第 4 卷，人民出版社 1995 年版，第 244 页。

② 艾思奇：《辩证唯物主义和历史唯物主义》，人民出版社 1978 年版，第 6 页。

③ 孙正聿：《哲学导论》，中国人民大学出版社 2000 年版，第 180 页。

验层面是没有辩证法与形而上学之分的，经验层面上任何一个正常的人都是辩证法者，恩格斯就明确强调古希腊的哲学家是天生的辩证法者。所以要准确理解马克思主义辩证法，真正做到坚持辩证法反对形而上学，而不至于讲辩证法却变成"变戏法"，反对形而上学又陷入"形而上学"，就必须超越经验层面理解辩证法和形而上学，跃升到哲学层面理解辩证法与形而上学。

哲学层面理解辩证法与形而上学，从根本上讲是在思维再现、表达和描述事物的运动过程中，即在用概念的逻辑表达运动层面理解辩证法与形而上学的区别，而不是在是否承认事物运动层面理解辩证法与形而上学的区别。是不是辩证理解，主要是同思维的反映活动联系在一起的。马克思、恩格斯正是从这个意义上理解辩证法与形而上学的。马克思认为："辩证法在对现存事物的肯定的理解中同时包含对现存事物的否定的理解，即对现存事物的必然灭亡的理解，辩证法对每一种既成的形式都是从不断的运动中，因而也是从它的暂时性方面去理解；辩证法不崇拜任何东西，按其本质来说，它是批判的和革命的。"① 恩格斯认为形而上学的思维方式就是"在绝对不相容的对立中思维"，也就是说形而上学是把对立的双方始终看成是不相容的，如美始终是美，丑始终是丑，它们之间只有对立的一面，没有相容的一面。正是如此，恩格斯认为形而上学的公式就是"是就是，不是就不是；除此以外，都是鬼话"②。在马克思看来，辩证法就是人们理解事物、认识事物的一种正确的、批判的、革命的思维方式，要求人们从思维的不断变化方面去把握事物、达到思维的运动与存在的运动的一致。因此，辩证法就是要求人们的思维反映活动是批判的革命的。在恩格斯看来，形而上学就是一种绝对对立、孤立不相容、一成不变的思维方式。在形而上学那里，人的思维反映活动只是关注事物对立双方的对立一面，没有看到事物对立双方的相互依赖、相互转化一

---

① 《马克思恩格斯选集》第 2 卷，人民出版社 1995 年版，第 112 页。
② 《马克思恩格斯选集》第 3 卷，人民出版社 1995 年版，第 360 页。

面，从根本上讲形而上学是把人们思维反映活动看成非批判性的、非革命性的活动，是不可能在思维活动中再现、表达事物的运动。由此可见，马克思和恩格斯都是从思维的反映活动去理解辩证法与形而上学的，立足于人的思维活动即思维反映存在的过程说明辩证法与形而上学的区别，而不是在感觉意义上是否承认事物运动层面去理解辩证法与形而上学的区别。

列宁对马克思、恩格斯的认识作了进一步阐发，更加明确地说明了造成辩证法与形而上学的对立主要是同思维的反映活动联系在一起的。他对黑格尔所说的"造成困难的从来就是思维，因为思维把一个对象的实际联结在一起的各个环节彼此区分开来"极为赞赏，并作了深入发挥："如果不把不间断的东西割断，不使活生生的东西简单化、粗陋化，不加以划分，不使之僵化，那么我们就不能想象、表达、测量、描述运动。思维对运动的描述，总是粗陋化、僵化。"① 思维对事物的反映不能不运用概念，而当人们用概念去把握事物时，由于概念所具有的"隔离性"和"僵化性"，不仅难以"在对现存事物的肯定的理解中同时包含对现存事物的否定的理解，即对现存事物的必然灭亡的理解"②。难以从"对象本质自身中的矛盾"去理解和表达事物的自我运动，反而往往把概念的"隔离性"和"僵化性"绝对化，使"我们的认识会通过僵化的概念使事物失去运动的性质而脱离现实事物，这就是形而上学"③。列宁的分析说明了人们思维本身就有导致形而上学的可能，或者造成思维的困难本身也来自于思维，因为思维是运用概念的艺术，当人们的思维活动运用概念去再现、表达事物的运动时，由于概念的"隔离性"和"僵化性"导致人们把思维对象本身所具有的联系割断了，把活生生的东西简单化、粗陋化了。这就造成形而上学产生的可能。

形而上学的产生来自思维，克服形而上学同样依赖思维。直观事

---

① 《列宁全集》第 55 卷，人民出版社 1990 年版，第 219 页。
② 《马克思恩格斯选集》第 2 卷，人民出版社 1995 年版，第 112 页。
③ 高清海：《论辩证法就是认识论》，《社会科学战线》1983 年第 2 期。

物的运动不会产生形而上学，同样克服形而上学也不寄希望于回到直观的现象中去。那么如何依赖思维克服形而上学呢？列宁对此进行了深入阐述，他认为要克服形而上学就要求思维发挥其能动作用去克服概念的隔离性和僵化性，通过相互依赖、相互联系、相互转化的概念去实现思维的运动与存在的运动的统一。因此，列宁在"辩证法是什么？"的标题下提出，辩证法就是"概念的相互依赖""一切概念的毫无例外的相互依赖""一个概念向另一个概念的过渡""一切概念的毫无例外的过渡""概念之间对立的相对性""概念之间对立面的同一"。① 因此，只有自为的概念辩证法才能达到从"对象本质自身中的矛盾"去理解和表达事物"自己运动"，才能在对现存事物肯定理解的同时包含对现存事物的否定的理解。如果没有自为的概念辩证法，对象本质自身中的矛盾、对象本质自身中的辩证法就只能是"有之非有"。这就是说，只有注重概念的流动性，运用相互依赖、相互转化的概念才能再现、表达事物的运动，像形而上学那样把概念的"隔离性"和"僵化性"绝对化，运用隔离的僵化的概念是不可能再现、表达事物的运动，不可能实现思维的运动与存在的运动的统一。所以列宁指出："如果一切都发展着，那么这是否也同思维的最一般的概念和范畴有关？如果无关，那就是说，思维同存在没有联系。如果有关，那就是说，存在着具有客观意义的概念辩证法和认识辩证法。"② 这就是说辩证法所说的发展不是一般意义的发展，而是同思维活动相联系的发展，是指思维活动通过概念的流动、运动变化去再现、表达事物的运动。因此，辩证法就是要求人的思维通过概念的流动、变化去再现、表达存在的运动，突出思维的运动与存在的运动的统一。这表明，辩证法本质上讲就是概念辩证法和认识辩证法，这就不难理解列宁为什么强调"辩证法也就是（黑格尔和）马克思主义的认识论"，只有升华为"概念性的认识"，才能达到哲学思维。

---

① 《列宁全集》第 55 卷，人民出版社 1990 年版，第 167 页。
② 《列宁全集》第 55 卷，人民出版社 1990 年版，第 215 页。

由此可见，我们应按照列宁的分析去理解马克思、恩格斯关于辩证法与形而上学的上述论断，而不能对马克思、恩格斯的论断作简单化理解。但是我国一些马克思主义哲学的论著和教材及一些教师的讲授，曾作出过这样简单化理解和引申，根据马克思所说的"辩证法"是对现存事物的肯定的理解中同时包含对现存事物的否定的理解，认为辩证法强调"A 也是非 A""存在也是非存在"；根据恩格斯所说的形而上学的公式是"是就是，不是就不是，除此以外，都是鬼话"，认为形而上学是强调"A 就是 A""A 不能是非 A"。这样引申不仅模糊了马克思和恩格斯的论述，模糊了辩证法与形而上学的真实关系，而且造成了对辩证法和形而上学的曲解。

　　马克思关于辩证法的"本质"的论述是在强调思维的确定性的同时肯定了思维的不确定性，注重了思维的确定性与不确定性的有机统一。但是我们的一些论著和教材的引申"A 也是非 A""存在也是非存在"，就是没有强调思维的确定性，只强调思维的不确定性，或者说是把思维的不确定性绝对化了，这恰类似于中国古代庄子所说的"方生方死，方死方生，方可方不可，方不可方可"，是相对主义的表现。其实，现实的客观事物既是相联系而存在，也是相区别而存在，世界上没有两种完全相同的事物，不同的事物特别是对立双方始终是有区别的。因此认识事物的本质是认识事物的前提，只有区别事物才能认识事物。客观事物的实际情况要求我们认识事物时要注重事物之间的确定界限，这就是要保持思维的确定性。思维的确定性是指思维对象有确定的规定性、确定的内容，不同于它相反的对象，也就是说 A 就是 A，存在就是存在，不能说 A 也是非 A，存在也是非存在，如果这样就会犯自相矛盾的错误。这是思维的基本逻辑，也是必须遵循的思维的确定性，所以试想有谁能说太阳也是月亮，白天也是黑夜，真的也是假的呢？如果不遵循思维的确定性去理解辩证法，只能把辩证法变成"变戏法"，变成被人嘲弄的、神秘莫测的东西。总之，在马克思看来，辩证法是在保持思维的确定性前提下肯定思维的不确定性的思维方式、方法。

恩格斯关于形而上学的思维方式的总结说明形而上学思维方式是夸大了思维的确定性，否认了思维的不确定性。形而上学是"在绝对不相容的对立中思维"，它是把对立双方看成是绝对不相容的，尽管它承认对立双方具有不相容的一面，因此要保持思维的确定性，"A 就是 A" "A 不能是非 A"，但它是把对立双方的不相容夸大了，夸大为绝对不相容、泾渭分明。因此，它完全否认了思维的不确定性，恩格斯据此认为形而上学的公式就是"是就是，不是就不是，除此以外，都是鬼话"。也就是说只承认"是"与"不是"的绝对对立，不承认"是"与"不是"的相容。所以形而上学思维方式的错误不在于它强调思维的不确定性，不在于它强调"A 就是 A" "A 不能是非 A"，而在于它夸大思维的确定性，对"A 就是 A" "A 不能是非 A"绝对化，所以将形而上学的思维方式引申为"A 就是 A" "A 不能是非 A"是不对的，形而上学的思维公式不能等同于"A 就是 A" "A 不能是非 A"。形而上学的"是就是，不是就不是"的强调和坚持是遵循了思维的确定性，是符合形式逻辑的，也符合人们的常识。因为任何一个思维正常的人只要从实际出发，而不是从抽象的原则出发，在日常生活中，都会承认太阳就是太阳，月亮就是月亮，真的就是真的，美的就是美的，丑的就是丑的，如此等等，这就是我们每个人必须遵循的思维的确定性。如果有谁违背了这种思维的确定性，谁就会犯自相矛盾的错误，无法与他进行思想交流，甚至无法正常生活。

　　既然如此，我们为什么还要反对"形而上学"？这就在于形而上学虽然强调"是与不是"的区别，认为"是就是，不是就不是"，表面看是遵循了思维的确定性，但是它把"是与不是"绝对对立起来了，夸大了思维的确定性，所以它认为除了"是与不是"的绝对对立之外一切都是鬼话。对此，恩格斯作了极为深刻的回答。他认为"初看来，（形而上学——引者加）这种思维方式对我们来说似乎是极为可信的，因为它是合乎所谓常识的"①。所谓常识，就是最普遍、最平

---

　　① 《马克思恩格斯选集》第 3 卷，人民出版社 1995 年版，第 360 页。

常但又最普遍、最持久的知识，是人类世世代代的经验的产物，是每个正常人所普遍认同的。因此，常识的最根本特点是它的经验性，它来源于经验、依赖于经验、适用于经验。我们的日常生活，包括日常起居、日常劳作、日常交往、日常娱乐，都是依据经验而生活，遵循经验而生活。正是这种经验的作用和遵循，形成了人们的常识思维方式，支配着人们的日常生活。因此，在人们的日常生活中。针对"有"还是"没有"、"是"还是"不是"、"真的"还是"假的"、"对"还是"错"、"美"还是"丑"、"好"还是"坏"等问题，往往回答为要么"有"要么"没有"，要么"是"要么"不是"，要么"对"要么"错"，要么"好"要么"坏"等，而这种提问方式和回答方式所隐含的思维公式就是要么 A 要么 B，是一种典型的非此即彼、两极对立、互不相容的思维方式，与形而上学思维方式是如此的一致。

既然形而上学思维方式符合常识，那么为什么要反对形而上学思维方式？恩格斯作了进一步分析。他明确提出，"常识在日常应用的范围内虽然是极可尊敬的东西，但它一跨入广阔的研究领域，就会碰到极为惊人的变故"①。也就是说，在日常生活范围内，常识及常识的思维方式是合理的、必要的，因为它遵循了思维的确定性。但是，一旦对"生活"进行反思，或者说使"生活"进入"研究领域"，就不只是遵循思维的确定性，还要遵循思维的不确定性，否则就会遇到像恩格斯所说的"极为惊人的变故"。也就是说，在对"生活"进行反思、使"生活"进入"研究领域"时，对好坏、善恶、美丑、对错、真假等不能像日常生活那样进行"非此即彼"、要么是 A 要么是 B 的提问和回答。因为在"研究领域"好坏、美丑、善恶、对错、真假等不是非此即彼、泾渭分明的，而是错综复杂、"你中有我""我中有你"的。只有运用辩证法的智慧去保持二者的必要张力并达到二者微妙的平衡，既遵循思维的确定性，又遵循思维的不确定性；既看到二

---

① 《马克思恩格斯选集》第 3 卷，人民出版社 1995 年版，第 360 页。

者的对立，又看到二者的联系；既看到它们的存在，又看到它们的生成和消灭；既看到它们的稳定性，又看到它们的变动性。如果我们对它们仍然做出"是就是，不是就不是"的形而上学绝对断言，那就会遇到惊人的变故，会使人们的生活态度缺少辩证法智慧的"张力"。所以恩格斯在指出形而上学思维方式在日常生活中的合理性和必要性之后，接着指出："形而上学的思维方式，虽然在依对象的性质而展开的各个领域中是合理的，甚至必要的，可是它每一次迟早都要达到一个界限，一超过这个界限，它就会变成片面的、狭隘的、抽象的，并且陷入无法解决的矛盾，因为它看到一个一个的事物，忘记它们互相间的联系；看到它们的存在，忘记它们的生成和消逝；看到它们的静止，忘记它们的运动；因为它只见树木，不见森林。"①

由以上的分析可以看出，"两极对立""非此即彼"就是常识思维方式的根本特性，也是形而上学思维方式的根本特性。形而上学思维方式本质上讲就是常识思维方式，它符合形式逻辑，符合常识。而常识来源于经验，适用于经验，对经验的依附性是常识的本质特性，常识具有明确的经验性。因此形而上学思维方式、常识思维方式既是立足于经验而形成的思维方式，也是适用于经验的思维方式，也就是说从经验层面看形而上学思维方式、常识思维方式是合理的、必要的。如果我们从经验层面理解形而上学思维方式，就没有反对形而上学的必要。因为在经验层面上不存在辩证法与形而上学的区别。也就是说在经验层面任何正常的人都不会否认事物的联系和变化发展，都不会犯形而上学的错误。任何正常的人都会直观地感受到事物的联系和变化发展，都是自发的辩证法者。比如，我们看见马在草原上跑，鸟在空中飞，有谁会否认马与草原、鸟与天空的联系？有谁会否认马和鸟的运动？既然如此，怎么会有否认联系、运动变化的形而上学？因此，我们反对形而上学不是在经验层面上讲的，而是在概念层面上讲的，形而上学的错误不是常识错误，而是哲学错误。同样我们坚持

---

① 《马克思恩格斯选集》第3卷，人民出版社1995年版，第360页。

辩证法也不是在经验层面上讲的，而是在概念层面上讲的，辩证法的正确不是常识层面的正确，而是哲学层面的正确。我们在经验层面都承认马与草原、鸟与天空的联系，承认马在跑，鸟在飞，那么这是否就是用辩证法思维看世界？是否就具有辩证法的思维方式？显然不是。因为承认事物的联系和运动变化的辩证法不是在经验层面承认事物的联系和运动变化，而且在概念层面承认事物的联系和运动变化。同样，否认事物的联系和运动变化的形而上学，不是在经验层面否认事物的联系和运动变化，而是在概念层面。因此，坚持辩证法是指坚持概念层面的辩证法而不是经验层面的辩证法，反对形而上学是指反对概念层面的形而上学而不是经验层面的形而上学（经验层面没有形而上学）。

列宁对古希腊哲学家芝诺的"飞矢不动"哲学命题的分析，就是对以上问题作出的最好的回答。人们通常认为古希腊哲学家芝诺所说的"飞矢不动"是典型的形而上学命题。因为在感觉意义上我们看到箭在飞，却硬说箭不动，这不是典型的否认事物运动的"形而上学"吗？这就是立足于经验层面说明和驳斥芝诺的"飞矢不动"的哲学命题。然而，辩证法大师黑格尔早就指出，芝诺从没有想到要否认作为"感觉的确实性"的运动，问题仅仅在于"运动的真实性"。这就是说，在"感觉的确实性"上，或者说在"眼见为实"上，芝诺同其他人一样，是承认"飞矢"在运动。然而，芝诺的哲学思考表现在，他不满足于在感觉、知觉的水平上承认运动，而且要追究"运动的真实性"，也就是如何用概念去表达运动的本质，这就是超越常识超越经验而立足于概念层面的哲学思考。古希腊哲学家巴门尼德不满足于古希腊早期自然哲学家在经验层面把握事物的现象，因为经验层面上把握事物的现象只是获得了意见，他力图透过事物的现象把握事物的本质，获得真理。芝诺正是沿着巴门尼德的认识道路，不满足于感觉意义上承认事物的运动，而在于把握事物运动的本质（感觉意义上把握事物的运动是意见，是虚假的）。

所以，列宁在分析古希腊哲学家芝诺的"飞矢不动"的哲学命题时，做出了两个重要的哲学论断：一是芝诺从未否认感觉意义上的运动，或从未在"感觉的确实性"上否认运动，问题在于揭示运动的真实性；二是问题不在于有没有运动，而在于如何用概念的逻辑表达运动。这是因为，有没有运动是可以在经验中加以解决的问题，因而它属于常识问题，而不是哲学问题；如果用概念的逻辑去表达运动，则是超经验的反思的哲学问题，而不是常识问题。也可以说，有没有运动不是问题，因为任何正常的人都能直观事物的运动，而如何在概念的逻辑中表达运动才是根本问题。芝诺的问题正出于此，由于他无法解决概念中的矛盾，在回答"运动的真实性"时，对运动和静止两个方面往往又陷入形而上学的思维方式。这说明芝诺犯形而上学的错误不是在"感觉的确实性上"否认运动，而是在用概念的逻辑表达运动时，不明白概念中包含的运动的连续性与非连续性的矛盾，由否认矛盾进而否认运动，但是当芝诺在把运动视为矛盾加以否定时，客观上正好揭示了运动的本质，即运动本身就是矛盾，也是在这个意义上黑格尔称芝诺为"辩证法的创始者"。由此可见，辩证法与形而上学的分歧不是发生在感觉意义上是否承认事物运动，而是发生在如何用概念的逻辑表达运动，辩证法与形而上学的区别不是在经验层面上，而是在哲学层面上。哲学层面理解的辩证法与形而上学，作为两种不同的发展观不是直观事物运动的发展观，而是思维再现、表达、描述事物运动即思维反映存在运动的发展观。这样理解辩证法与形而上学就是发生在人们的认识过程中的两种发展观，可以说辩证法与形而上学就是发生在人们的认识过程中的两种发展观，也是发展观意义上的两种不同的认识理论，辩证法与形而上学就是内在包含着认识论与发展观的两种不同思维方式。

　　总之，立足于经验层面，难于说明辩证法与形而上学是两种不同的发展观，更不能说明它们是两种不同的认识理论。只有在哲学层面才能认清辩证法与形而上学是两种不同的发展观，也是两种不同的认识理论。也就是说，在直观事物运动或感性意义上是否承认事物运动，没有辩证法与形而上学两种不同发展观的区别，因为它们都是辩证法，只不过是朴素辩证法；也没有辩证法与形而上学两种不同认识理论的区别，或者说在经验层面不能体现出辩证法与形而上学是两种不同的认识理论。因为它们是发生在直观事物的运动中，而不是发生在思维再现、表达、描述事物的运动中，即不是发生在人的认识过程中。同样，只有在如何用概念的逻辑表达运动时，即思维再现、表达、描述事物的运动时，才能体现出辩证法与形而上学是两种不同的发展观和两种不同的认识理论。当人们用概念去把握事物运动时，形而上学思维方式由于把概念的"隔离性"和"僵化性"绝对化，难以从"对象本质自身中的矛盾"去理解和表达事物的自我运动，无法实现思维的运动与存在的运动的统一，思维的运动与存在的运动的矛盾统一在它们那里成为"有之非有"。这正好反映了形而上学是一种静态的发展观，是一种直观的反映论。反之，辩证法思维方式发挥了思维的能动作用，克服了概念的"隔离性"和"僵化性"，运用相互依赖、相互联系、相互转化的概念，实现了思维的运动与存在的运动的统一，这也正好反映了辩证法是一种动态的发展观，是一种能动的反映论。

第二节　立足于哲学基本问题理解辩证法

通过上面的分析我们明白，在对辩证法的理解上，我们必须超越经验层面的常识思维，跃迁到概念层面的哲学思维。因为从运动的经验事实上承认运动变化，这是古代朴素辩证法已达到的认识。这样的辩证法理论之所以遭到形而上学的诘难，主要是由于它无法解决用概念的运动描述事物运动的本质问题。同样，形而上学理论也不是否认感官所反映的运动，而是没有运用矛盾的思维去反映事物的本质。自觉形态的辩证法理论，其根本标志必然是用概念的逻辑运动去理解、把握、描述、表述事物运动的本质和规律。这表明自觉形态的辩证法理论的正确不在它承认事物的运动变化，而是在于它实现了概念的逻辑运动与事物的运动的统一，即实现了思维的运动与存在的运动的统一，把思维和存在的统一理解为矛盾中的统一，发展中的统一。反之，形而上学理论的错误不是在它否认事物的运动，否认矛盾和发展，而是在于它否认了"思维和存在"之间的矛盾，否认了"思维和存在"的矛盾关系的发展，把思维和存在的统一理解为直接的统一、不变的统一。

因此，从经验层面的常识思维跃迁到概念层面的哲学思维去理解辩证法和形而上学，最根本的是要从哲学基本问题即思维和存在关系问题去理解辩证法与形而上学。只有立足于哲学基本问题去理解辩证法与形而上学才能认清辩证法与形而上学作为两种不同发展观的根本性质，才能弄清辩证法与形而上学为什么是两种不同的认识理论、认识观点。

为了说明这个问题，我们首先根据恩格斯关于哲学基本问题的论断进行分析。恩格斯明确指出，"全部哲学，特别是近代哲学的重大的基本问题，是思维和存在的关系问题"①。这一论断言简意赅，思想深刻。思想深刻在于这一论断包含了以下几方面内涵。其一，哲学的基本问题是思维和存在的关系问题，而不是思维和存在的问题。也就是说哲学既不是关于存在的学说，也不是关于思维的学说，既不研究存在也不研究思维，不是给人们提供关于存在和思维的知识。如果这样，哲学就等同于具体科学，并不因它提供的是最一般最普遍的知识而成为凌驾于科学之上的"科学之科学"。而哲学是研究思维和存在的关系，为人们处理思维和存在的关系、思维反映存在提供基本原则和方法。其二，既然全部哲学的基本问题是思维和存在的关系问题，那么思维和存在的关系问题就是贯穿哲学史的中心线索，人类历史的所有哲学都是围绕思维和存在的关系问题而展开的，都不能回避思维和存在的关系问题。只是在不同历史时期这一问题有着不同的表现形态，从古代至近代，哲学基本问题有以下几种形式：（1）在远古时代表现为灵魂与肉体的关系问题；（2）在古代哲学中表现为一般和个别

① 《马克思恩格斯选集》第4卷，人民出版社1995年版，第223页。

的关系问题；（3）在中世纪表现为神与世界的关系问题；（4）在近代哲学中表现为思维和存在的关系问题。恩格斯正是做了这样的分析，现代哲学也是如此。其三，既然全部哲学的基本问题是思维和存在的关系问题，那么从哲学的思想内容来看，不论是唯物论，还是辩证法、认识论、历史观，都是围绕思维和存在的关系问题而展开的，都不能回避思维和存在的关系问题。尽管学术界围绕哲学基本问题展开了各种讨论，对哲学基本问题有种种新的认识，但是都不能否认以上三点基本内涵。

根据李亮《关于哲学基本问题的研究综述》一文①，我国哲学界对哲学基本问题的争论很大。

第一，哲学的基本问题除了"本体论"问题和"认识论"问题外，是否还有其他深层次的隐性内涵？总体来说，目前理论界认为把哲学基本问题仅仅归结为"本体论"和"认识论"问题有失偏颇，过于简单化，并提出了许多新的见解。俞吾金教授曾在《哲学基本问题所蕴含的方法论》一文中提出哲学基本问题蕴含着第三个方面：如果思维和存在具有同一性，它们究竟是如何同一的，涉及了方法论问题。林德宏教授在《哲学基本问题应包括三个方面》一文中指出哲学基本问题的第三方面是精神能否转化为物质，是创造论问题。孙正聿在《哲学通论》（修订版）一书中指出，"在对哲学基本问题的理解中，不能把'辩证法'问题排斥在外，而把哲学基本问题仅仅归结为'本体论'问题和'认识论'问题"。郑又贤教授在《试析思维和存在关系的完整内涵》一文中提出思维和存在关系的两个隐性内涵：一是是否承认思维和存在关系的"矛盾性"即"辩证性"；二是社会实践是思维和存在"同一性"的实现基础。上述观点和理论丰富了哲学基本问题的内涵，对我们重新认识哲学基本问题有着重要的指导意义和理论价值。

第二，思维和存在的关系能等同于精神和物质的关系吗？刘怀惠

---

① 李亮：《关于哲学基本问题的研究综述》，《中共南宁市委党校学报》2009 年第 3 期。

在《郑州大学学报》1999 年第 1 期撰文认为，思维和存在是一种认识关系，而物质和精神的关系则是两种现实之间的关系。物质和精神是两种存在、两种东西、两种力量。把思维和存在的关系与物质和精神等同起来是不对的。孙正聿认为，"哲学的基本问题是'思维和存在的关系'问题，不能把它简单地、直接地归结为或等同于'精神和物质'的关系问题"。这些观点也逐渐引起人们的重视，有利于人们克服认识事物简单化的倾向。

第三，思维和存在何者为本原？能否归结为"谁先谁后""谁决定谁"的问题？把思维和存在何者为本原归结为"谁先谁后""谁决定谁"在传统的教科书中多有体现，认为这样可以绝对划清唯物主义、唯心主义的界限，断言"唯物主义主张存在在前，唯心主义主张思维在前"，"存在决定思维"。现在看来这些看法是非常片面的，甚至是形而上学的。李亮认为把思维和存在何者为本原归结为"谁先谁后"仅仅体现了"时间先在性"，唯物主义主张"存在先于思维"，唯心主义主张"思维先于存在"，这只是一种时间顺序关系。对作者的观点，我们谈两点看法。一是，我们认为，把思维和存在何者为本原归结为"谁先谁后""谁决定谁"是正确的，而像传统的教科书把思维和存在何者为本原归结为"世界的本原是什么"是不正确的。因为对世界的本原是什么的问题的不同回答，不论是物质还是精神，都没有说明思维和存在的关系，只是说明了物质、精神与世界的关系。而哲学正是以思维和存在的关系为研究对象，回答思维和存在"谁先谁后""谁决定谁"。二是，把思维和存在何者为本原归结为"谁先谁后"并不是就体现了"时间先在性"。因为马克思主义哲学所说的思维和存在"谁先谁后"不是"时间先在性"问题，而是"逻辑先在性"问题。也就是说马克思主义哲学认为，唯物主义主张"存在先于思维"，唯心主义主张"思维先于存在"不是从"时间先在性"上讲，而是从"逻辑先在性"讲的。如果从"时间先在性"去理解唯心主义主张"思维先于存在"，那么唯心主义只能是"胡说"，试想"聪明"的哲学家会犯这样的唯心主义错误吗？对此，列宁指出，从

"粗陋的、简单的、形而上学的唯物主义"的观点看，哲学唯心主义只能是"胡说"。与此相反，从辩证唯物主义的观点看来，哲学唯心主义是把认识的某一个特征、方面、部分片面地、夸大地发展（膨胀、扩大）为脱离了物质、脱离了自然的、神化了的绝对。因此，哲学唯心主义不是从"时间先在性"上强调"思维先于存在"，而是从"逻辑先在性"上讲"思维先于存在"。但是，我们往往从"时间先在性"上去理解哲学唯心主义的"思维先于存在"的观点，认为它是违背科学、违背常识的。因为，任何一个正常人都知道这样一个基本事实（科学事实）：先有地球，后有人类及其意识；物质世界是"本原性"的存在，而精神世界是"派生性"的存在；先有事物的存在，后有关于事物的观念。这恰好是对唯心主义的误解，唯心主义不是在"时间先在性"上犯的错误，而是在"逻辑先在性"上犯的错误，把"逻辑先在性"的东西夸大为本原性的东西。孙正聿教授专门进行了分析，认为古代唯心主义是把本质对现象的"逻辑先在性"夸大为独立于现象之外并决定思维存在的某种本原性的东西。古希腊哲学家柏拉图认为美的东西之所以为美，是因为分有了美的理念，理念是事物的原型，事物是理念的摹写，柏拉图的错误正是在于他夸大了本质对现象的"逻辑先在性"。同样，孙正聿教授认为近代唯心主义是把主体对客体的"逻辑先在性"歪曲地夸大的结果。从"逻辑"上看，客体是以主体的存在为前提，事物能不能成为客体，在何种程度上成为客体，是以主体的实践水平和认识水平为前提的，即主体的经验、知识、思想、意志、目的等决定一个事物能不能成为客体，在多大程度上成为客体，这说明主体的经验、知识、思想、意志、目的等对客体具有"逻辑先在性"。正如马克思所说，再美妙的音乐对于没有音乐欣赏能力的人来说，是毫无价值和意义的，是不能成为他的欣赏对象的。但是，近代唯心主义则把主体对客体的"逻辑先在性"歪曲地夸大，把主体的经验、知识、思想、意志、目的等决定事物能不能成为客体，变成了决定事物是否存在，从而，主体的经验、知识、思想、意志、目的等成了本原性的东西，客观事物成为派生性的存在。也就是列宁所说的把认识的某一个特征、方面、部分片面地、夸大地发展（膨胀、扩大）为脱离了物质、脱离了自然的、神化了的绝对。正是由于"粗陋的、简单的、形而上学的唯物主义"不懂得"时间先在性"和"逻辑先在性"的区别，所以只能简单地认为哲学唯心主义是"胡说"。

第四，肯定"思维和存在的同一性"是唯物主义还是唯心主义？杨献珍提出"思维和存在的同一性"历来就是唯心主义命题，是唯心主义先验论。"思维和存在的同一性"说的是思维即存在，存在即思维，思维和存在是"同一个东西"，它的基础是唯心主义的本体论。我们认为，简单地说明"思维和存在的同一性"是唯物主义还是唯心主义，是不行的，必须进行具体分析。对此，我们谈两点看法。其一，"思维和存在的同一性"这个命题从西方哲学史来看，是古希腊哲学家巴门尼德最早提出来的，他认为思想和存在是同一的，感觉和非存在是一致的。但他并不是说思维即存在，存在即思维，思维和存在是"同一个东西"，而是表达思想的对象是存在，思想的内容就是存在的内容；感觉的对象是非存在，感觉获得的内容就是生灭和运动，以及可分的东西。他所说的存在是本质的东西，非存在是现象的东西。他的"思想和存在是同一的"这个命题与他提出的真理之路和意见之路是一致的。真理之路就是认识存在之路，意见之路就是认识非存在之路。他不满足于古希腊早期自然哲学家停留于现象（非存在）的认识，只是获得了意见，而力图认识本质（存在），获得真理。他是西方哲学史最早提出人的认识要透过现象把握本质的哲学家。他不仅从本体论角度研究了存在和非存在，而且从认识论高度说明了人的认识就是透过事物的现象把握事物的本质、获得真理的过程。因此，我们不能简单将这个命题归结为唯心主义命题，其也有能动反映论的成分，尽管他的哲学有唯心主义倾向。自从巴门尼德提出"思想和存在是同一的"这个命题以后，经过西方哲学的发展，黑格尔明确地表达了唯心主义"思维和存在的同一性"这个命题。其二，恩格斯将哲学基本问题第二个方面表述为"思维和存在的同一性"是借用以往哲学的语言来说的，他要表达的根本意思是"思维和存在有无同一性"。因为恩格斯这里讲的哲学基本问题内容就是思维和存在的关系的内容，也就是说思维和存在有哪些关系。在恩格斯看来，纵观整个哲学史，思维和存在的关系除了思维和存在"谁先谁后""谁决定谁"之外，还有"思维和存在有无同一性"，即思维能不能反映存在，思维能不能正确反映存在，这才体现思维和存在的关系。因为任何关系都包含区别和联系，不是事物的自身等同。如果把恩格斯所说的"思维和存在的同一性"理解为唯心主义所说的思维和存在的自身等同，那是极为错误的。不仅如此，对"思维和存在有无同一性"的不同回答，不仅涉及可知论和不可知论、唯物主义和唯心主义的区别，而且涉及辩证法与形而上学的区别。

尽管我国哲学界对哲学基本问题的争论很大，专家学者提出了一些不同的看法，有些是很有价值的见解，但是，这些有价值的见解并没有为我国传统的马克思主义哲学教科书和马克思主义哲学教学所吸收。离开哲学基本问题理解辩证法，把辩证法看成是与哲学基本问题无关的另一类问题，仍然是我们一些马克思主义哲学教科书的通常解释，也是一些教师的通常认识。按照通常解释，哲学基本问题被分解为关于思维和存在"谁为第一性"（何为本原）的"本体论"问题，以及思维和存在"是否具有同一性"（思维能否认识存在）的"认识论"问题，这种通常解释就把辩证法变成与"思维和存在的关系问题"无关的另一类问题。为了把辩证法与哲学基本问题联系起来，在通常的马克思主义哲学教材体系中，是从以下两个方面去解释辩证法的。其一，从辩证法和形而上学与唯物论和唯心论的关系出发解释，认为哲学的基本派别只有唯物主义与唯心主义两派，辩证法和形而上学从属于唯物主义和唯心主义，辩证法有唯物主义辩证法和唯心主义辩证法，唯物论有辩证唯物主义和形而上学唯物主义，唯心主义也可以分为辩证的唯心论和形而上学的唯心论。这种论述只是说明了辩证法和形而上学与唯物主义和唯心主义的关系，但并没有把辩证法与哲学基本问题即"思维和存在的关系问题"联系起来。其二，从对

"世界"的两个方面的不同回答出发，把唯物论与辩证法既区别开来又联系起来，联系体现在它们都以"世界"为对象作出回答，区别体现在它们对"世界"的不同回答，即认为唯物主义和唯心主义是对"世界是什么"的回答，辩证法与形而上学是对"世界怎么样"的回答。唯物主义认为世界的本原是物质，世界是物质的世界，唯心主义认为世界的本原是精神，世界是主观的精神世界。这种解释就作为唯物主义和唯心主义对哲学基本问题第一方面的回答。而把辩证法和形而上学对"世界怎么样"的回答解释为辩证法主张物质和意识是联系的发展的，形而上学主张物质和意识是孤立的静止的，否认它们是解决思维和存在、精神和物质的关系问题。这种解释就把辩证法和形而上学与哲学基本问题即思维和存在的关系问题割裂开来了，从而造成对辩证法的庸俗化理解。

根据马克思、恩格斯和列宁的论述，我们认为他们始终是把辩证法与哲学基本问题有机统一起来的，从思维和存在的关系问题去理解辩证法，同时也批判了旧唯物主义和唯心主义没有从思维和存在的统一去理解辩证法的发展原则，没有从主体与客体的统一、思维的形式与内容的统一去理解人的认识，不能实现唯物论与辩证法的有机统一。

马克思在《关于费尔巴哈的提纲》中，批判了一切旧唯物主义（包括费尔巴哈的唯物主义在内）的错误在于"只是"从"客体或直观的形式"去理解事物，而没有从人的感性活动、人的实践和主体方面去理解，忽视了实践的作用和主体的能动方面；批判了唯心主义的错误在于"只是"从主体方面去理解事物，"抽象"地发展了能动的方面，同样没有认识实践的重要意义。正是由于旧唯物主义和唯心主义都是忽视了实践的重要意义，片面地理解主体与客体、主观与客观、思维和存在的关系，导致近代的唯物主义变成形而上学的唯物主义，辩证法成为"无人身的理性"的自我运动和自我认识的辩证法即唯心主义辩证法。这就说明近代唯物主义和辩证法之所以犯下各自的错误，还是因为它们没有弄清思维和存在的关系，也就是说它们是在思维和存在的关系问题即哲学基本问题上犯的错误。因此，离开哲学基本问题，离开思维和存在的关系问题，是不能理解近代唯物主义为何是形而上学的唯物主义，近代的辩证法为何是唯心主义辩证法的。在马克思主义哲学看来，思维和存在的统一过程，既是以认识活动在观念上否定世界的现存状态，并在观念中建构人所要求的现实，从而为实践活动提供目的性要求、理想性图景和理论指导；又以实践活动现实地否定世界的现存状态，把观念形态的目的性要求和理想性图景变成人所要求的现实，让世界满足人的需要。这说明思维和存在的关系既有思维反映存在的认识关系，又有思维创造存在的实践关系。旧唯物主义只看到思维反映存在的认识关系，没有看到思维创造存在的实践关系，唯心主义也是如此。所以旧唯物主义成为形而上学的唯物主义，近代的辩证法成为唯心主义的辩证法。然而马克思主义哲学既强调思维反映存在又强调思维创造存在，思维既肯定存在又否定存在。只有马克思主义实现了唯物论与辩证法的统一，在思维与存在的关系问题上既是辩证的唯物论也是唯物辩证法。

恩格斯在《自然辩证法》中指出："我们的主观的思维和客观的世界遵循同一些规律，因而两者在其结果中最终不能互相矛盾，而必须彼此一致，这个事实，绝对地支配着我们的整个理论思维。这个事实是我们的理论思维的本能的和无条件的前提。"① 恩格斯的论述表明了，人的认识要走向正确，就要坚持思维和存在统一的唯物主义原则和路线，而且必须坚持思维和存在统一的辩证法原则和规律。人们的认识过程就是思维反映存在的过程，思维要能正确反映存在，首先要坚持唯物主义反映论原则，从客观实际出发，思维的"内容"与客观存在相一致。但这只是为人的认识走向正确提供了前提和可能，要使可能成这现实，必须坚持辩证法的正确道路，达到思维的规律和客观世界的规律的一致，即思维的运动和存在的运动遵循同一规律，也就是说思维的"形式"与客观存在相一致。因此，恩格斯认为，"18世

---

① 《马克思恩格斯选集》第 4 卷，人民出版社 1995 年版，第 364 页。

纪的唯物主义，由于其本质上的形而上学的性质，只是从内容方面研究这个前提。它只限于证明一切思维和知识的内容都应当来源于感性的经验"①。这说明18世纪的唯物主义只是强调思维的"内容"要与客观存在一致，没有看到思维的"形式"也要与客观存在一致，只是从内容方面研究了这个前提。"只有现代的唯心主义的，同时也是辩证的哲学，特别是黑格尔，才又从形式方面研究了这个前提"②。尽管黑格尔哲学在"思维和存在的统一"上采取了唯心主义的"头脚倒置"的形式，但它却把思维过程同自然过程和历史过程看成类似的过程，并证明它们遵循同一些规律。根据恩格斯以上的论述，说明了只有从哲学基本问题出发，只有在思维和存在的关系问题上，才能理解近代的形而上学的唯物主义和近代的唯心主义的辩证法。正如高清海先生指出："哲学基本问题并不是仅依靠唯物主义的认识论就能完全解决的。如果不懂得思维在怎样的形式中才能反映出客观世界的运动，即不掌握思维运动与存在运动的统一的规律，是不可能把思维与存在彻底统一起来的。"③

列宁在《哲学笔记》中更为尖锐地提出："如果一切都发展着，那么这是否也同思维的最一般的概念和范畴有关？如果无关，那就是说，思维同存在没有联系。如果有关，那就是说，存在着具有客观意义的概念辩证法和认识辩证法。"④列宁提出这一问题，就是要表达辩证法理论所说的"发展原则"并不是一条孤立的原则，不是单纯地描述和说明"存在"的运动变化和发展，而是要说明思维和存在如何统一地发展，发展既与存在有关，又与思维有关。辩证法理论的发展原则既是存在的原则，也是思维的原则。辩证法理论不仅要描述存在的运动，而且要反省思维（概念）的运动，并以概念的运动去表达存在的运动。因此辩证法理论所讲的发展原则，就是

---

① 《马克思恩格斯选集》第4卷，人民出版社1995年版，第364页。
② 《马克思恩格斯选集》第4卷，人民出版社1995年版，第364页。
③ 高清海：《论辩证法就是认识论》，《社会科学战线》1983年第2期。
④ 《列宁全集》第55卷，人民出版社1990年版，第215页。

以发展的概念和范畴去再现、描述和表达发展着的存在，实际上就是说明思维和存在如何在发展中实现统一。这种理论就是具有客观意义的概念辩证法和认识辩证法，它既克服了在经验层面上描述和说明"存在"的运动变化和发展的旧唯物主义发展学说的局限，也克服了在思维的层次上描述和说明思维的运动变化和发展的唯心主义辩证法发展学说的局限。旧唯物主义发展学说描述了存在的运动而没有反省思维（概念）的运动，无法以概念的辩证运动去表达存在的辩证运动；唯心主义辩证法发展学说反省了思维（概念）的运动，但却只是"抽象地"发展了思维的能动性，使思维的能动性变成了"无人身的理性"的抽象运动，它们都没有形成列宁所说的"具有客观意义的概念辩证法和认识辩证法"。

这两种片面的理论，或者只是从思维的"内容"（存在）去理解发展，说明思维和存在的统一，只能把思维和存在的统一解释为思维对存在的消极、被动、直观的反映；或者只是从思维的"形式"（概念）去理解发展，说明思维和存在的统一，只能把思维和存在的统一解释为思维的自我运动和自我认识。因此，它们都没有从思维的内容和形式的现实统一去解决思维和存在的关系问题，无法形成关于思维和存在现实统一的发展学说。而马克思主义哲学所理解的"发展"是思维和存在统一的发展，它所理解的"统一"是思维和存在在发展中的统一。只有把"发展原则"与"统一原则"联系起来，把存在的运动与思维的运动联系起来，也就是把辩证法与哲学基本问题联系起来，才能构成作为"发展学说"的辩证法理论。同样，只有把哲学基本问题与辩证法联系起来，从思维和存在的矛盾统一去理解哲学基本问题，才能对哲学基本问题做出超越唯心主义和旧唯物主义的辩证唯物主义回答。

从马克思、恩格斯和列宁的论述可以看出，马克思主义哲学之所以是辩证唯物主义，是科学形态的理论，就在于它唯物地、辩证地回答和解决了哲学基本问题，为思维反映存在、人的认识走向正确提供正确的前提、道路和方法。

反观西方哲学史，不论是古代朴素辩证法，还是近代形而上学唯物主义或近代唯心主义辩证法，之所以没有把唯物主义和辩证法有机统一起来，成为自觉的、成熟的辩证法理论，就在于它们没有唯物地、辩证地回答和解决哲学基本问题。

恩格斯说，在古希腊哲学中，"辩证思维还以原始的朴素的形式出现"①，"这种原始的、素朴的、但实质上正确的世界观是古希腊哲学的世界观，而且是由赫拉克利特最先明白地表述出来的：一切都存在而又不存在，因为一切都在流动，都在不断地变化，不断地生成和消逝"②。这种经验层面的朴素辩证法只是把握了现象的总画面的一般性质，不能说明构成这幅总画面的各个环节；只是对表象意识中的对象事物进行了直观的描述，而没有自觉地反省思维和存在的关系问题，或者说还没有从哲学基本问题上去思考如何运用概念的逻辑去表达事物运动的本质。所以古希腊哲学家芝诺把这种认识看成是意见，没有揭示运动的真实性，他就力图运用概念的逻辑去表达运动的本质，但因他不懂得运动本身是矛盾，并没有揭示运动的真实性。但是这也说明只有运用概念的逻辑去表达运动的本质，立足哲学基本问题自觉地反省思维的运动与存在的运动的统一，才会成为哲学层面的成熟的辩证法。因此，辩证法理论的成熟（或者说自觉形态的辩证法）与哲学基本问题的明朗化是基本同步的。

近代哲学实现了由本体论向认识论的转向，思维和存在的关系问题作为全部哲学的最高问题，"被十分清楚地提了出来"，"获得了它的完全意义"，但与古希腊哲学一样还没有立足于哲学基本问题自觉地反省思维的运动与存在的运动的统一。因此，近代哲学的唯物主义是形而上学的唯物主义，近代哲学的辩证法是唯心主义的辩证法。近代哲学的唯物主义"只是"从客体的或直观的形式去理解事物，"只限于"证明一切思维和知识的内容都应当起源于感性的经验，所以只

---

① 《马克思恩格斯选集》第 4 卷，人民出版社 1995 年版，第 287 页。
② 《马克思恩格斯选集》第 3 卷，人民出版社 1995 年版，第 359 页。

能把思维和存在的统一解释为消极直观的反映，而不是能动的反映发展中的统一；只能达到对事物的运动变化发展的肯定，而不能从"形式"方面去反思思维的概念运动与事物自身运动的统一。从根本上说，近代哲学的唯物主义只能是形而上学的唯物主义，不可能成为辩证唯物主义。近代哲学的辩证法虽然在思维层次上描述和说明了思维的运动、变化和发展，反省了思维（概念）的运动，但只是"抽象地"发展了思维的能动性，只是从"形式方面"研究了思维和存在的统一性，只能把思维和存在的统一解释为思维的自我运动和自我认识。从根本上说，近代哲学的辩证法只能是唯心主义辩证法，不可能成为唯物主义辩证法。总之，近代的形而上学唯物主义和唯心主义辩证法都没有把辩证法的"发展原则"和唯物主义的"统一原则"有机统一起来。形而上学唯物主义坚持了唯物主义"统一原则"，但它的"统一"不是发展的"统一"，而是静态的"统一"；唯心主义辩证法坚持了"发展原则"，但它的"发展"不是统一的"发展"。这两种学说都不可能在"思维和存在"的真实"统一"中去构建"发展学说"，只有马克思主义哲学才是把辩证法的"发展原则"和唯物论的"统一原则"有机结合起来了，揭示了思维的运动与存在的运动所遵循的同一规律，为解决哲学基本问题，引导人们的认识走向正确提供了认识规律和方法。

由此可见，哲学基本问题即思维和存在的关系问题既是认识论的根本问题也是辩证法的根本问题。但是把思维和存在的关系问题作为认识论的根本问题和辩证法的根本问题而加以科学解决的只有马克思主义哲学。思维和存在的关系问题包括两个方面的内容。

第一，思维和存在的关系问题的第一个方面是思维和存在谁是第一性谁是第二性的问题。马克思主义哲学认为存在是第一性的，思维是第二性的，存在决定思维，物质决定意识，意识对物质具有能动的反作用。这样，既肯定了存在对思维的本原性又强调了思维对存在的能动性，体现了马克思主义哲学既不同于形而上学唯物主义也不同于唯心主义的特点。同时，在马克思主义哲学中思维和存在谁是第一性谁是第二性的问题，不仅是一个本体论问题，而且是一个认识论问题。因为思维和存在谁是第一性谁是第二性，本身就说明了人的认识是以存在为出发点还是以意识为出发点。唯物主义坚持存在第一性、思维第二性，肯定物质决定意识，就是说明人的认识以存在为出发点；唯心主义坚持思维第一性，存在第二性，肯定意识决定物质，就是说明人的认识以思维为出发点，把思维和存在的统一理解为思维的自我运动和自我认识的过程。所以列宁认为唯物主义与唯心主义不仅是两种不同的世界观，而且是两条不同的认识路线。他在《唯物主义和经验批判主义》中指出："从物到感觉和思想呢，还是从思想和感觉到物？恩格斯坚持第一条路线，即唯物主义的路线。马赫坚持第二条路线，即唯心主义的路线。"① 这是从思维和存在的关系的第一方面说明了思维和存在的关系问题既是认识论的根本问题，也是辩证法的根本问题。

第二，思维和存在的关系问题的第二个方面是思维和存在是否具有同一性的问题。"思维和存在是否具有同一性"就是我们通常所说的"认识论问题"，把思维和存在的关系问题看成是认识论的根本问题，似乎是没有异议的，但是怎么从思维和存在的关系问题的第二个方面说明思维和存在的关系问题是辩证法的根本问题呢？我们过去通常认为对思维和存在是否具有同一性的问题的不同回答，是划分可知论与不可知论的标准，认为肯定思维和存在具有同一性的是可知论，否定思维和存在具有同一性的是不可知论。这实际上是把思维和存在的关系问题的第二个方面所包含的认识论意义仅仅局限于可知论与不可知论的区分，没有完整地把握思维和存在的关系问题的第二个方面所包含的认识论意义。对思维和存在是否具有同一性的问题的不同回答，不仅涉及可知论与不可知论的区分，而且涉及唯物主义与唯心主义的区分，更重要的是涉及辩证法与形而上学的区分。在世界观的基本原则和认识路线上，唯物主义与唯心主义的对立就是正确和错误的

---

① 《列宁选集》第2卷，人民出版社2012年版，第37页。

对立，也就是说唯物主义在认识的基础、原则和路线上是正确的，唯心主义在认识的基础、原则和路线上是错误的。但是人的认识要走向正确，实现思维与存在的一致，仅有正确的基础、原则和路线是不够的，还必须懂得思维和存在是怎样统一和达到统一的道路和方法。这就是辩证法与形而上学所要解决的问题，它们主要解决的是认识如何才能反映出存在的运动和发展，从而使认识的形式与其所反映的内容达到统一的问题。形而上学唯物主义虽然主张思维是对存在的反映，思维能够认识存在，但是它们认为思维反映存在是直观的反映、静态的反映，因此思维和存在的统一是静止的不变的统一。辩证唯物主义认为思维反映存在是一个动态的过程，思维和存在的统一是近似的统一。不仅如此，辩证唯物主义还提供了思维和存在怎样达到统一的道路和方法，那就是遵循辩证法理论所揭示的联系和发展的原则和基本规律。因此，辩证法和形而上学，与唯物主义和唯心主义一样，都是围绕哲学基本问题而展开的，都是为人的认识提供相应的认识方法和思维方法，思维和存在的关系问题也是辩证法的根本问题。同时，这也说明了辩证法就是认识论，辩证法理论所揭示的联系和发展的特征以及基本规律，既是对客观事物存在状况的反映，又是对客观事物的认识所提出的要求，也就是说人对客观事物的认识即思维反映存在必须遵循辩证法理论所揭示的联系和发展的原则和基本规律。

总之，辩证法和形而上学始终是围绕哲学基本问题而展开斗争的。立足于哲学基本问题理解辩证法和形而上学，我们可以明确地认为，辩证法与形而上学这两种哲学理论，从形式上看是两种不同发展观，从内容和实质上看则是两种不同的认识论，是认识方法和思维方法上的两种不同发展观。

第三节 立足于辩证法的认识史 基础理解辩证法

哲学理论是一种历史性的思想，离开历史性的思想，哲学就会成为空洞的教条和结论。因为任何哲学理论都不是凭空产生的，而是时代的产物，时代创造了哲学。比如康德的哲学、黑格尔的哲学虽然以个人命名，但严格地讲它是时代的产物。黑格尔指出："哲学并不站在它们时代以外，它就是对它们时代的实质的知识。"① "个人无论怎样为所欲为地飞扬伸张——他也不能超出他的时代"，"每一哲学属于它的时代，受它的时代局限性的限制"，"每一哲学都是它的时代的哲学。"② 因此，在黑格尔看来，一种哲学妄想超出它那个时代，与一个人妄想跳出他的时代一样是愚蠢的，是不可能的事情。如果一个人的理论真要超越时代，只能存在于他个人的私见中，不可能得到时代的认可，不能满足它的时代要求，不符合时代潮流。马克思明确指出："任何真正的哲学都是自己时代精神的精华。"③ 恩格斯也指出："每一时代的理论思维，从而我们时代的理论思维，都是一种历史的产物，它在不同时代具有完全不同的形式，同时具有完全不同的内容。"④ 马克思主义经典作家的论述，表明了哲学理论具有深厚的历史感和鲜明的时代性。

辩证法作为一种重要的哲学理论，同样是历史性的思想，具有深厚的历史感和鲜明的时代性。因此，我们必须立足于辩证法的认识史基础和认识史内容去理解辩证法，否则就会把辩证法变成到处套用的简单公式，用黑格尔以来的辩证法观念去理解古代的辩证法，更不能准确把握辩证法理论的认识论意义。

辩证法理论是一种历史性的思想，因此每一历史阶段的辩证法都有它所特有的认识史基础和认识史内容。我们通常将辩证法的历史发展分为古代朴素辩证法、近代唯心主义辩证法和现代唯物主义辩证法三个阶段，正是依据它们各自的认识史基础和认识史内容而确定的。

---

① ［德］黑格尔：《哲学史讲演录》第1卷，贺麟、王太庆译，商务印书馆1995年版，第56页。
② ［德］黑格尔：《哲学史讲演录》第1卷，贺麟、王太庆译，商务印书馆1995年版，第48页。
③ 《马克思恩格斯全集》第1卷，人民出版社1960年版，第121页。
④ 《马克思恩格斯选集》第4卷，人民出版社1995年版，第284页。

就认识史基础而言，每一历史阶段的辩证法理论正好反映了这一阶段的人们对辩证法的认识水平和认识程度。因为历史从哪里开始，思想进程也应当从哪里开始；时代达到什么程度，人们的认识就达到哪种程度。总之，人们的思想认识要受历史条件制约，有它的历史局限性。正如列宁所说："在社会科学问题上有一种最可靠的方法……那就是不要忘记基本的历史联系，考察每个问题都要看某种现象在历史上怎样产生、在发展中经过了哪些主要阶段，并根据它的这种发展去考察这一事物现在是怎样的。"①

希腊早期自然哲学家所说的辩证法就是直观地把事物看成运动变化的，是经验层面的辩证法，如赫拉克利特最先明白地表述一切都存在而不存在，因为一切都在流动，都在不断地变化，不断地生成和消逝。随着人类理性思维能力的增强，人们对辩证法的理解得以深化。古希腊哲学家巴门尼德不满足于早期自然哲学家赫拉克利特等在经验层面上把握事物的现象，在感觉意义上承认事物的运动变化，力图透过事物的现象把握事物的本质。在巴门尼德看来，把握事物的现象，获得的是意见，把握事物的本质，获得的是真理。芝诺沿着巴门尼德的认识道路，不满足于感觉意义上承认事物的运动变化，力图揭示运动的真实性即运动的本质，提出"飞矢不动"的重要命题。尽管他陷入了形而上学思维方式，但他从反面说明了运动本身就是矛盾，发现了运动内在地包含着连续性与非连续性的矛盾。辩证法在芝诺那里主要是一种反证法。西方多数学者都同意古希腊哲学家亚里士多德说过的话，以芝诺为辩证法的创立者。后来又出现了智者派的辩证法（诡辩术）、苏格拉底的辩证法（问答法）、柏拉图的辩证法（对本质进行分析的科学）、亚里士多德的辩证法（或然性推理）。苏格拉底、柏拉图和亚里士多德三位具有师徒关系的哲学家，对古希腊辩证法思想的形成、发展和总结作出了重要贡献。柏拉图的辩证法从哲学意义方面看始终没有脱离"苏格拉底的诘难"的影子，柏拉图也是第一次

---

① 《列宁专题文集 论辩证唯物主义和历史唯物主义》，人民出版社 2009 年版，第 283 页。

从哲学上使用并发展了辩证法这一概念，而亚里士多德作为古希腊哲学的集大成者则对柏拉图的辩证法概念作了进一步的总结。虽然从亚里士多德以来辩证法概念的内涵有所变化，但是它在古希腊的代表性含义是指一门通过合乎逻辑的论证来寻求真理的科学，辩证法的主要功能是为了发现真理。德国古希腊哲学专家策勒尔作了明确说明，"辩证法，顾名思义，起初指论辩的艺术，后来成为以问答方式发展科学知识的艺术，最后成了从概念上把握那存在者的艺术。因此，在柏拉图那里，辩证法成了一种科学理论，一种认识事物的真正实在的手段"①。

辩证法在柏拉图学说中具有至高无上的地位，柏拉图对古代辩证法的形成发展作出了重大贡献。正如方朝晖所说："如果说黑格尔是近代以来把辩证法发展到一个高峰的人，那么柏拉图就当之无愧地是古代哲学把辩证法发展到顶点的人。"② 尽管如此，但是从柏拉图、亚里士多德直到中世纪，辩证法一直是指逻辑论证的方法，在含义上常与形式逻辑相混。导致辩证法含义根本转变的关键人物是德国古典哲学的代表人物康德和黑格尔。康德将辩证法用之于人类思维所具有的"幻想的逻辑"，使辩证法一词与思维发展的先天性法则联系起来。黑格尔将辩证法用之于"纯粹思维"按照正、反、合方式发展的逻辑规则，从而为思维和存在的统一提出了普遍的法则，找到了思维的运动和存在的运动所遵循的共同规律，使辩证法成为与形而上学相对立的思维方法。

以上分析说明，人们在一定历史阶段对辩证法的认识水平和认识程度是不一样的，不同历史阶段的辩证法所表达的含义也是不一样的。因此，我们在理解各个历史阶段的辩证法时一定不能脱离其认识史基础，也就是不能脱离各个阶段人们的认识水平和认识程度。否则就会把不同时代的辩证法完全等同起来，把不同历史阶段的辩证法所表达的含义看成是完全一致的，这样必然会把辩证法变成到处套用的

---

① ［德］策勒尔：《古希腊哲学史纳》，翁绍军译，山东人民出版社1992年版，第139页。
② 方朝晖：《"辩证法"一词考》，《哲学研究》2002年第1期。

公式。用现代人的眼光去理解古代的辩证法，这恰好是我们国内最为流行的看法。

对立统一规律是唯物主义辩证法的实质和核心，中国人所理解的"辩证法"就是对立面的统一等含义，把辩证法看成是揭示矛盾的方法。这是现代意义上的"辩证法"，是从黑格尔等人以来逐渐形成的辩证法概念，特别是经过恩格斯在《自然辩证法》《反杜林论》和列宁在《唯物主义和经验批判主义》等著作中关于辩证法的多方面论述，才得以形成，辩证法一词才获得我们今天专指的事物发展过程中对立面的统一等含义。这种与古希腊哲学家当时所理解的辩证法存在着本质的差别。

本质差别之一是，我们今天所说的辩证法是揭示矛盾的思维方法，与古希腊哲学家所说的辩证法是揭示矛盾的思维方法是根本不同的。在现代意义上的辩证法看来，矛盾是指事物之间和事物内部各要素之间的既对立又统一的关系，也就是说不论事物之间还是事物内部诸要素之间都存在着既对立又统一的关系，矛盾是客观事物本身所应有的和普遍存在的。因此我们不能回避矛盾，而应该积极地面对矛盾，科学地揭示矛盾，并分析矛盾和解决矛盾，促进事物发展。客观事物的矛盾是各门科学的研究对象，是不能加以消除和否定的。总之，现代意义的辩证法作为揭示矛盾的思维方法是指揭示客观事物本身固有的矛盾。而古代的辩证法虽有揭示概念、命题中的矛盾的含义，但它是揭示人的思维过程中的逻辑矛盾，指出对手的命题和论证中的自相矛盾。方朝晖指出："在柏拉图看来，那些纯粹沉迷于揭示命题矛盾而不专心于发现真理的人，他们的论证方法是反证法或诡辩法，是与辩证法相对立的。凡是研究过柏拉图的都知道，辩证法在柏拉图的对话中常与诡辩法、反证法及修辞术相对立。后者之所以受到柏拉图的批判，是因为它们时常不能有效地揭示真理。特别是反证法与诡辩法，沉醉于揭示对手言论或命题中的矛盾，为了反驳而反驳。"① 这是古希腊智者运动中的突出表现，不论是

---

① 方朝晖：《"辩证法"一词考》，《哲学研究》2002 年第 1 期。

苏格拉底、柏拉图还是亚里士多德都鄙视智者派，把他们看成是贩卖灵魂的小商贩，认为他们不是为真理而真理，为知识而知识，而是为反驳而反驳。

不仅如此，虽然古代的辩证法也以朴素的形式揭示过许多经验性的矛盾事实，如赫拉克利特说日和夜是一回事、善与恶是一回事、生和死是一回事、存在和非存在是同一的等，但是他们没有在概念本性上达到对立统一的理解。他们关于矛盾的思想，只是在某些经验概念之间建立起对立统一关系，不能把对立统一关系看成一切概念的本性。而一旦上升到概念领域，他们的思想就僵化了，就会走向否认运动和矛盾的境地，如芝诺的"飞矢不动"的命题。由经验性的矛盾概念飞跃到概念性的矛盾概念，康德和黑格尔在其中起了至关重要的作用。康德提出的理性"二律背反"，即认为当人们用理性认识有关世界总体的问题时，必然陷入不可解决的矛盾之中，把矛盾规定为理性思维的本性，肯定了在理性思维中矛盾产生的必然性，但是康德不承认理性矛盾的积极意义，还没有达到自觉的辩证法，只是由经验性矛盾概念过渡到概念性矛盾概念的中间环节。黑格尔则完全打破了概念的凝固性，注重概念之间的流动、过渡和转化，把概念变成了一个流动的辩证转化的河流。这样才有可能使人们运用辩证思维去反映客观事物的辩证运动，达到思维和存在的统一。

本质差别之二是，古代的辩证法与今天所说的形而上学不是对立的。"形而上学"这一概念在哲学史上有两种含义：一是作为一种哲学意义上使用的形而上学，即本体论哲学，寻求宇宙间最一般最普遍的存在，为人类自身的存在和发展提供最后的根据和标准。所以亚里士多德的纯哲学（第一哲学）依据中国古人的"形而上者为之道、形而下者为之器"的说法，为我国学者所翻译成"形而上学"。二是作为与辩证法相对立的方法而使用的形而上学。这一"形而上学"概念是德国古典哲学集大成者黑格尔首先使用的，在黑格尔之前无论是古代哲学还是近代哲学使用"形而上学"概念都是把它当成一种哲学即本体论哲学，而不是把它当成与辩证法相对立的方法。在柏拉图那里，辩证法与形而上学是不可分的，中国学者陈康明确指出，"柏拉图的'辩证法'，从总的方面说，相当于后来哲学中所讲的形而上学和认识论"①。古人虽然既有辩证思维也有形而上学思维，但是古人所理解的辩证法还不是作为形而上学的对立来使用的，也就是说不是在反对形而上学和批判形而上学的基础上提出来的，也不是作为批判形而上学的工具使用的。在古人那里形而上学思维虽然存在，但还没有总结出来，还没有总结成与辩证法相对立的方法，还没有总结成与今天所说的形而上学相对立的方法。所以，毛泽东说一讲哲学就少不了"两个对子"，即唯物论和唯心论、辩证法与形而上学，严格地讲辩证法与形而上学这个对子的存在是就现代意义来讲的。现代意义所理解的形而上学思维方式是"在绝对不相容的对立中思维"，这种思维就是一种否认矛盾，否认思维和存在的矛盾的思维。如果把古代的辩证法与现代意义或今天所说的形而上学对立起来理解，就是说古代的辩证法是揭示思维和存在的矛盾的思维方法，这就把古代的辩证法与现代意义所理解的辩证法等同起来了，显然是对古人的辩证法的拔高，不符合历史事实，正如方朝晖所说："把揭示矛盾当作古代辩证法的主要含义是不符合事实的。"② 因此，将古代的辩证法与形而上学对立起来特别是与今天所说的形而上学对立起来，那是用黑格尔以来的辩证法观念去理解古人的辩证法的结果。

通过以上两方面的本质差别的分析，要求我们在理解辩证法时一定不能脱离它的认识史基础，否则我们无法区分不同时代的辩证法理论，只能把辩证法看成僵化的公式，而不是活生生的多方面的认识和历史性的思想。因此只有"建立在通晓思维的历史和成就的基础上的理论思维"才能成为具有生命力的辩证法理论。

理解辩证法不仅不能脱离它的认识史基础，也不能脱离它的认识论内容。辩证法作为一种理论思维，不仅具有外在的形式，而且具有

---

① 汪子嵩、王太庆编：《陈康：论希腊哲学》，商务印书馆 1990 年版，第 176 页。
② 方朝晖：《"辩证法"一词考》，《哲学研究》2002 年第 1 期。

思想内容，辩证法是内容和形式、理论与方法的统一。但是我们过去马克思主义哲学教科书和一些教师的讲授，对"辩证法"的最大误解就是把辩证法的思想内容和外在形式割裂开来，把辩证法变成了一种可以脱离思想内容而到处套用的"方法"，习惯性地把辩证法理解为一种可以用来解释任何问题的最根本最重要的"方法"。这恰好是恩格斯批判"官方黑格尔学派"的要害问题。恩格斯批评"官方黑格尔学派"只是从他的老师（黑格尔）那里学会了搬弄最简单的技巧，拿来到处应用，把辩证法变成了"可以用来套在任何论题上的刻板公式"，变成了"可以用来在缺乏思想和实证知识的时候及时搪塞一下的词汇语录"。其实，黑格尔的辩证法是内容和形式相统一的"逻辑"。黑格尔在他的《逻辑学》中专门分析了"外延逻辑"与"内涵逻辑"。他认为，"外延逻辑"就是关于概念的"外延"关系的逻辑，是要求"哲学撇开思维的具体内容，而专门研究人的思维结构及其运动的规律和规则"，即专门研究思维形式结构的形式逻辑，包括矛盾律、排中律和同一律。古希腊哲学家亚里士多德探索和提出的演绎逻辑、西方近代哲学家培根探索和提出的归纳逻辑，就是"外延逻辑"。"内涵逻辑"就是关于概念的思想内容及其发展的逻辑，不是外在于内容的纯粹的形式，不是撇开思想内容的方法。黑格尔的《逻辑学》正是关于概念的"内涵逻辑"的辩证法，黑格尔的辩证法是关于思想运动的辩证法，是关于概念发展的辩证法。

列宁在《黑格尔〈逻辑学〉一书摘要》中分析黑格尔的辩证法时，针对人们把"逻辑"当成"外在形式"，明确提出："黑格尔则要求这样的逻辑：其中形式是富有内容的形式，是活生生的实在的内容的形式，是和内容不可分离地联系着的形式。""逻辑不是关于思维的外在形式的学说，而是关于'一切物质的、自然的和精神的事物'的发展规律的学说，即关于世界的全部具体内容的以及对它的认识的发展规律的学说，即对世界的认识的历史的总计、总和、结论。"①

---

① 《列宁全集》第55卷，人民出版社1990年版，第77页。

通过以上的分析，我们应该明确一个基本的结论，即辩证法是思想的内容与形式相统一的理论。因此我们理解辩证法就不能脱离它的思想内容、概念内涵，否则就会把"辩证法"变成"变戏法"，变成纯粹的"工具"或"方法"。辩证法在哲学发展史上主要有三种形态或三个历史阶段，即古代朴素辩证法、黑格尔的唯心主义辩证法、马克思主义的唯物辩证法。如果我们离开这三个阶段的辩证法的思想内容或认识史内容去理解，就会把它们完全等同起来，因为从形式上或从表面上看，它们都强调了事物的运动变化和发展。我们过去的马克思主义哲学教科书和一些教师的讲授正是这样理解的，把辩证法与形而上学的区分集中在是否承认事物的运动变化发展。只要一讲辩证法，不管是古代的、近代的还是现代的，就是坚持事物的运动变化发展，这种公式化教条化理解已成为一种习惯了。客观地讲这三种形态的辩证法就形式看是一致的，但是它们的认识内容是不一样的，它们的认识内容或思想内容具有明确的历史性。其实这三种形态的辩证法的真正区别正是在于它们的思想内容的不同。因此，我们把握这三种形态的辩证法的关键就是发现它们不同的认识内容、思想内容。通过对它们不同的认识内容、思想内容的把握，可以看出不同历史阶段人们对辩证法的认识和理解所达到的水平和程度不同。这恰好说明了辩证法这一概念在不同历史阶段的内涵的差别和变化。

　　古代朴素辩证法在"感觉的确定性"上承认事物的运动变化发展，也就是就运动的经验事实而言，没有否认运动。因为任何正常的人都能直观地感受到事物的运动变化发展，所以古代朴素辩证法所承认的运动是事物的感性直观的运动。就这一意义讲，古代朴素辩证法的认识内容就是事物的感性直观运动，或者说，古代朴素辩证法就是关于事物的感性直观运动的学说，是对事物的运动的感性直观反映和描述，是人们把握事物的感性直观运动的工具或方法。黑格尔的辩证法是关于人类思维运动的辩证法，是关于概念发展的辩证法，它是研究事物运动与概念运动相统一的原则，研究客观世界的运动在概念的运动中的反映。它克服了古代朴素辩证法的局限：直观了事物的运动、肯定了变化的经验事实，但不能从思维上理解运动，没有通过概念的运动表达事物的运动。黑格尔辩证法相对于古代朴素辩证法的根本区别在于着重研究思维的运动，将思维与存在两个系列的运动有机统一起来，揭示它们共同遵循的规律。这是黑格尔在辩证法史上的伟大功绩。但是黑格尔将这两个运动系列的关系颠倒了，他将存在运动看成是思维运动的产物，将事物的运动看成完全是依据概念运动的逻辑而进行的。所以在黑格尔那里，辩证法的运动是仅仅属于概念所固有的特性。黑格尔辩证法的认识内容就是人类思维的运动，这是人类对辩证法认识的重大进步。由于黑格尔的辩证法脱离了客观实在的基础（客观事物运动系列），黑格尔的概念辩证运动就变成了神秘的东西。所以马克思、恩格斯和列宁对黑格尔辩证法进行了彻底的改造，把黑格尔的概念辩证法置于外部世界辩证法运动的基础上加以重新理解，运用黑格尔所提供的辩证法思维方法揭示出贯穿于自然和历史过程中同样的辩证法规律，从而揭示思维运动的规律和存在运动的规律是一致的，辩证法的规律既是存在的规律，也是认识的规律。基于对黑格尔辩证法的彻底改造，恩格斯认为辩证法是"关于自然、人类社会和思维的运动和发展的普遍规律的科学"①，"辩证法就归结为关于外部世界和人类思维的运动的一般规律的科学"②。显然，马克思主义唯物辩证法的认识内容是关于自然、人类社会和思维的运动和发展的普遍规律，或者说是关于外部世界和人类思维的运动的一般规律。这既不同于古代朴素辩证法的认识内容，也不同于黑格尔的唯心辩证法的认识内容，使人类关于辩证法的认识走向科学，在科学发展史上具有划时代的意义。一种成熟的科学的自觉形态的辩证法得以产生。

根据以上关于辩证法的认识史基础和认识史内容的分析，我们认为辩证法从不成熟走向成熟，从自发走向自觉，本身就是人类认识水平不断提升的过程，也是人类认识不断走向正确的过程。辩证法是伴

---

① 《马克思恩格斯全集》第 20 卷，人民出版社 1971 年版，第 154 页。
② 《马克思恩格斯选集》第 4 卷，人民出版社 1995 年版，第 243 页。

随人的认识产生而产生，也是伴随人的认识发展而发展。所以辩证法理论是总结人类认识史的结果，是一种"建立在通晓思维的历史和成就的基础上的理论思维形式"。这说明辩证法理论本身就是认识的理论，它的认识论意义正是依据它的认识史基础和认识史内容得以体现。如果离开辩证法的认识史基础和认识史内容去理解辩证法，就会把辩证法理论变成僵死的教条和固定的公式，无法认清辩证法理论的认识论性质，也无法说明辩证法理论是历史性的思想和思想性的历史的统一。

第四节　立足于辩证法的批判本性理解辩证法

无论是人们的通常理解还是通行的马克思主义哲学教科书的阐述，往往只把"批判性"视为辩证法的一种"功能"，而没有把"批判性"视为辩证法的"本性"，从而使辩证法成为一种非反思的思维方式，把辩证法当作某些知识性的结论，这样只会把辩证法视为一种外在的手段和工具，体现不出辩证法理论的认识论性质或认识论意义。

辩证法与形而上学的根本区别之一在于辩证法的本性是批判的，形而上学的本性是非批判的。马克思认为，辩证法在它的"合理形态上"就是对现存事物的肯定的理解中同时包含对现存事物的否定的理解，即对现存事物的必然灭亡的理解；辩证法对每一种既成的形式都是从不断的运动中理解，因而也是从它的暂时性方面去理解；辩证法不崇拜任何东西，按其本质来说，它是批判的和革命的。也就是说批判性、革命性是辩证法本身所固有的，而不是人为的赋予和外在的强加。辩证法之所以具有批判本性，从根本上说是因为人与世界的关系是一种否定性的关系，思维和存在的统一是一种否定性的统一，这种人与世界、思维和存在之间的否定性统一关系，构成了辩证法批判本性的现实基础。人与世界的关系就是人对世界的要求和世界对人的满足的关系，但人都不满足于世界的现存状态，因此人要按照"物的尺度"和"人的尺度"去改造世界，改变（否定）世界的现存状态，把世界变成人所需要的世界，让世界满足人的需要。正如列宁所指出的，世界不会满足人，人决心以自己的行动改变世界。因此人与世界的关系本质上是一种否定性关系，人不论是认识世界还是改造世界，都是一种批判性的革命性的活动，即人对世界既要进行理论的批判又要进行革命的改造。一方面是在认识活动中观念地否定世界（存在）的现存状态，并在观念中构建人所要求的理想性目标；另一方面又在实践活动中现实地否定（存在的）现存状态，把观念中的理想性目标，变成现实的存在。这既是人与世界的否定性关系的表现，也是思维和存在的否定性关系的表现，即思维既肯定存在又否定存在，既反映存在又创造存在。

在黑格尔以前，作为一种哲学（即本体论哲学）意义上使用的形而上学，是寻求宇宙间最普遍最一般的存在（本体）的学说。在以往的"形而上学"理论（传统哲学）中，形而上学所寻求的"本体"始终是永恒不变的东西，具有非批判性。黑格尔正是从形而上学的这一非批判性特征加以引申，把与辩证法相对立的思维方式称为形而上学。辩证法是一种动态的、批判性的思维，与它相反的思维方式就应当是静态的、非批判性的，而"形而上学"作为一种哲学使用就具有非批判性、静态性的特征，因此黑格尔把与辩证法相对立的思维方式称为"形而上学"是很深刻的。

如果说辩证法的批判本性源于它对人与世界的否定性关系、思维和存在的否定性统一的正确反映，那么形而上学的非批判本性则源于它对人与世界的否定性关系、思维和存在的否定性统一的错误反映。形而上学的非批判本性集中体现在它的思维方式和思维公式上，它的方式是在"绝对不相容的对立中思维"，它的公式就是"是就是，不是就不是；除此之外，都是鬼话"。它的思维方式和思维公式都体现其本身是一种无矛盾的思维、非批判性的思维。虽然形而上学并不是一般地否认"矛盾"和"发展"，主要是否认思维和存在的矛盾，否认思维和存在的矛盾关系的发展，但正是如此，形而上学就把思维和存在的统一不是看成矛盾的统一、发展中的统一，而是把思维和存在的统一看成是直接的统一、完全的不变的统一，肯定理解中不包含否定理解。这正是形而上学的非批判本性的表现，也是形而上学的思维方式和思维公式的必然结果。

由于形而上学把思维和存在的统一看成是无矛盾的直接统一和不变的统一，所以形而上学没有把思维和存在的统一看成是一个不断变化发展的过程。这样，它就否认人类认识的过程性，否认了概念和范畴的内在否定性和发展变化性。以这样的思维方式去看待思维和存在及其相互关系，思维和存在之间的内在矛盾性就成了"有之非有"，特别是理论思维前提的内在矛盾性即思维和存在统一的内在矛盾性就统统不见了。所有具体科学都是把思维和存在的统一性看成是"理论思维的不自觉的和无条件的前提"，也就是各门具体科学都认为思维和存在是统一的，都坚信思维和存在能够达到统一，在它们那里思维和存在的统一不是问题，而是自然而然的事情。它们只是追求思维和存在达到统一的结果，而哲学则是将思维和存在的统一当成一个"问题"加以反思，揭示隐藏在理论思维前提中的矛盾，即揭示思维和存在统一过程中的矛盾，它关注的不是思维和存在的统一的结果，而是关注思维和存在统一的过程，说明思维和存在统一是怎样的统一和怎样达到统一。具体说来，按照辩证法的思维方式，思维和存在的统一就是一个充满矛盾的不断变化发展的过程，思维运动的规律和存在运动的规律只有达到一致，或者说主观思维和客观世界遵循同一规律，思维和存在才能达到统一，人类认识才能走向正确。按照形而上学的思维方式，思维和存在的统一是无矛盾的不变的统一，其结果，它没有对理论思维的前提（思维和存在的统一）进行批判，而是对理论思维前提的"不自觉的和无条件的"承诺，以僵死凝固的思维方式看待思维和存在的关系，以非批判的方式对待理论思维的前提，把思维和存在的统一视为某种永恒的终极真理。

在分析了辩证法的批判本性和形而上学的非批判本性之后，我们进一步考察辩证法的批判本性所透露出来的认识论意义。辩证法是一种思维方式，把握辩证法就是把握它的思维方式，分析辩证法就是揭示它的思维方式。所谓思维方式就是人的思维反映存在即人的认识过程中所运用的方式方法。研究辩证法实际上就是研究人的思维过程或认识过程所体现的思维方式。辩证法的思维方式本质上讲就是一种批判的反思的思维方式，通过对理论思维的前提即思维和存在的统一的批判和反思，寻求思维和存在达到统一、人的认识走向正确的方式方法。由此可见，辩证法的批判本性就是人的思维和认识所固有的本性。正是人的思维和认识的批判本性，才能使人的认识走向正确。所以，辩证法的批判本性促进人的认识走向正确，形而上学的非批判本性将会使人的认识走向错误，辩证法的批判本性和形而上学的非批判本性都是发生在思维反映存在的认识运动中，而不是发生在客观世界的运动中。正是在这个意义上，列宁强调辩证法是思维反映存在的认识运动本身所固有的，辩证法本身就是认识论。

第五章　马克思主义辩证法的
认识论意义的表现

通过前面的分析，我们知道强调辩证法的认识论意义和准确把握辩证法的认识论意义，不仅对弄清列宁的"辩证法就是认识论"这一论断的深刻内涵，把握马克思主义辩证法的精神实质有重要意义，而且对澄清以往认识的误解也有重要意义。既然如此，那么辩证法的认识论意义表现在哪些方面，这是我们必须深入思考和研究的一个重要问题。

第一节　辩证法与形而上学的对立是
两种认识理论的对立

我们准确说明辩证法与形而上学的对立是两种认识理论的对立，首先必须理清辩证法与形而上学各自所包含的认识思想，才能进一步研究辩证法与形而上学在认识理论上的对立。由于在前面我们已经深入分析了辩证法认识论意义的内涵，所以我们对辩证法所包含的认识思想就不再赘述，这里我们要重点分析一下形而上学所包含的认识思想。而分析形而上学所包含的认识思想，我们必须深入理解形而上学这一古老的哲学概念。

一　形而上学的涵义及其认识思想

什么是形而上学？海德格尔的回答是："'形而上学'这个名称源

出于希腊文 τά μετά φνσικà。这个稀奇的名称后来被解释成 μετά—trans—（超出）存在者整体的追问的名称。形而上学就是超出存在者之上的追问，以求返回来对这样的存在者整体获得理解。"① 单从海德格尔对形而上学的理解出发，也许我们还不能真正理解究竟什么是形而上学，但他的回答也给我们提供了一个启示，要真正理解形而上学，我们必须从哲学的起源——古希腊哲学讲起。

从词源意义上看，"形而上学"一词来源于拉丁文"metaphysica"和希腊文"τά μετà φνσικà"，"physica"指的是物理学，"meta"这个前缀有超越、之后的意思，所以形而上学的本来意义是"元物理学"或"物理学之后"。虽然"形而上学"最早是作为亚里士多德的一本著作的名称出现的，即众所周知的"物理学之后各篇"，但形而上学并非是由亚里士多德首次提出，而是由后人在整理编纂亚里士多德的全集时给他论述第一哲学的著作赋予的名称。后人在编辑亚里士多德遗稿时，把讲自然事物的著作编辑在一起，称为《物理学》，把讲实体即事物第一原理的著作、讲稿编辑在一起，这一部分理论中亚里士多德生前没有确定的名称，有时称第一学术，有时又称为神学。编辑者由于把这个著作编辑在《物理学》之后，就使用了形而上学这一名称，形而上学在这里的意思便是物理学之后各篇。《物理学》主要研究作为具体存在的自然现象，如数学、物理学、生物学等自然科学学科，而"物理学之后各篇"主要研究宇宙本源和支配自然的普遍规律等抽象问题，是对存在本身或"作为存在的存在"的研究。在"物理学之后各篇"被介绍到我国之后，由于此书研究的是不具有具体形象的宇宙本源和普遍规律，其研究对象具有抽象性质，其研究内容具有超感性的思辨性质，中国人就借用中国哲学所讲的"形而上者谓之道，形而下者谓之器"的说法，把"metaphysica"一词由原本的"物理学之后各篇"转译为更符合中国哲学语境的"形而上学"，用

---

① 《海德格尔选集》上册，孙周兴选编，生活·读书·新知三联书店 1996 年版，第149 页。

其来表征对形上之学的研究。由此，虽然中译的"形而上学"一词与"metaphysica"在字面意思上有所区别，但它从根本上来说是完全符合亚里士多德的本意的。这就是"形而上学"这个名称在现代汉语中由来的始末。

理清形而上学的词源意义是为了更好地考察它本身的涵义。关于形而上学的涵义，目前学界是从两个方面考察，一是作为本体论哲学的形而上学的涵义，二是作为与辩证法相对立的一种方法的涵义。

前文提到，亚里士多德最开始并未使用"形而上学"一词作为"物理学之后各篇"的名称，他为这部著作所起的名称是"第一哲学"（πρώτο Φιλοσοφία）。在这里我们需要指出的是，随着社会历史的发展，当下社会对哲学的理解和认识已经不同于古希腊人对其的理解。相比较而言，古希腊时期的哲学所蕴含的内容较之今天更为广泛，它将我们现在所说的具体科学也包含在内，例如数学、生物学、物理学等自然学科也是古希腊哲学研究的重点。亚里士多德将研究自然科学的著作如《物理学》《动物志》《气象学》等，统称为自然哲学或"第二哲学"。"第二哲学"主要研究具体可感的自然现象，是对世界上具体的存在者进行研究，"第一哲学"主要研究抽象思辨的普遍规律和世界本原，是对存在本身的研究。亚里士多德明确说过："物理学与数学为哲学之分枝。"① 这里的"哲学"也就是他的形而上学。马克思也说过："黑格尔天才地把十七世纪的形而上学同后来的一切形而上学以及德国唯心主义结合起来并建立了一个形而上学的包罗万象的王国。"② 这里的形而上学就是哲学。深入理解我们可以明显看出形而上学对于"第二哲学"和具体存在者在逻辑上的先在性，即本质先于现象。"第二哲学"研究自然界存在的各种具体现象，而形而上学则研究各种自然现象之所以存在的"最初本原和原因思辨"③。《形而上学》一书在整个哲学史上具有重要意义，它不仅是对实在世

① ［古希腊］亚里士多德：《形而上学》，吴寿彭译，商务印书馆1995年版，第216页。
② 《马克思恩格斯文集》第1卷，人民出版社2009年版，第327页。
③ 苗力田：《亚里士多德全集》第7卷，中国人民大学出版社1993年版，第31页。

界一般规律和"终极存在"的追问，而且也是古希腊人自觉探索世界本原的理论表达。"求知是所有人的本性"①。古希腊哲学家不仅关注世界上存在的各种具体现象，而且一直在探索各种现象的本原。泰勒斯最早提出世界本原问题，他认为世界的本原是水，赫拉克利特认为世界的本原是"一团永恒的活火"，德谟克利特的"原子论"、巴门尼德的"存在论"和柏拉图的"理念论"都是在描述世界的本原。虽然受到认识水平的限制，当时的哲学家还不能解释许多自然现象，只能获得关于世界的表象认识，并不能对世界的本原做出科学的回答，但古希腊哲学家对世界本原的探索与《形而上学》的研究内容在本质上是一致的，都是围绕本体即万事万物的本原和本质来展开论述的。"古希腊哲学家认为万物变化不已，但是其本体不变，万物唯一的原理就在于本体，只要把握了本体就把握了绝对的真理"②。亚里士多德是古希腊本体论的集大成者，从亚里士多德开始，形而上学就代表了本体论哲学，一直到黑格尔以前，哲学家们"往往可以把形而上学称之为本体论"③。

本体论哲学是形而上学的第一种涵义，也是它在哲学史上的本来涵义，今天我们所理解的形而上学并不是它的本来涵义，而是目前国内众多马克思主义哲学教科书中通用的与辩证法相对立的一种哲学方法和哲学学说，即"一种反辩证法的、静止地、孤立地、片面地看问题的宇宙观和思想方法"④。从科学史来考察，自然科学的发展与形而上学的思维方法相辅相成，可以说自然科学领域从 15 世纪中叶到 19 世纪所取得的重要成就都离不开形而上学的研究方法，在这种方法的指导下，人们"把自然界分解为各个部分，把各种自然过程和自然对

---

① ［古希腊］亚里士多德：《亚里士多德选集》（形而上学卷），苗力田译，人民出版社 2000 年版，第 3 页。

② 张红霞、谭春波：《马克思对西方传统形而上学的超越》，《北京行政学院学报》2019 年第 2 期。

③ 金焱、董建新：《形而上学辨析》，《暨南学报》（哲学社会科学）2001 年第 2 期。

④ 何新：《谈谈"辩证法"和"形而上学"的涵义》，《教学与研究》1980 年第 3 期。

象分成一定的门类，对有机体的内部按其多种多样的解剖形态进行研究"①。在当时，形而上学的思维方法作为人们研究自然科学的主要手段，为人类认识整个社会历史创造了条件，但是不可否认的是，由于这种思维方法否定了联系的普遍性，而用孤立、片面、静止的观点看待自然万物，它必然会阻碍社会历史的进步。一方面，当自然科学的发展处于收集材料的阶段时，这种孤立、静止、片面的研究方法是符合当时自然科学发展的一种正确、有效的方法，事实上这种方法一直沿用了400多年。另一方面，在形而上学思维方法的熏陶下，人们在观察世界的过程中养成了"把各种自然物和自然过程孤立起来，撇开宏大的总的联系去进行考察"②的惯性思维，在认识万事万物时总是将其看作是孤立的、静止的，由此用形而上学的观点看问题的弊端逐渐显露，大大阻碍了人类社会的进步。后来，经过洛克和培根的努力，形而上学逐渐从自然科学领域转移到哲学中，进而转变为一种观察世界的哲学方法，这种哲学方法"就造成了最近几个世纪所特有的局限性，即形而上学的思维方式"③。存在决定意识，自然科学的发展正是形而上学方法的客观来源。

从哲学发展史来考察，形而上学是从黑格尔之后才开始获得我们今天所理解的涵义。黑格尔在《小逻辑》中讲过，"思想对客观性的第一种态度为一种素朴的态度，尚没有意识到思维中的矛盾，和思想自身与自身的对立"④，这种态度的最主要代表就是"形而上学，如康德以前的形而上学"。虽然辩证法大师黑格尔并没有明确阐述过形而上学是与辩证法相对立的一种方法，但从他的这段论述中我们可以看出，作为"一种素朴的态度"的形而上学与能够自觉"意识到思维中的矛盾"的辩证法是天生对立的，黑格尔第一次将形而上学与辩证法对立了起来。恩格斯继承了黑格尔关于形而上学的思想，他尖锐

---

① 《马克思恩格斯文集》第9卷，人民出版社2009年版，第23—24页。
② 《马克思恩格斯文集》第9卷，人民出版社2009年版，第24页。
③ 《马克思恩格斯文集》第9卷，人民出版社2009年版，第24页。
④ ［德］黑格尔：《小逻辑》，贺麟译，商务印书馆1996年版，第94页。

地批判了形而上学："认为事物是既成的东西的旧形而上学，是从那种把非生物和生物当做既成事物来研究的自然科学中产生的。"① "在形而上学者看来，事物及其在思想上的反映即概念，是孤立的、应当逐个地和分别地加以考察的、固定的、僵硬的、一成不变的研究对象。"② 所以，恩格斯首次明确地把形而上学作为一种与辩证法相对立的方法提出，揭示了辩证法与形而上学对立的实质，在文本中称之为"形而上学的思维方法"或"形而上学的思维方式"，后来人们直接称之为"形而上学"。可见，恩格斯认为形而上学是一种思维方法，是主体把握客体的一种方法。

理清了形而上学的涵义，有助于我们深入理解形而上学认识思想的形成和发展，因为形而上学的认识思想就是上述两种涵义的逻辑延伸，这主要体现在两个方面：一是本体论哲学的思维方式是形而上学认识思想产生的根源；二是近代自然科学的不充分发展是形而上学认识思想形成的重要原因。前文我们分析过，古希腊哲学家都是围绕本体论问题，对实在世界的一般规律和"终极存在"展开追问的。作为本体论哲学的形而上学也可以称之为是关乎"在者之在"的学说，前者的"在"是指客观存在的具体事物，而后者的"在"是回答事物何以存在的根本原因。形而上学体现了古希腊哲学家的一种本体论追求，即主张追求超越感觉经验的本体存在，揭示事物背后的真实本质，但形而上学追求的"终极存在"和真实本质只是一种抽象的概念，是基于现象和本质分离的一种哲学思维方式，由于当时历史条件和认识水平的限制，无法对其进行科学的论证。但所有的哲学家都试图寻找客观世界的本体和本质，他们把本体世界看做是一个独立于现象世界之外的超验世界；而且把本质世界认定为现象世界的本质和本原，以本体世界规定现象世界，这样就把本来统一的现象世界与本体世界对立起来，如巴门尼德的存在与非存在，柏拉图的现象世界与理

---

① 《马克思恩格斯文集》第4卷，人民出版社2009年版，第299页。
② 《马克思恩格斯文集》第9卷，人民出版社2009年版，第24页。

念世界。从古希腊哲学开始，"本质与现象"思维成为传统形而上学本体论与认识论的思维范式，也是形而上学非此即彼、两极对立、互不相容的认识思想的根源。到了近代，形而上学开始由本体论转向认识论。经验论和唯理论的对立，感性认识和理性认识的对立都是形而上学认识论的体现，最具代表性的是康德的"二律背反"思想，这是一种主客二分框架下的形而上学认识思想，也正是从康德开始，旧形而上学认识论的弊端逐渐暴露出来，被黑格尔、马克思和恩格斯所批判、反对和改造。

　　形而上学与唯心主义一样，是人们对客观世界的歪曲反映，但形而上学思维方式在一定范围、一定领域内的正确、有效也是不争的事实。恩格斯指出："初看起来，这种思维方式对我们来说似乎是极为可信的，因为它是合乎所谓常识的。"① 但是，形而上学思维始终是无矛盾思维，恩格斯指出："当我们把事物看做是静止而没有生命的，各自独立、彼此并列或先后相继的时候，我们在事物中确实碰不到任何矛盾。"② 所以，作为思维方式的形而上学是指一种以否定矛盾的观点看待世界的哲学理论，其实质在于片面性，即用孤立、静止的观点去看待事物，只看到事物矛盾的一方面而否定另一方面，"只见树木不见森林"。正如黑格尔所说，"这种形而上学的思想必须于两个相反的论断之中"，"肯定其一必真，而另一必错"③。恩格斯指出，那些坚持形而上学的思维方式的人，就是"在绝对不相容的对立中思维；他们的说法是：'是就是，不是就不是；除此之外，都是鬼话。'在他们看来，一个事物要么存在，要么就不存在；同样，一个事物不能同时是自己又是别的东西"④。形而上学思维方式发生在人的认识过程中就是忽视认识对象本质自身中的矛盾的常识思维，把世界万物看作非此即彼的存在，得出的结论要么是 P，要么是 Q，它与辩证法是两种不同的发展观，两种不同

　　① 《马克思恩格斯文集》第 9 卷，人民出版社 2009 年版，第 24 页。

　　② 《马克思恩格斯文集》第 9 卷，人民出版社 2009 年版，第 126 页。

　　③ ［德］黑格尔：《小逻辑》，贺麟译，商务印书馆 1996 年版，第 101 页。

　　④ 《马克思恩格斯文集》第 9 卷，人民出版社 2009 年版，第 24 页。

的认识论，同时也是两种相对立的认识论和认识思想。

二 辩证法与形而上学在认识理论上的对立及其表现

不可否认，在认识世界的过程中，形而上学思维方式与辩证思维方式作为两种不同的思维方式是相互对立的，问题的关键就在于，我们应该如何理解这种对立。过去在对形而上学与辩证法的理解中，人们通常都是在经验层面或直观意义上去理解它们两者的对立，把辩证法理解为承认世界上一切事物都处于相互联系和运动、变化、发展之中，事物的发展变化是基于它们的内部矛盾；而将形而上学理解为把世界上一切事物看成是彼此孤立和绝对静止的，事物的变化发展是由外部世界的各种力量所推动的数量的增减和位置的变更，这样就把辩证法与形而上学的对立归结为是否承认联系、变化和发展。这样理解辩证法与形而上学，会把人们的观念从哲学思维层面降低到经验常识层面，从而使人们在经验层面或直观意义上理解辩证法与形而上学的对立。我们认为，能否超越经验层面和直观意义理解辩证法与形而上学，是能否正确认识它们二者对立的关键。因为从经验层面或直观意义上讲，没有人否认事物的联系和变化发展，任何正常的人都能直观地感受到事物的相互联系和变化发展。我们可以直观地看到马在草原上跑、鸟在空中飞，如果直观意义上否认事物的联系和变化发展，就是"睁眼说瞎话"。因此经验层面上没有辩证法与形而上学的对立，辩证法与形而上学的对立只发生在哲学层面、概念层面、思维层面、认识层面上。所以辩证法与形而上学的对立不在于是否承认联系、运动、变化发展，不是说承认了就是辩证法，否认了就是形而上学。

其实，辩证法与形而上学的对立，最主要的不是在于是否承认客观世界是运动变化发展的，坚持形而上学思维方式的人并不是一般地否认客观世界的运动变化发展。辩证法与形而上学的对立，主要是同思维反映存在的过程联系在一起的，只有当人们运用思维去再现事物的运动过程时，才会发生辩证法与形而上学的对立，而思维反映存在的过程就是人的认识过程。所以，辩证法与形而上学的对立是两种不同的认识理论的对立。

　　形而上学思维方式是一种绝对对立的思维方式，绝对对立也是形而上学思维方式的本质特征。正如恩格斯对这种思维方式的概括那样：形而上学思维方式是："在绝对不相容的对立中思维；他们的说法是：'是就是，不是就不是；除此之外，都是鬼话。'"① "是就是，不是就不是"这句话本身并没有错，它表明了事物的质的规定性及其相对稳定性，这是人们认识客观世界的基础，否则万事万物无法确定，人们的认识也无从谈起。但形而上学思维方式的问题也在于此，它否定其他一切可能，而把"是就是，不是就不是"看作是一成不变的真理，将思考的结果固定化、绝对化了，从而否定了客观事物在一定条件下的联系、运动和变化发展，认为世界是彼此孤立和一成不变的，认为一个事物要么存在，要么就不存在；要么是自己本身，要么是他物，不可能同时是自己又是别的东西。形而上学的思维方式在经验层面，即"对于日常应用，对于科学上的细小研究，形而上学的范畴仍然是有效的。"② 但只要一进入认识层面或只要人们一用概念的逻辑表达运动，形而上学思维方式的缺陷就会立马暴露出来。当人们用概念去把握事物时，由于概念的隔离性和僵化性，往往使人们把概念的隔离性和僵化性对象化给概念所反映的事物，从而否认对象本质自身中的矛盾，否认对象的自我运动和自我发展，把事物看成是非此即彼的存在。形而上学思维方式否认矛盾，即只看到事物的一方面而忽视另一方面，在认识事物时将其看作孤立个体，忽视了事物之间的联系性，肯定静止而否认事物的运动，从而形成了人们孤立、片面、静止和非此即彼的认识方法，即形而上学的认识方法。

　　辩证思维方式是一种对立统一的思维方式，是在相容的对立中思维，对立统一也是辩证思维方式的本质特征。马克思明确指出："辩证法在对现存事物的肯定的理解中同时包含对现存事物的否定的理

---

　　① 《马克思恩格斯文集》第 9 卷，人民出版社 2009 年版，第 24 页。
　　② 《马克思恩格斯文集》第 9 卷，人民出版社 2009 年版，第 471—472 页。

解，即对现存事物的必然灭亡的理解；辩证法对每一种既成的形式都是从不断的运动中，因而也是从它的暂时性方面去理解；辩证法不崇拜任何东西，按其本质来说，它是批判的和革命的。"① 这就是说，按照辩证法的思维方式，肯定的理解和否定的理解的对立双方是相容的，肯定中包含着否定，而不是要么肯定一切，要么否定一切。这就在于每一现存的事物、每一种既成的形式都不是一成不变的，因此，我们对每一现存的事物、每一种既成的形式都必须从它的不断运动、它的暂时性方面去理解。恩格斯指出，在辩证法那里"不存在任何最终的东西、绝对的东西、神圣的东西；它指出所有一切事物的暂时性；在它面前，除了生成和灭亡的不断过程、无止境地由低级上升到高级的不断过程，什么都不存在"②。从辩证法的思维方式出发，任何事物的存在都具有暂时性，当一事物的存在符合事物发展的规律，即仍然具有存在的合理性时，它会保持稳定发展的态势，但当现存事物不符合事物发展的规律，随着事物本身的不断发展，旧事物必然会被新事物否定。马克思恩格斯的论述不仅说明了辩证法的本性是批判的革命的，而且说明了辩证法是一种认识理论，辩证法的思维方式是一种认识方式。认识过程就是思维对存在的反映过程，思维方式，简单地讲就是思维把握、认识、理解存在的方式，也就是说思维反映存在采取什么方式。马克思强调辩证法在对现存事物的肯定的理解中同时包含对现存事物的否定的理解，既说明了辩证法是怎样理解事物的，也说明了辩证法要求人们应当怎样正确理解事物。而理解本身就是一种认识和反映，对现存事物的肯定的理解中同时包含对现存事物的否定的理解，就可以解释为对现存事物的肯定的认识的同时包含对现存事物的否定的认识。因此，马克思就是把辩证法作为一种认识理论、一种认识方式来强调它的批判性和革命性，这样，辩证法在马克思那里就具有明确的认识论意义。尽管在恩格斯的论述中没有明确表达辩

① 《马克思恩格斯选集》第 2 卷，人民出版社 2012 年版，第 94 页。
② 《马克思恩格斯选集》第 4 卷，人民出版社 2012 年版，第 223 页。

证法的认识论意义，但是他的论述一方面说明了一切事物本身的辩证本性，间接地表达了人的思维应当按照辩证法的思维方式去把握、认识、理解一切事物。因为，一切事物都是处于变化发展之中的，那么人们认识事物就必须按照辩证法的思维方式去把握、认识、理解一切事物，人的认识才能走向正确。另一方面也说明了辩证法的认识论意义。因为，恩格斯认为，在辩证法那里不存在任何最终的东西、绝对的东西、神圣的东西，也就是说在辩证法视野里或按照辩证法的思维方式，不存在任何最终的东西、绝对的东西、神圣的东西。这同样说明恩格斯是把辩证法作为一种认识方式、一种思维方式来理解的。辩证思维方式的正确在于，它承认矛盾和矛盾双方的作用，在普遍联系中看到相对独立，在永恒发展中看到相对静止，在肯定中包含否定，在全面中看到了片面。

辩证法与形而上学在认识理论上的对立是具体的而不是抽象的，这种对立表现在很多方面，其中最重要的是表现在思维反映存在的过程之中。辩证法的认识理论承认认识的基本矛盾即思维与存在的矛盾，辩证法坚持思维与存在是一种对立统一的关系，坚持思维与存在的统一是动态的统一，近似的统一，只有通过掌握实践的观点和自为的辩证法理论才能使思维和存在达到统一。形而上学认识理论否认思维与存在的矛盾，形而上学坚持思维与存在是一种绝对不相容的关系，如"唯上""唯书""经验主义""主观主义"等，坚持思维与存在的统一是静态的统一，直观的统一，只要通过直观的感觉和直接的经验就能使思维与存在达到统一。辩证法与形而上学在认识理论上对立的表现还体现在，指导人们认识和实践的范围、时间、程度上的不同。虽然形而上学的认识理论使人们在绝对对立中思维，在经验层面和日常生活中也可以使人们获得某些正确的认识，但形而上学仅仅适用于某些狭小的领域、较小的范围或较短的时间，而辩证法则适用于人类实践和认识活动的一切领域。只有弄清楚辩证法与形而上学在认识理论上的对立，我们才有可能真正用辩证法克服形而上学，使辩证法重新获得其认识论意义，所以列宁才强调："辩证法也就是（黑格尔和）马克思主义的认识论。"

三 马克思主义认识论对形而上学的超越

辩证法与形而上学的对立是两种认识理论的对立，形而上学是对客观世界的歪曲反映，而辩证法是对客观世界的正确反映。形而上学认识理论主要有两种表现或表达形式：一是唯心主义的认识论，二是旧唯物主义的认识论。因为旧唯物主义和唯心主义本质上讲都是形而上学的。旧唯物主义只是从客体或者直观的形式上去进行认识活动，是直观的反映，唯心主义虽然看到了人在认识过程中的能动性，但它却完全忽视了客观存在的本原性，只是抽象地发展了主体的能动性。不管是旧唯物主义认识论，还是唯心主义认识论，本质上都是形而上学的，它们都是把人的认识片面化、绝对化了。从经验论到唯理论，从独断论到怀疑论，从相对主义到绝对主义，都是近代认识论形而上学性的具体体现，这就造成了人们只能就认识谈认识，造成对思维和存在关系理解上的抽象化和孤立化，造成思维和存在的二元对立，最终使人们走向形而上学的认识方式，即在绝对不相容的对立中思维，只看到矛盾的一个方面而忽视矛盾的另一个方面。费尔巴哈和黑格尔分别是旧唯物主义认识论和唯心主义认识论的代表人物，虽然他们二者的认识理论都有一定的合理之处，但都具有形而上学的性质，都没有科学解决思维和存在的同一性问题。马克思吸收了费尔巴哈认识思想中的合理前提，以及黑格尔认识思想的合理内核，在此基础上创立了辩证唯物主义的认识论，也就是马克思主义认识论，从而完成了对近代认识论的超越，以及对形而上学认识论的改造。如何理解马克思主义认识论对形而上学认识论的超越，或者说马克思主义认识论在哪些方面完成了对形而上学的超越，是我们进一步把握马克思主义认识论的关键。马克思主义认识论之所以可以超越形而上学认识论，正确解决思维与存在的同一性问题，我们认为主要有两点原因：一是把实践的观点引入认识论，把实践作为认识的基础；二是把辩证法应用于认识论，应用于认识的过程和发展。

就第一点而言，马克思主义认识论从人的实践活动出发理解人的认识活动，理解思维与存在的统一过程，把思维与存在的统一建立在实践的基础之上。旧唯物主义认识论从外部存在出发说明思维和存在的统一，说明了存在对意识的根源性；唯心主义认识论从自我意识出发说明思维与存在的统一，说明了意识对存在的能动性。但外部存在之所以能进入人的大脑，经过人脑的改造加工而成为意识，是源于人的实践活动。人类的实践活动是以改造客观世界为目的，主体与客体之间通过一定的中介发生相互作用的过程，而人类的认识活动则是关于实践的理论表达和述说，是内在于实践活动之中的。实践的主体与客体和认识的主体与客体在本质上是一致的，主体与客体之间的关系首先是改造与被改造的关系，然后再是认识与被认识的关系，是在改造过程中建立的认识关系，人们只有在改造事物中才能认识事物，所以只有从世界出发才能科学地说明思维与存在的统一。旧唯物主义认识论所主张的思维和存在的统一，是无主体的统一，是只属于客体范围内的统一；唯心主义所主张的思维和存在的统一，是主体自身而非与客体的统一，是属于精神范畴内的统一。只有实践才能既突破主体的局限又突破存在的局限，把思维与存在真正统一起来。马克思主义认识论把思维与存在的关系放在实践活动中加以理解，由此打破了唯心主义和旧唯物主义在思维和存在关系上的相互孤立、非此即彼的僵化、片面观点，真正实现了思维与存在的统一，使人类的认识走向正确，从而超越形而上学的认识论。

　　此外，实践活动永恒发展的特性决定了思维与存在的统一只能是动态的统一，近似的统一。换句话说，人的认识不是一成不变的，而是永恒发展的，思维与存在只有在发展中才能达到统一。人们的实践活动会随着一定的社会历史条件的变化而变化，"实践在不断否定旧历史的同时，也在不断创造着新历史"①，因而实践又是历史地发展着

---

　　① 张红霞、谭春波：《马克思对西方传统形而上学的超越》，《北京行政学院学报》2019 年第 2 期。

的实践。马克思把世界理解为人类实践的条件和产物，一方面，自然为人的实践活动提供了条件，人是在一定自然条件的约束下进行实践活动的；另一方面，实践也改变着整个世界，因为现存世界在某一方面或某种程度上是不能满足人类需要的，人所具有的形而上学本性，使人总是追求超越现实存在的理想存在，这样便产生了思维与存在的矛盾，为了解决这一矛盾，使现存世界达到人们理想的存在，人总是不断地改造着外部世界，使自在自然不断地向人化自然转变，正如马克思针对费尔巴哈的错误所指出："他周围的感性世界决不是某种开天辟地以来就直接存在的、始终如一的东西，而是工业和社会状况的产物，是历史的产物，是世世代代活动的结果。"① 在实践活动中人们改造着客观世界，客观世界是不断变化发展着的。作为实践活动的理论表达和述说，认识活动也会随着实践的发展而变化发展，人类对客观世界的反映是相对的，不是绝对的一成不变的，认识会在思维与存在的矛盾运动中永恒发展，人们通过实践解决思维与存在的矛盾的过程，其实也是人的认识从片面走向全面，从相对走向绝对的过程。人的认识能够在思想上超出实践的当下限制，基于现实而又超越现实，提出变革现实的观念。这就是马克思主义认识论。形而上学不懂得实践的观点，思维反映存在不是在实践基础上的反映，思维与存在首先不是改造与被改造的关系，而是认识与被认识的关系，这种无改造的单纯的反映，只能是直观的照镜子似的反映。形而上学将认识成果看成是不变不动的本体，试图一劳永逸地获得绝对真理，从而使认识被终结。马克思主义认识论把形而上学抽象出来的本体世界还原为实践活动，认为实践是认识的基础和条件，认识只是人类感性实践的产物。这样，本体世界就褪去了永恒不动的假象，转化为由实践活动所创造的对现实世界的最高反映，并且认识活动本身是随着实践的变化不断变化的。实践永恒发展的特征决定了认识活动的永恒发展，克服了近代认识论的形而上学性。马克思主义认识论把实践的观点引入认

---

① 《马克思恩格斯文集》第 1 卷，人民出版社 2009 年版，第 528 页。

识论，将人的认识重新回归于现实生活的实践当中，建立了合理形态的认识理论，完成了对形而上学的超越。

就第二点而言，马克思主义认识论之所以超越形而上学，是因为它把辩证法应用于认识论，应用于认识的过程和发展。把辩证法应用于认识论，发挥了主体在认识过程中的能动性。因为"辩证法在考察事物及其在观念上的反映时，本质上是从它们的联系、它们的联结、它们的运动、它们的产生和消逝方面去考察的"①。人的思想要想反映出事物的产生和消逝，联系和运动，就必须尊重思维的能动性，从而克服了形而上学唯物论"对对象、现实、感性，只是从客体的或者直观的形式去理解"②的根本缺陷，把人的认识从物的统治下解放出来，所以，马克思主义认识论不是直观的、机械的反映论，而是革命的能动的反映论。

第二节　马克思主义辩证法的基本特征既是存在的特征又是认识的原则

辩证法是关于自然界、人类社会和思维发展规律的科学，规律是事物运动过程中本身所固有的、本质的、必然的、稳定的联系，所以辩证法就是"关于普遍联系的科学"③，是"最完备最深刻最无片面性的关于发展的学说"④。换言之，辩证法就是关于世界普遍联系和永恒发展的科学，联系和发展也是辩证法的总特征。

客观事物是处于普遍联系和永恒发展之中的，人们要想认识客观存在的事物，就要认识客观事物的联系和发展，人们也只有从客观事物的联系和发展中才能认识它。联系和发展不仅是自然界和人类社会的本质特征，而且也是事物的基本特征，思维就其自然的历史发展过

---

① 《马克思恩格斯文集》第 9 卷，人民出版社 2009 年版，第 25 页。
② 《马克思恩格斯选集》第 1 卷，人民出版社 2012 年版，第 133 页。
③ 《马克思恩格斯选集》第 4 卷，人民出版社 1995 年版，第 259 页。
④ 《列宁选集》第 2 卷，人民出版社 2012 年版，第 310 页。

程来说都是辩证的，没有非辩证的问题。但在思维反映存在的认识过程中就有了辩证与非辩证的问题。既然客观事物有着多方面的联系，而且又处于永恒发展的过程中，而我们却只能通过主观的形式去揭示事物的内部联系，反映事物的运动过程，这里是否能按照客观世界联系发展的本来面目去反映世界，取决于反映事物的思维方式是辩证法还是形而上学。辩证法用全面、联系、发展、变化的观点看世界，而形而上学用孤立、片面、静止、不变的观点看世界。如果要想正确反映出客观世界的本来面目，实现思维与存在的统一，就必须坚持辩证法，坚持用联系和发展的观点去看世界，所以联系和发展不仅是客观事物存在的基本特征，而且也是人们认识必须遵循的基本原则。

一　联系是客观事物存在的基本特征

普遍联系是唯物辩证法的基本特征之一。恩格斯在谈到客观事物普遍联系的"辩证图景"时指出："当我们通过思维来考察自然界或人类历史或我们自己的精神活动的时候，首先呈现在我们眼前的，是一幅由种种联系和相互作用无穷无尽地交织起来的画面。"[①] 唯物辩证法作为这幅"辩证图景"的理论表达，就必须自然地把普遍联系作为客观事物存在的基本特征。联系是指一切事物、现象及其内部诸要素之间的相互影响、相互作用和相互制约的一种状态。相互联系是物质的普遍本性之一，它以客观物质世界为依托，具有不以人的意志为转移的客观性。恩格斯在《自然辩证法》中明确指出，整个自然界形成一个相互联系的体系，以此说明联系是整个自然界所固有的，自然界各种物体和各种现象之间的联系是客观的。列宁也十分重视普遍联系的思想，在《辩证法要素》中明确指出："每个事物（现象过程等等）是和其他每个事物联系的。"[②] 每个事物、现象、过程之间的联系，既是客观的，又是普遍的，还是多样的。

---

① 《马克思恩格斯选集》第 3 卷，人民出版社 2012 年版，第 395 页。
② 《列宁选集》第 2 卷，人民出版社 2012 年版，第 411—412 页。

首先，联系具有客观性，事物之间的联系是客观存在的、不以人的意志为转移的。事物的联系可分为自在事物的联系和人为事物的联系，它们是不以人的意志为转移的，自在事物的客观联系早就被19世纪自然科学的三大发现所证明。恩格斯在三大发现揭示的基础上提出："由于这三大发现和自然科学的其他巨大进步，我们现在不仅能够说明自然界中各个领域内的过程之间的联系，而且总的说来也能说明各个领域之间的联系了。"① 恩格斯的论述不仅说明了联系是自然界各种事物本身所固有的，而且说明了联系既包括自然界中各个领域内的过程之间的联系，也包括各个领域之间的联系。在我们看来，恩格斯实际上是表达了既要注意事物之间的横向联系即各个领域之间的联系，也要注意事物发展过程之间的纵向联系即各个领域内的过程之间的联系。这与传统的马克思主义哲学教科书的表述是不同的。传统的马克思主义哲学教科书的表述是，联系是指事物内部各要素之间和事物之间相互影响、相互制约、相互作用的关系。这里虽然说明了事物内部各要素之间和事物之间的关系，好像与恩格斯讲的各个领域内的过程之间的联系和各个领域之间的联系是一致的，但实际上是根本不同的。因为传统的马克思主义哲学教科书的表述只是说明了事物之间的横向联系，而没有说明事物发展过程之间的纵向联系。我们认为恩格斯的思想是很深刻的，相比于传统的马克思主义哲学教科书的表述更准确。因为联系虽然是事物本身所固有的，但是任何事物都是处于变化发展之中，这就说明事物在变化发展过程中也存在着联系，即事物变化发展过程之间存在着联系。现代自然科学发展的新成就如分子生物学、量子力学、天体物理学的发展，进一步揭示了自然界这种自在事物联系的客观性。事物的联系是人类实践的产物，虽然这种联系是在人的活动中形成的，但这种联系得以建立的基础仍然是客观的、不以人的意志为转移的。这是因为，人为事物的联系只有反映了客观事物的联系才具有真实性，所以人类社会所创造的一切事物的联系，

---

① 《马克思恩格斯文集》第4卷，人民出版社2009年版，第300页。

就其本质而言也是客观的，如生产力和生产关系、经济基础和上层建筑之间的联系，虽然是人为事物的联系，但这种联系是在社会发展过程中必然发生的，它存在于人类社会发展的不同形态，贯穿人类社会发展的全过程，是不以人的意志为转移的客观存在。此外，人的思维中的联系也具有客观性。这一点有些人是无法理解的，他们认为思维是人的主观意识，思维中的联系只有主观性，何来客观性？关于这一点列宁已经给出了答案："万物之间的世界性、全面的，活生生的联系，以及这种联系在人的概念中的反映——唯物地颠倒过来的黑格尔。"① 恩格斯在《反杜林论》中曾指出，"思维，如果它不做蠢事的话，只能把这样一些意识的要素综合为一个统一体，在这些意识的要素中或者在它们的现实原型中，这个统一体以前就已经存在了。如果我把鞋刷子综合在哺乳动物的统一体中，那它决不会因此就长出乳腺来"②。这就是说人的思维能够把一些意识的要素联系起来，综合为一个统一体，必须以这些意识的要素本身存在着的联系为前提，正如鞋刷子和哺乳动物本身没有联系，即使人为如何努力，如何发挥思维的想象力，鞋刷子也不能长出乳腺来。因此，人的思维或者思想的联系，只是对思维本身的联系的反映，是以客观的联系为前提的。

其次，联系具有普遍性，联系的普遍性主要有三个方面的含义。其一，任何事物内部的不同部分和要素之间都是相互联系的，也就是说，任何事物都具有内在的结构性。其二，任何事物都不是孤立而存在的，都同周围的事物存在着这样或那样的联系。其三，整个世界是一个相互联系的统一整体，如相互联系之网，每一个事物就是相互联系之网上的纽结。从无机界到有机界，从自然界到人类社会再到人的思维和认识，一切事物和现象都不是孤立存在的，它们都处于广泛的、普遍的联系之中。

就人所面对的自然界来说，大至宇宙世界的天体，小至微观世界

____

① 《列宁全集》第38卷，人民出版社1959年版，第153—154页。
② 《马克思恩格斯选集》第3卷，人民出版社2012年版，第417页。

的基本粒子，都处于普遍的联系之中。我们所生活的地球并不是孤立的存在，它和月球一起，在各自引力的作用下围绕着太阳一起旋转。地球上的一切现象，如海洋的潮汐、万物的生长，都与太阳、月球对地球的影响和作用密切相关。围绕太阳旋转的有包括地球在内的八大行星，这八大行星又有围绕着它们独立旋转的无数颗卫星，这些行星和卫星以太阳为中心形成了一个相互影响的太阳系。太阳只是银河系中无数恒星中的普通一颗，太阳系也只是银河系无数星系中的普通一个。但银河系也不是孤立的，它是由无数像太阳系这样的星系所组成，每个星系虽然各自独立，但由于引力的作用，每个星系之间相互联系、相互制约、相互影响。整个宇宙就是由这样的相互联系着的星系所组成，浩瀚宇宙中的一切事物都处于普遍联系之中。这一点也被天体物理学所证实。就生物界来说，整个地球就是一个巨大的生态系统，动物、植物、环境之间相互联系、相互作用、相互制约，共同保持地球这一巨大生态系统的平衡。习近平总书记提出的生态环境的保护、生态文明的建设等重大战略决策就是对生物界各部分的相互联系的客观尊重和正确反映。此外，同一事物自身各部分各要素之间也处于普遍的联系之中，物质是由分子所组成，分子又是由原子和原子核所组成，在现有的科学发展水平之下，原子又可分解为质子和中子，质子和中子又可分解为更加微小的基本粒子，并且它们都处于普遍的联系之中。

人类社会也处于相互联系、不可分割的统一整体之中。社会生活的各个方面、各个领域，从物质生活到精神生活，从经济到政治、文化、生态、社会各个领域，无不处在相互联系之中。以习近平为总书记的新一代中国共产党领导集体提出的"五位一体"总体布局伟大战略，既是对马克思主义普遍联系理论的创造性运用，也是对经济、政治、文化、生态、社会各个领域的内在联系的准确把握。正如马克思所说，现实的人在本质上是一切社会关系的总和，这种社会关系存在于人类社会的不同形态，贯穿于历史发展过程之中，因而是一种最具普遍性的联系。此外，人的思维中的联系也具有普遍性。因为自然界和人类社会的联系是普遍的，思维作为对客观世界的反映，其中的各种概念之间的联系也应具有普遍性。需要指出的是，事物的普遍联系是通过中介来实现的，这也是联系具有普遍性的一个重要原因，许多看似毫无联系的事物、现象，都是通过中间性联系和过渡性环节而实现的，如 2008 年由在美国爆发的次贷危机所引起的席卷全球的经济危机，就是因为世界市场体系这一中介已经把各个国家联系在一起。列宁曾指出："一切都是互为中介，连成一体，通过转化而联系的。"①

最后，联系具有多样性和条件性。联系的普遍性是以联系的多样性为前提的，联系的普遍性是通过联系的多样性来体现的，没有联系的多样性就没有联系的普遍性。世界上的事物是多样的，事物的多样性决定了事物联系的多样性。同时事物联系的普遍性也说明了联系不是单一的，而是多样的。联系的多样性主要是说联系形式的多样，事物的联系有直接联系和间接联系、内部联系和外部联系、本质联系和非本质联系、必然联系和偶然联系等。不同的联系对事物的存在和发展所起的作用也是不同的，因此，联系的多样性要求我们必须坚持既要全面把握和分析事物的联系，以免因缺乏对某些联系的把握和重视而造成严重的后果（这在人类历史上有过惨痛的教训），又要对事物的各种联系进行具体分析，分别对待各种联系，以免因对事物的各种联系平均使用力量而造成严重的后果，这在人类历史上同样有过惨痛的教训。联系也具有条件性，把握联系的多样性是同把握条件的复杂性密切相关的。任何事物都处在普遍联系之中，任何具体事物都是有条件的，总是在一定条件下产生、发展，又在一定条件下趋于灭亡。因此，任何具体的联系都依赖于一定的条件，随着条件的变化，事物之间，以及事物内部各因素之间联系的性质和方式也会发生变化。这就是联系的条件性。正所谓"一切以条件、地点和时间为转移"②。

---

① 《列宁全集》第 38 卷，人民出版社 1959 年版，第 103 页。
② 《斯大林选集》下卷，人民出版社 1979 年版，第 430 页。

如同一个社会发展离不开自然条件、人口因素和物质生产一样，这三者之间的客观的、普遍的联系也是社会得以发展的条件。

二　联系是客观事物认识的基本原则

唯物辩证法揭示了联系是客观事物存在的基本特征，而客观事物的联系特征在人对客观事物认识过程中就转化为认识所遵循的基本原则和基本要求。因为认识的过程就是思维反映存在的过程，也是主观对客观的反映过程。而联系是事物本身所固有的特征，事物的这一客观特征就决定主观认识必须用联系的观点去把握客观事物，按照客观事物的本来面目认识客观世界，否则，思维与存在、主观与客观就不可能相符合相一致，人的认识更不可能走向正确。在马克思主义哲学看来，人的认识要达到正确，首先必须坚持唯物主义基本原则，坚持存在第一性，思维第二性，以存在作为认识的出发点，沿着从物对感觉、思想的认识路线进行，也就是坚持从实际出发，按照客观事物的本来面目认识客观世界。这是人的认识走向正确的前提。而遵循联系的原则或用联系的观点去认识客观事物，本身就是按照客观事物的本来面目认识客观事物，坚持了唯物主义基本原则。但是坚持了唯物主义基本原则只是为人的认识走向正确提供了可能，要把可能变为现实，必须坚持辩证法，反对形而上学。因为思维反映存在，达到思维与存在的统一，不仅要明确思维应当以存在为出发点，坚持唯物主义的正确原则和前提，而且要弄清思维反映存在的过程，即懂得思维和存在是怎样的统一和达到统一的道路方法。这就是辩证法和形而上学所争论的问题，也是辩证法所要完成的任务，最终由马克思主义辩证法完成。因此，马克思主义辩证法的联系观主要不是说明联系是客观事物存在的特征，而是说明思维和存在是怎样的统一和怎样达到统一，为人们认识客观事物提供联系的原则。但是过去人们往往认为联系的观点作为辩证法的基本特征，主要是解决世界是怎么样存在着的问题，把是否承认联系作为区分辩证法与形而上学的标准，这也是国内大多数马克思主义哲学教科书的解释。那么，为什么说联系是客观事物认识的基本原则，对这个问题的回答，我们先从联系所具有的客观性开始分析。

联系的客观性不单纯是要求我们承认事物的联系是不以人的意志为转移的，而是要求我们在认识的过程中，必须从事物固有的联系出发去把握事物。就这一点来说，不仅使人们的认识坚持了从物到感觉和思想的唯物主义原则，而且还坚持了辩证法的联系原则。在人们思维反映存在的认识过程中，思维能够按照存在本身所固有的联系，如实地反映客观存在的本来面目，从而使思维与存在达到统一，使人的认识走向正确。自然界和人类社会中的联系是客观的，这一点是毋庸置疑的，思维中的联系也是客观的。这里所指的思维中的联系，主要是指思维中概念与概念之间的联系，在人们认识世界的过程中，运用抽象概念反映事物是认识发展的一个必然阶段，人们要想认识纷繁复杂、运动变化着的客观世界，就必须把客观世界概念化、观念化，以此进入人的大脑进行思维活动。但由于概念的僵化性、隔离性，概念往往会割断客观存在着的联系，使概念在思维中成为一个个彼此孤立的小岛，从而使人在认识过程中忽视了客观存在的联系，这样思维与存在就无法实现统一。而联系的客观性要求我们，在用概念表达客观存在时，一定不能忽视客观存在之间的相互联系，一定要在概念之间建立起联系，再从概念引申出转化，通过转化使原本对立的概念之间形成联系。所以联系贯穿于人类认识的始末，贯穿于思维与存在统一的过程，贯穿于思维中所有的概念。把联系作为客观事物认识的基本原则，还要求我们在认识的过程中要从事物固有的客观联系出发去把握事物，切忌编造和臆想虚假的、主观的联系。正如马克思说的："光是思想力求成为现实是不够的，现实本身应当力求趋向思想。"①思想与现实之间的联系不能从思想中产生，而必须从客观现实中产生。

既然联系在自然界、人类社会和人类思维中是客观存在的，那么

---

① 《马克思恩格斯选集》第 1 卷，人民出版社 2012 年版，第 11 页。

人们的认识就应该反映出事物、现象之间所固有的联系，但为什么人们在认识世界的过程中还会形成孤立的观点呢？面对同一个处在相互联系之中的世界，为什么会出现联系的观点与孤立的观点的对立呢？联系观点与孤立观点的对立，在本质上是辩证法与形而上学的对立。前文已经分析过，辩证法与形而上学的对立不是发生在经验层面或直观意义上，而是发生在人的认识过程中，它们二者的对立在于是否承认思维中的矛盾。形而上学否认和无视思维之中的内在矛盾，将思维中的概念绝对对立起来，否认概念与概念之间的联系，将概念看作是一个个彼此孤立的岛屿，这样一来，形而上学就不可能用联系的观点看世界，取而代之的是孤立的观点。辩证法承认思维之中的内在矛盾，极为注重和善于把握思维中概念与概念之间的联系，通过相互联系的概念反映客观存在，用联系的观点来寻求思维与存在的统一，使人们达到正确的认识。

客观事物有着多方面的联系，认识的真正任务就是通过主观的形式揭示事物的内在联系，而要揭示联系，就必须承认联系的普遍性，必须具有普遍联系的科学思维和普遍联系的开阔视野，真正按照世界普遍联系的辩证图景反映世界，全面准确地把握世界，在看似毫无联系的事物之间发现必然的联系。比如三角形和圆形看似是两种没有联系的图形，但数学家把两者联系起来考察，形成了一种崭新的三角理论。粒子的连续性和波动性看似截然相反，但把它们二者联系起来考察，科学家建立了量子力学理论。大数据与思想政治教育，前者属于理工科，后者属于人文社科，二者似乎没有任何交集，但却统一于网络思想政治教育。正是由于科学家具有普遍联系的科学思维和普遍联系的开阔视野，才使他们在解释世界、认识世界的过程中发现了众多相互联系、相互补充的交叉学科。此外把联系作为认识的原则还不能忽视中介的作用，事物的普遍联系只有经过中介才能实现，在认识过程中，只有经过中介才能发现事物与事物之间的普遍联系。马克思在分析资本主义社会时，以最简单、最平凡、最常见，碰到过亿万次的联系——商品交换为中介，揭示了资本主义社会当中，具体劳动和抽象劳动，商品和货币，生产力和生产关系，大生产和私有制等的一切矛盾关系，从而对资本主义社会各方面的联系做了最完整、最全面、最普遍的说明。把联系作为认识的基本原则，要求我们在实际工作中必须用普遍联系的观点观察和分析问题，反对形而上学孤立、片面的思维方式、认识方式。毛泽东同志在《论十大关系》中以普遍联系为原则来认识社会主义建设的规律，邓小平同志在改革开放现代化进程中，以普遍联系为原则，抓住了物质文明与精神文明之间的相互关系，指出如果精神文明建设不好，即使物质文明再发达也无法达到现代化，所以提出"两手都要抓，两手都要硬"。党的十八大以来，党中央密切联系国内国外、党内党外的实际情况，提出"五位一体"总体布局、"四个全面"战略布局，充分体现了我们党运用普遍联系的原则认识社会主义现代化建设的理论自觉。对于人们来说，如何在认识过程中形成联系的观点和原则？首先，必须承认联系、承认联系的普遍性，承认万事万物联系的普遍存在。其次，在认识过程中要透过现象把握事物的本质，透过事物的外部联系，深入其内部联系。最后，多分析事物、现象、过程发展的前因后果，找出其中的内在联系。通过上述方式对思维进行训练，久而久之自然会形成联系的观点，再将联系作为认识的原则，作为认识过程中的一种自觉意识。

正如世界的物质统一性是多样的统一一样，事物、现象的联系也是多样的，因此我们在认识事物时就必须坚持全面的观点。全面的观点也就是尽可能地从多方面来把握事物多样的联系。正如列宁所说："要真正地认识事物，就必须把握住、研究清楚它的一切方面、一切联系和'中介'。我们永远也不会完全做到这一点，但是，全面性这一要求可以使我们防止犯错误和防止僵化。"① 事物的联系是多样的，有直接联系和间接联系，内部联系和外部联系，本质联系和非本质联系，必然联系和偶然联系，而且各种联系在事物的发展中又具有不同的地位和作用。承认事物联系的多样性，并不是要求把各种联系不加

---

① 《列宁选集》第 4 卷，人民出版社 2012 年版，第 419 页。

区别地简单罗列，而是要全面地把握和重视事物的各种联系，切忌以点带面、以偏概全，在此基础上分清主次，把握重点。具体地讲，联系的多样性要求我们在认识事物时要抓住其中的必然的本质的联系，透过现象抓住本质，如同列宁所说："辩证法要求从相互关系的具体的发展中来全面地估计这种关系，而不是东抽一点，西抽一点。"① 所以在人们的认识过程中，要注重培养抓关键、抓本质的能力，就像邓小平抓住了社会主义的本质是解放发展生产力，马克思抓住了无产阶级和资产阶级对立的根本在于物质利益关系一样，使一切复杂的问题立刻迎刃而解，在千头万绪中找到了线头。

联系的条件性还要人们在认识过程中，具体问题具体分析。具体问题具体分析是人们认识的一个基本原则。因为思维与存在的统一不是直观的静态的统一，而是动态的以时间地点为条件的统一。如果在思维中做不到具体问题具体分析，在认识中就会犯"左"倾或右倾的错误。无产阶级革命导师列宁，就非常善于具体问题具体分析，他没有像第二国际和孟什维克那样死抱着俄国社会主义革命的物质条件还不成熟的教条不放，认为应当抓住已经出现的有利形势，不失时机地夺取政权，然后再逐步发展生产力，建设社会主义。具体问题具体分析也是符合马克思主义哲学原义的，马克思主义哲学作为科学的世界观和方法论，不会提供给我们关于某一问题的现成的答案，它给我们的只是分析解决问题的方法，而方法又是以时间、地点为条件不断变化发展更新的。所以我们在认识事物时一定要将联系的观点作为一个原则，才能使思维与存在达到统一，使认识走向正确。

三　发展是客观事物存在的基本特征

联系和发展是互为前提的。联系是发展的前提，事物之间的相互联系、相互作用，推动事物的变化发展，事物总是在相互联系中得到发展。发展也是联系的前提，一个事物一旦得到发展，都会促进自身联系

---

① 《列宁选集》第 4 卷，人民出版社 2012 年版，第 416 页。

的广度和深度的变化。任何一个事物既注重自身的发展，也加强自身的联系，就能引起该事物的良性循环。因此，在唯物辩证法看来，联系是客观事物存在的基本特征，发展也是客观事物存在的基本特征。世界是物质的世界，物质作为标志客观实在的哲学范畴，它的根本属性是运动，物质世界的运动是绝对的，客观世界并不存在不运动的物质。早在古希腊时期，人们对于物质运动就产生了一种朴素的观点，赫拉克利特认为"一切皆流，无物常住"，意思是说世界上的一切都处于一种流动变化着的状态，没有哪一事物能够永远保持不变的状态，"人不能两次踏进同一条河流"的论断，很好地体现了他对运动的看法。恩格斯在总结自然科学和人类社会发展规律的基础上，对运动做出了哲学的概括，他指出："运动，就它被理解为物质的存在方式、物质的固有属性这一最一般的意义来说，涵盖宇宙中发生的一切变化和过程，从单纯的位置变动直到思维。"① 由此可见，运动作为物质的存在方式，绝对地存在于自然界、人类社会、人类思维的一切事物和所有过程当中。正如恩格斯所说，自然界的各种物体"处于某种联系之中，这就包含了这样的意思：它们是相互作用着的，而它们的相互作用就是运动"②。把联系与运动结合起来考察，可以得出既然联系是普遍的永恒的，那么运动也应该是普遍的永恒的结论，因为运动源于世界的普遍联系，所以运动是物质世界本身所固有的、永恒的，没有起源和终结。事物运动必然引起事物内部及诸对象之间的相互作用，而相互作用必然使对象的原有状态或性质发生某种程度的变化。

同物质的多样性相联系，运动的形式也是多样的，由运动引起的变化具有不同的类型。从总体上看，运动形式和变化的类型无非三种方向：一是单一水平的运动形式，这种运动形式所带来的变化是同等级的变化，如位置的变更，能量的转换等；二是下降的运动形式，这种运动形式所带来的变化是从高级形式向低级形式的变化，如人体器

---

① 《马克思恩格斯选集》第 3 卷，人民出版社 2012 年版，第 951 页。
② 《马克思恩格斯文集》第 9 卷，人民出版社 2009 年版，第 514 页。

官的衰竭，生命的消逝等；三是上升的运动形式，由这种运动形式所带来的变化是从低级到高级的变化，如生物的进化，社会形态的更替等。从宇宙天体到自在自然再到微观世界的事实证明，从类人猿到人类社会再到人类思维的演变表明，现实世界以进化、上升为主线，在总体上呈现出明显的方向性，即前进、上升、发展的运动变化趋势，这一点是客观存在不以人的意志为转移的，具有普遍性、必然性。如果说运动是物质的存在方式，那么发展也就是自然界、人类社会、人类思维运动变化的总方向、总趋势。

运动、变化、发展在马克思主义哲学中是同等程度的概念，在表达马克思主义辩证法的发展观时往往是把运动、变化、发展三个概念连在一起的。但是运动、变化、发展三个概念也有区别，各自的侧重点不同。运动是指一般的变化，变化相对于运动来说具体一些，有数量和位置的变化、倒退性的变化、前进性的变化，而发展相对于变化来说更具体一些，它不是数量和位置的变化、倒退性的变化，而是前进性的变化、上升性的运动，发展的实质是新事物的产生和旧事物的灭亡，是新事物扬弃旧事物的过程，这表明新事物是不可战胜的。首先是因为新事物合乎历史前进的方向，其次新事物是在旧事物的"母体"中孕育成熟的。在社会历史领域，新事物是社会上先进的、富于创造力的人们创造性活动的产物，它从根本上符合人民群众的利益和要求，能够得到人民群众的拥护，因而必然战胜旧事物。新旧事物在本原上是同一事物，由于思维的内在矛盾，使矛盾中对立的双方，即新旧事物之间产生了联系，由两者之间的相互联系引起相互作用，相互作用必然引起双方的运动变化，由于新事物在与旧事物的斗争中占据上风，因此新事物会否定旧事物中消极腐朽的成分、不适应现实需要的成分，完成对旧事物的扬弃，使原来新旧事物共存的局面变成一个崭新的事物，从而实现了自身的发展。由于矛盾是客观事物所固有的，由矛盾所引起的联系、运动、变化也是客观事物固有的，发展也是固有的、永恒的。在"物竞天择，适者生存"的自然界，一切生物包括人在内，为了生存总是在不断地、不停地进化、发展。社会有机体由于内在的生产力和生产关系的矛盾作用也总是处于永恒的发展之中，马克思指出，"社会不是坚实的结晶体，而是一个能够变化并且经常处于变化过程中的有机体"①。人类思维或人类认识也由于自身的矛盾作用总是处于从不知到知，从知之不多到全面认识的永恒发展过程之中。

是否承认运动变化中存在着前进、上升和发展的趋势，是辩证法与形而上学的分歧之一。形而上学只承认事物发展是位置的变更、数量的增减，是重复，而否认发展是对立面的统一，因而与辩证法在发展观上产生了对立。辩证法是最全面、最深刻、最无弊病的关于发展的学说。永恒发展不仅是辩证法的一大特征，也是客观事物存在的特征，更是人类认识所应遵循的基本原则。

四 发展是客观事物认识的基本原则

唯物辩证法揭示了发展是客观事物存在的基本特征，而客观事物的发展特征在人对客观事物认识过程中就转化为认识所遵循的基本原则和基本要求。因为认识的过程就是思维反映存在的过程，也是主观对客观的反映过程。而发展是事物本身所固有的特征，事物的这一客观特征就决定主观认识必须用发展的眼光去把握客观事物，按照客观事物的本来面目认识客观世界。否则，思维与存在、主观与客观就不可能相符合相一致，人的认识更不可能走向正确。在马克思主义哲学看来，人的认识要达到正确，必须首先坚持唯物主义基本原则，坚持存在第一性，思维第二性，以存在作为认识的出发点，沿着从物到感觉、思想的认识路线进行，也就是坚持从实际出发，按照客观事物的本来面目认识客观世界。这是人的认识走向正确的前提。而遵循发展的原则或用发展的眼光去认识客观事物，本身就是按照客观事物的本来面目认识客观事物，坚持了唯物主义基本原则。但是坚持了唯物主义基本原则只是为人的认识走向正确提供了可能，要把可能变为现实，必须坚持辩证法，反对形而上学。因为思维反映存在，达到思维

---

① 《马克思恩格斯文集》第 5 卷，人民出版社 2009 年版，第 10—13 页。

与存在的统一，不仅要明确思维应当以存在为出发点，坚持唯物主义的正确原则和前提，而且要弄清思维反映存在的过程，即懂得思维和存在是怎样的统一和达到统一的道路方法。这就是辩证法和形而上学所争论的问题，也是辩证法所要完成的任务，最终由马克思主义辩证法完成。因此，马克思主义辩证法理论与他们的唯物主义理论一样，也是围绕哲学基本问题即思维和存在的关系问题而展开的，为解决思维和存在的关系问题提供了科学的原则即发展的原则。在马克思主义辩证法看来，思维和存在的统一不是静态的统一，而是发展中的统一、近似的统一，而形而上学唯物主义则把思维和存在的统一看成是静态的、不变的统一。同样马克思主义辩证法认为思维和存在的发展是统一的发展，思维随着存在的发展而发展，而唯心主义辩证法则不是把思维和存在的发展看成是统一的发展，而是看成思维的自我运动。因此，只有马克思主义辩证法才科学地解决了思维和存在的统一和发展问题，一个重要标志就是为人的思维和存在达到统一、人的认识走向正确提供了发展的原则。从这个意义上说，发展不仅是客观事物存在的特征，而且也是客观事物认识的原则。坚持唯物辩证法的基本原则，就是要求人们在思维反映存在的过程即人的认识过程中，坚持认识的无限反复和无限发展。如果从反映论的角度简单地讲，客观世界是一定变化发展的，而人的认识是对客观世界的反映，那它也应该是运动变化发展的，所以说发展的观点是认识的原则。如果深入研究我们会发现，认识的辩证发展过程，一方面是源于客观事物本身的辩证发展，另一方面是源于认识的内在矛盾。辩证法也是以解决认识的基本矛盾为主要任务的，认识的基本矛盾是主观与客观、思维与存在之间的矛盾，由于其内在矛盾的作用，思维与存在、主观与客观的统一不可能是绝对不变的统一，而是近似的统一。列宁说："人的认识不是直线（也就是说，不是沿着直线进行的），而是无限地近似于一串圆圈、近似于螺旋的曲线。"① 从列宁的比喻中我们可以发现，认

① 《列宁全集》第 55 卷，人民出版社 1990 年版，第 311 页。

识是一个复杂的发展过程，呈现为螺旋式的圆圈运动：实践——感性认识——理性认识——实践，或实践——认识——实践。

以实践为基础，从感性认识到理性认识是认识发展的第一阶段或第一次飞跃。对这一阶段的分析，我们从认识的起源——实践开始说起。"实践的观点是辩证唯物论的认识论之第一的和基本的观点。"①人的认识就是且只能是在实践中形成。因为认识产生于实践的需要，不论古代的数学、天文学、力学，还是近现代的科学技术，都是因实践的需要而产生的。正如恩格斯指出，"社会一旦有技术上的需要，这种需要就会比十所大学更能把科学推向前进"②。不仅如此，而且人们只有通过实践变革客观事物，在变革客观事物中认识事物，准确把握事物的属性、本质和规律，形成正确认识，以此指导人的实践活动。正如毛泽东指出，要知道梨子的味道，只有亲口去尝一尝，要在变革梨子中认识梨子。人通过实践获得认识，也不是为了认识而认识，其最终目的还是为实践服务，指导实践，以满足人们某种生活和生产的需要。在实践中所获得的认识和直观的、照镜子似的反映是不同的，人的认识不是对象直接、自然地流入人脑的过程，如果那样就会把人的认识等同于动物式的消极被动的反映，把实践理解为动物为了适应生存而进行的一种本能的生理活动。人的实践和认识不同于动物的地方在于，人类超越了动物的纯粹的生理需要，是在主体能动性支配下的，为了满足自身多方面需要的一种活动。正如马克思所说："动物只是按照它所属的那个种的尺度和需要来构造，而人却懂得按照任何一个种的尺度来进行生产。"③ 由于人具有主体能动性，人们在改造世界的过程中，总是基于现实而又想要超越现实，所以世界永远都不会满足人们的需要，即便满足了，那也只是局部的暂时的满足。人们总是在脑海中描绘理想世界图景即世界应然状态，这样客观存在的实然状态必定会与人的主观思维或思想中的应然状态发生矛盾，思

① 《毛泽东选集》第 1 卷，人民出版社 1991 年版，第 284 页。
② 《马克思恩格斯文集》第 10 卷，人民出版社 2009 年版，第 668 页。
③ 《马克思恩格斯文集》第 1 卷，人民出版社 2009 年版，第 163 页。

维与存在、主观与客观的矛盾随之产生，人类的认识就此开始形成。

从实践到感性认识是认识的初级阶段，是认识在实践基础上主体客体化的第一步，感性认识是主体与客体的感知能力结合的产物，具体说就是人类通过视觉、听觉、嗅觉、味觉、触觉等生理反应，把事物和现象反映到自己的头脑中，从而形成人的感觉、知觉和表象等感性认识。虽然感性认识不同于动物式的直观反映，但它作为认识的初级阶段仍然是"生动的直观"，是以事物的现象为内容，远没有进入到对事物本质的认识。因此，感性认识要上升到理性认识。理性认识是把感性认识抽象化的过程，即人通过抽象思维在概括感性材料的基础上，达到关于事物本质、全体、内部联系和事物自身规律性的认识。理性认识是把感性认识中感觉知觉表象，经过思维的改造，形成概念这一思维中最基本的细胞，再通过概念的分解、整合、重新排列，形成判断和推理。理性认识是主体运用抽象的思维把客体概念化、观念化，使人们摆脱感性认识中生动的直观，以掌握其本质、共性和规律的过程。从感觉知觉表象到概念是感性认识向理性认识的发展，从概念到判断和推理是理性认识自身由低级到高级的发展。感性认识和理性认识虽然性质不同，但二者都有着必然的内在联系。从认识的顺序看，理性认识来源于感性认识，感性认识是理性认识得以产生的基础。因为认识的顺序简单地讲就是从现象到本质的过程，而感性认识是关于事物现象的认识，理性认识是关于事物本质的认识，从现象到本质的认识过程就是从感性认识到理性认识的过程。因此，感性认识是理性认识的前提和基础。从认识的任务来看，感性认识具有发展和深化为理性认识的必然趋势，感性认识有待于上升到理性认识。因为认识的任务简单地说就是透过现象把握本质，对事物现象的认识是前提，对事物本质的认识是目的，这说明人的认识不能停留在现象的认识即感性认识，而必须上升到本质的认识即理性认识。因此感性认识有待于上升到理性认识。理性认识虽然达到了事物的本质、共性和规律的认识，实现了思维与存在的统一，但这种统一只是思维层面的统一，只是在思维中解决了认识的基本矛盾。达到这一步虽然实现了认识的飞跃，但还远远不够。理性认识作为抽象化了的理论，要想用它来证明理论自身的正确性，明显是站不住脚的。所以理性认识还要再回到实践，这也是认识发展的第二个阶段，即由精神到物质，由思维到存在，由概念回到可感存在。从理性认识回到实践，也可以称之为是理论的现实化，即理论应用于实践，指导实践改造世界的过程。理性认识要回到实践中，一是因为实践本身的要求。因为任何实践都不是盲目的实践，都是一定理论指导下的实践，因此，实践本身就要求理论回到实践中去指导实践。二是因为理性认识本身的要求。理性认识只有回到实践中去，才能得到检验、丰富和发展。从感性认识到理性认识的飞跃，解决的矛盾是认识世界的问题，使思维与存在在思想观念中达到统一，而认识的真正目的在于改造世界，使思维与存在在客观现实中达到统一。实践由于其自身所具有的客观性和直接现实性的特点，使之成为检验认识正确与否的唯一标准。正如马克思所说："人的思维是否具有客观的真理性，这不是一个理论的问题，而是一个实践的问题。"①

马克思主义辩证法的发展观所理解的运动、变化和发展始终是暂时的、永无止境的。这一发展原则在人的认识中的贯彻就表现为人的认识的无限发展。马克思主义哲学对此作过反复说明。正如恩格斯指出的，"真理是在认识过程本身中，在科学的长期的历史发展中，而科学从认识的较低级阶段向越来越高的阶段上升，但是永远不能通过所谓绝对真理的发现而达到这样一点，在这一点上它再也不能前进一步，除了袖手一旁惊愕地望着这个已经获得的绝对真理，就再也无事可做了"②。因此，人的认识经历由实践到认识、再由认识到实践两次飞跃，人的认识并没有结束。人的认识由于主客观条件的限制，必然有一个无限反复的过程，同时由于客观世界的无限发展和实践认识的无限向前推移，必然有一个无限发展的过程。由实践到认识，再由认

① 《马克思恩格斯文集》第 1 卷，人民出版社 2009 年版，第 500 页。
② 《马克思恩格斯选集》第 4 卷，人民出版社 1995 年版，第 216 页。

识到实践，如此实践、认识、再实践、再认识，这种无限循环往复以至无穷，不断深化和提高，后一次认识都会比前一次认识进到了更高一级的程度，这就是认识发展的全过程。毛泽东对这一过程做出过一个精辟的阐述："一个正确的认识，往往需要经过由物质到精神，由精神到物质，即由实践到认识，由认识到实践这样多次的反复，才能够完成。"① 如此"实践、认识、再实践、再认识，这种形式，循环往复以至无穷，而实践和认识之每一循环的内容，都比较地进到了高一级的程度"②。认识的真理性，就是从实践出发，经过感性认识——理性认识——实践的认识过程，得到一定的认识，然后又在新的起点上，再经过感性认识——理性认识——实践的认识过程，获得发展了的认识，如此循环，以至无穷。

联系与发展是唯物辩证法的总特征，既是客观事物存在的基本特征，也是客观认识的基本原则。唯物辩证法的联系观与发展观就是为人们思维反映存在的认识过程提供基本准则。马克思主义认识论所揭示的认识与实践、主观与客观、真理与谬误、绝对真理与相对真理的辩证关系，以及认识的辩证运动过程正是唯物辩证法的联系观与发展观的具体贯彻和具体表现。

第三节 马克思主义辩证法的基本规律既是存在的规律也是认识的规律

规律是物质运动过程中本身所固有的本质的、必然的、稳定的联系。规律都具有普遍性和一般性，但是规律的普遍性程度和作用范围是不同的，就这一点而言，规律有一般规律和特殊规律之分。所谓一般规律，是指对该领域内所有事物、所有现象都起作用的规律，对事物发展的全过程都起作用的规律。所谓特殊规律则是对该领域内某些

---

① 《毛泽东文集》第 8 卷，人民出版社 1999 年版，第 321 页。
② 《毛泽东选集》第 1 卷，人民出版社 1991 年版，第 296—297 页。

事物、某些现象起作用的规律，对事物发展的过程的某些阶段起作用的规律。按规律存在的领域和起作用的领域不同，规律也分为自然规律、社会规律和思维规律。自然规律是贯穿于自然界并支配自然界一切事物运动变化发展的规律，社会规律则是贯穿于社会生活领域支配人们历史活动的规律。自然规律是通过盲目的不自觉的力量在起作用，而社会规律则是通过有意识有目的的人的活动在起作用。恩格斯曾指出，"在自然界中（如果我们把人对自然界的反作用撇开不谈）全是没有意识的、盲目的动力，这些动力彼此发生作用，而一般规律就表现在这些动力的相互作用中……相反，在社会历史领域内进行活动的，是具有意识的、经过思虑或凭激情行动的、追求某种目的的人；任何事情的发生都不是没有自觉的意图，没有预期的目的的"①。思维规律由于思维的多义性而有不同意义上的使用，恩格斯把研究思维规律的科学称为形式逻辑和辩证法，在他那里，思维规律是指人们进行正确思维时必须遵循的形式逻辑和辩证逻辑。因此，思维规律实际上是指在处理主客观关系中支配人类认识过程的规律。思维规律虽然不同于自然规律和社会规律，但是它作为规律也必然具有一切客观规律所具备的共性，即客观性、必然性、重复性。马克思主义辩证法在总结科学史、思想史、技术史的成果的基础上，发现了普遍适用于各门具体科学领域的基本规律，即唯物辩证法的三大基本规律：对立统一规律、质量互变规律和否定之否定规律。辩证法的基本规律不只是自然界存在的基本规律，同样也是人类社会存在的基本规律，正如恩格斯所说："所以到目前为止的历史总是像一种自然过程一样地进行，而且实质上也是服从于同一运动规律的。"② 马克思主义辩证法不只是揭示客观事物存在的基本规律，也为我们在思维反映存在、认识客观事物过程中提供了基本规律。客观事物存在的基本规律我们可以称之为客观辩证法，客观事物认识的规律我们可以称之为概念辩证法

① 《马克思恩格斯选集》第 4 卷，人民出版社 1995 年版，第 247 页。
② 《马克思恩格斯选集》第 4 卷，人民出版社 2012 年版，第 605 页。

或主观辩证法。认识活动就其形式来说，与客观世界的运动是有区别的，前者是用概念的逻辑在思维中表现事物的运动，而后者是实实在在的运动过程。但在本质内容上它们二者是一致的，即支配客观事物存在的基本规律和认识的基本规律是一致的，概念辩证法或主观辩证法不过是对客观事物发展规律的自觉反映而已。辩证法这门科学并不是直接以客观事物为研究对象，也不是以实证方法去研究客体事物的规律。辩证法理论直接面对的是思维与存在、主观与客观的关系，它所揭示的是思维与存在、主观与客观统一的运动规律。所以，辩证法的规律既是存在的规律，也是认识的规律，是思维把握存在的规律，是思维和存在达到统一的规律。

一　对立统一规律既是存在的规律又是认识的规律

1. 对立统一规律是客观事物存在的规律

要想准确把握对立统一规律，我们首先必须弄清楚矛盾范畴。矛盾是唯物辩证法的核心范畴。矛盾观念很早就产生了，《易经》中的"一阴一阳谓之道"，这里的"阴阳"就是一对矛盾。老子的"祸福相依"，《后汉书》中记载的"失之东隅，收之桑榆"，朱熹的"万物皆有两端"，还有像中国古人常说的"生死""兴亡""善恶""合久必分""分久必合""物极必反"等等，都是中国传统哲学对矛盾观念的一种朴素表达。在古希腊，人们善于在谈话时揭露对方论断中的矛盾，从而对矛盾所指向的问题进行争辩，这就是辩证法的最初形态。而像柏拉图"理念世界"与"可感世界"的"分有"，亚里士多德的"四因说"，芝诺的"飞矢不动"等，都是古希腊哲学家对矛盾观念的一种朴素看法。近代的认识论转向，使人们认识中的矛盾开始暴露出来，"经验论"和"唯理论"的矛盾，康德的"二律背反"都是理念在进行认识活动时必然产生的矛盾，只是由于当时人们受主客观条件的限制，还不能对矛盾观念做出科学的理解和概括。黑格尔创造性地将矛盾看作一切事物发展的普遍法则，并表达了辩证法就是研究对象本质自身中的矛盾的思想。但黑格尔的辩证法是建立在唯心主义基础上的本末倒置，因此他的矛盾学说也不能成为认识世界的正确方式。马克思恩格斯在总结哲学史和科学史的基础上，批判改造了黑格尔的辩证法，创立了唯物辩证法，由此使矛盾成为一个科学的概念。矛盾作为哲学范畴，是指事物内部或事物之间的既对立又统一的关系。一切矛盾都是由对立着的两个方面构成的，矛盾关系就是发生在对立面之间的关系，没有对立的两个方面便不能构成矛盾。

世界上一切事物都是对立统一的存在，对立统一是事物的存在状态。客观世界中任何事物都存在差别和对立，但所有事物都处于同一个世界当中，所以就物质统一性来说，它们又是同一的。各个事物内部亦是如此，同一个事物内部也存在着差别和对立，也包含着否定自身的对立面，但它们又同处于一个事物当中，所以说又是同一的。矛盾的统一性或同一性是指矛盾双方相互依存、相互贯通的一种联系和趋势。矛盾的同一性包含着两重含义：一是矛盾着的对立面的相互依赖，矛盾的一方必须以另一方的存在作为自己存在和发展的条件。阴电和阳电、遗传和变异、胜利和失败、作用和反作用、剥削与被剥削、正命题与反命题，自然界、人类社会和思维中任何事物和现象都是矛盾的统一体，矛盾一方不可能脱离另一方而单独存在。二是矛盾双方相互贯通、相互渗透、相互包含、相互转化。生物运动中的遗传与变异，乃至敌对势力和敌对阶级，人民内部的批评和自我批评也都属于矛盾的斗争。但矛盾的同一性是相对的、有条件的，而矛盾的斗争性是绝对的、无条件的，正是由于绝对性和无条件性的矛盾斗争，矛盾才会无条件地向自己的对立面转化，从而不断地推动事物的发展变化。

矛盾是普遍存在的，没有什么事物不包含矛盾，没有什么事物是在矛盾之外存在。毛泽东指出："矛盾的普遍性或绝对性这个问题有两方面的意义。其一是说，矛盾存在于一切事物的发展过程中；其二是说，每一事物的发展过程中存在着自始至终的矛盾运动。"[1] 这就是

---

[1] 《毛泽东选集》第1卷，人民出版社1991年版，第305页。

说，不论从横向还是从纵向，不论从静态还是从动态，事物都普遍存在着矛盾。第一个方面是从横向或静态说明矛盾的普遍存在，第二个方面是从纵向或动态说明矛盾的普遍存在。因此，矛盾是无所不在，无时不有。那么，为什么一切事物都包含着矛盾？传统的马克思主义哲学教科书往往是通过各种实例来证明自然界、人类社会和思维领域普遍存在着矛盾，但是事例证明的理论说服力不够，列宁就批评过普列汉诺夫把辩证法当成实例的总和。而要深刻说明为什么一切事物都包含着矛盾，必须通过理论分析。从理论上分析，一切事物之所以都包含着矛盾，源于一切具体存在着的事物的本性。黑格尔曾指出，真实存在的东西总是具体的，而所谓具体的东西，就是具有"不同规定的统一"，它的内部总要有对立、相反的成分。他说："理性矛盾的真正积极的意义，在于认识一切现实之物都包含有相反的规定于自身。"① 马克思也曾指出，具体之所以为具体，在于它是多种规定性的综合。世界上没有抽象存在的事物，一切事物都是具体存在的事物，也不是孤立存在的事物。具体事物在它的内部必然包含不同的因素、成分、规定，这些不同的因素、成分、规定既然共同组成为事物的本质，它们又必然处于统一之中，这就是矛盾。"任何具体的东西、任何具体的某物，都是和其余的一切处于相异的并且常常是矛盾的关系中，因此，它往往既是自身又是他物。"② 客观地把握现实事物的存在，得出的必然结论是，矛盾是一切存在事物的本质。事物的本质包含矛盾，这就意味着每一事物在本质上既是它自身又不是它自身，也就是说每一事物在本质上既与自身同一又与自身对立。这看来是很荒唐的，为常识观念所难以接受。但是，只有这样，才能说明事物的自我运动、自我发展、自我超越，才能达到真正的辩证法认识。

既然任何事物之间和任何事物内部诸要素之间都存在着本质的、必然的、稳定的对立统一矛盾关系，而规律就是物质运动过程中的本

---

① ［德］黑格尔：《小逻辑》，贺麟译，商务印书馆1996年版，第133页。
② 《列宁全集》第38卷，人民出版社1959年版，第144页。

质的、必然的、稳定的联系，那么，对立统一关系对每一个事物都带有规律性，对立统一就是一切事物自身所固有的规律，一切事物都以对立统一规律而存在和发展。辩证法就是研究对象本质自身中的矛盾。因此，对立统一规律既是客观事物存在的基本规律，也是辩证法的研究对象和所要完成的任务。

2. 对立统一规律是客观事物认识的基本规律

对立统一规律是客观事物存在的基本规律，不管是自然界还是人类社会都是按照对立统一规律发展运动的。人的认识作为对客观存在的反映，当然也要遵循这一基本规律。但对立统一规律不是从外部支配人的认识活动，它是人的认识本身所固有的，是认识形成与发展的根本原因和基本规律。认识作为自然界发展到一定阶段的产物，它所要解决的基本矛盾就是思维与存在的关系问题，认识就是在思维与存在矛盾不断产生、不断解决的过程中形成和发展起来的，并不断走向完善，使思维与存在在对立基础上走向统一，再在新的基础上产生新的对立，然后再一次走向更高级的统一的过程。这一认识过程体现了思维与存在之间所固有的本质的、必然的、稳定的联系，所以说对立统一规律是客观事物认识的基本规律。而对立统一规律是人们认识客观事物所必须遵循的基本规律主要表现在以下三个方面。

首先，对立统一规律要求人们在思维反映存在的认识过程中必须善于从对立中把握统一，从统一中去理解对立，这是辩证思维方法的基本要求。因为对立统一规律揭示了任何事物之间和任何事物内部诸要素之间都存在着本质的、必然的、稳定的对立统一矛盾关系，这说明对立统一的矛盾关系是客观事物本身所固有的，任何事物的对立都是统一中的对立，任何事物的统一都是对立的统一。如列宁引用黑格尔的思想时所说的，"辩证的东西 = '在对立面的统一中把握对立面'"，[①] "思辨思维的本性……完全在于：'在对立环节的统一中把握

---

① 《列宁全集》第55卷，人民出版社1990年版，第83页。

它们'"①。只有这样看待对立统一的关系，才能建立起辩证的思维方法，和形而上学划清界限，真正地把握矛盾。形而上学虽然承认事物有对立关系和统一关系，但是它们不能把事物本身所具有的对立关系和统一关系内在统一起来，而是把对立和统一看成绝对不相容的。具体而言，形而上学者在两个相反的事物之间只承认对立关系，对于每一个事物自身来说只承认统一关系，也就是说它们所理解的对立是绝对的对立，是不包含统一的，它们所理解的统一是绝对的统一、完全的等同，是不包含对立的。所以，恩格斯将形而上学的公式总结为"是就是，不是就不是，除此而外，都是鬼话"。辩证法的思维方法与形而上学的思维方法的根本区别就在于是否是从对立中把握统一，从统一中去理解对立。而要在思维反映存在的认识过程中做到从对立中把握统一，从统一中去理解对立，不是由简单地承认矛盾决定的，而是在于在思维中是否掌握了把对立关系和统一关系内在统一起来的方法，也就是说是否真正具有辩证思维能力。如果一个人不具有辩证思维能力，客观事物本身所具有的对立统一关系在他那里或他的头脑中就成为"有之非有"。因此，对立统一规律能不能在人的认识过程中得到贯彻运用，善于从对立中把握统一，从统一中去理解对立，是与人们的思维有密切关系的。同时，在人的思维中要做到这一点，达到这种思维境界，也是很困难的。因为我们这里说的思维不是经验思维，而是理性思维、概念思维。经验思维往往是把对立和统一分开进行思考，认为是绝对不相容的。而理性思维就是力图把对立和统一内在统一起来，在经验思维仅仅看到对立的东西里面发现统一关系，在经验思维仅仅看到统一的东西里面发现对立关系。这确实需要人有高超的艺术，也是人的思维的困难之处。正如列宁所说，造成这一困难的从来总是思维，思维是用概念的形式来表达和把握客观存在的事物，作为思维的最基本的细胞，概念本身就具有僵化性和隔离性。因此人们在用概念描述客观事物时，受概念僵化性与隔离性的制约，往

---

① 《列宁全集》第38卷，人民出版社1959年版，第115页。

往会在概念之间就产生对立，对立的概念到了思维层面必然会和存在产生对立，这样就不难理解为什么很多人会犯"是就是，不是就不是，除此之外，都是鬼话"的错误了。概念之间的对立是人类认识过程当中的一个必经阶段，根据对立统一规律，有对立就必然会有统一。要想摆脱概念本身所固有的缺陷，克服概念之间的对立，思维就必须掌握具有客观意义的概念辩证法，把对立的概念联系起来，通过这样的联系使概念之间相互转化，通过转化在对立中实现概念之间的统一，从而在思维层面达到思维的辩证运动与存在的辩证运动的统一。这是思维与存在统一的第一步，就是使思维与存在在思想观念中达到统一，在思维中完成了对客体的改造，初步在认识中解决了思维与存在的矛盾，但仅仅达到这一步还是远远不够的，因为人们从来不会满足于思想观念中思维与存在的统一，思维与存在的统一必须运用于实践解决主体与客体的对立，而只要一进入实践，我们就能立马知晓思维与存在是否统一，以及统一的范围、大小、程度如何，这时思维与存在在原来统一的基础上又会进入一个新的、更高层次的水平。正是在"对立—统一——对立—统一"的运动过程中，人的认识从不知到知，从知之不多到不断完善，达到一个对客观存在完整正确的反映。从上述分析可以看出，对立统一规律就是人的认识的内在规律，它不仅是认识的源泉、动力、规律，而且体现了辩证法所具有的认识论意义。

其次，对立统一规律要求人们在思维反映存在的认识过程中必须坚持具体问题具体分析，两点论与重点论的统一。矛盾是普遍存在的，人们认识事物就是揭示矛盾、分析矛盾和解决矛盾，因此人们不能否认矛盾，回避矛盾，而应积极面对矛盾并积极解决矛盾。但是，矛盾也具有特殊性，不同的事物具有不同的矛盾，矛盾的每一方面及其发展的不同阶段也各有特点。因此，人们认识事物都是认识某一特定事物，特定事物之为特定事物是因为自身的矛盾特殊，这就要求人们认识事物时必须从该事物的特殊矛盾出发，具体分析该事物的特殊矛盾，找到解决矛盾的方法，这就是具体问题具体分析的方法。对立统一规律揭示矛盾的特殊性就是要求人们在思维反映存在的认识过程中必须坚持具体问题具体分析，也为人的思维反映存在的认识活动提供了具体问题具体分析的方法。矛盾的特殊性还表现在不同的矛盾和同一矛盾的不同方面的地位和作用不一样。根据不同的矛盾和同一矛盾的不同方面的地位和作用的不同，矛盾分为主要矛盾和次要矛盾，矛盾的不同方面分为矛盾的主要方面和次要方面。这就要求人们在思维反映存在的认识过程中必须坚持两点论与重点论的统一。两点论是指在分析事物的矛盾时不仅要看到矛盾双方的对立而且要看到矛盾双方的统一；不仅要看到矛盾体系中的主要矛盾而且要看到矛盾体系中的次要矛盾；不仅要看到矛盾的主要方面而且要看到矛盾的次要方面。重点论是指在分析事物的矛盾时要着重把握主要矛盾和矛盾的主要方面，以此作为解决问题的突破口和关键点。两点论与重点论的统一具体表现为两点是包含重点的两点，重点是两点中的重点，也就是说把握两点必须突出重点，把握重点必须考虑两点，否则，就是均衡论和一点论。

最后，对立统一规律要求人们在思维反映存在的认识过程中必须遵循由认识个别上升到认识一般，再由认识一般到认识个别的辩证发展过程。矛盾既具有普遍性又具有特殊性，矛盾的普遍性和特殊性是辩证统一的关系。矛盾的普遍性即矛盾的共性，是绝对的，矛盾的特殊性即矛盾的个性，是相对的。矛盾的普遍性和特殊性的辩证统一关系首先表现为普遍离不开特殊，没有特殊就没有普遍，特殊中包含着普遍，普遍是从特殊中抽象出来的。因此，人的认识必须由认识特殊进到认识普遍，即由认识个别上升到认识一般。矛盾的普遍性和特殊性的辩证统一关系还表现在特殊也离不开普遍，再特殊的东西都要遵循普遍的原则，如列宁所说伊万总是人，茹奇卡总是狗。因此，人的认识必须总是在普遍理论指导下再进一步认识特殊，即再由认识一般进到认识个别。这就是矛盾的普遍性和特殊性的辩证统一关系原理为人的认识提供的科学方法。正是在这一意义上，毛泽东强调，矛盾的共性与个性、绝对与相对的道理，是关于事物矛盾问题的精髓，是正确理解矛盾学说的关键。正确理解矛盾的共性与个性、绝对与相对的关系问题是运用矛盾观点认识矛盾、分析矛盾和解决矛盾的关键，也就是说，它是把矛盾普遍性原理转化为认识方法、工作方法的一个关键。即使我们学习了全部辩证法的矛盾理论，如果不懂得共性与个性、绝对与相对的道理，就不能运用辩证法关于矛盾的普遍原理去具体分析和解决现实矛盾，那"就等于抛弃了辩证法"，没有真正掌握辩证法。这是毛泽东针对当时党内教条主义和经验主义盛行的情况，为批判党内教条主义和经验主义而写下的《矛盾论》，阐述了矛盾的普遍性与特殊性的辩证关系原理，在马克思主义哲学史上第一次提出了矛盾的普遍性与特殊性"这一共性个性、绝对相对的道理，是关于事物矛盾的问题的精髓"的思想和理论。教条主义和经验主义的主要错误在于，它们把共性与个性绝对对立起来。教条主义在思想方法上只看到共性的方面、绝对的方面，而否认共性只能存在于个性之中、绝对只能存在于相对之中。因此，他们把马克思主义理论当成教条照搬到中国革命中，不与中国革命的具体实践相结合。经验主义则相反，它们在思想方法上只看到个性的方面、相对的方面，忽视了共性和绝对，把个别的成功经验当成普遍原理运用到中国革命中，否认马克思主义理论的指导意义。从毛泽东对教条主义和经验主义的批判，以及对教条主义和经验主义的错误的分析可以看出，科学地掌握和运用矛盾的普遍性与特殊性的辩证关系原理是人们认识走向正确的根本途径，矛盾普遍性与特殊性的原理是认识所遵循的基本规律。因此，矛盾普遍性与特殊性的原理既是认识的规律，也为人的认识提供了科学方法。

二 质量互变规律既是客观事物存在的规律也是认识的规律

1. 质量互变规律是客观事物存在的规律

规律是物质运动过程中本身所固有的本质的、必然的、稳定的联系。质量互变规律作为唯物辩证法的基本规律，就是体现事物存在和发展过程中量和质之间本质的、必然的、稳定的联系，而它们之间既然具有本质的、必然的、稳定的联系，那就说明量和质之间具有规律性的关系，或者说量和质之间的变化具有规律性，这就是质量互变规律。质量互变规律就是指事物存在和发展过程中量和质之间的互变规律，即量转化为质和质转化为量的规律。质量互变规律作为客观事物的基本规律，是指任何事物的存在和发展都要经历由量的变化到质的变化，再由质的变化到新的量的变化这样一个循环反复的过程。恩格斯在《自然辩证法》中把质量互变规律明确概括为量转化为质和质转化为量的规律，列宁在《反杜林论》中讲到辩证法的要素时也明确提出从量到质和从质到量的过渡。

规律具有普遍性，质量互变规律作为客观事物的规律同样具有普遍性，也就是说质量互变规律适用于一切事物，对一切事物都起作用，任何事物的存在和发展都要遵循质量互变规律，都是按照质量互变规律而存在和发展。要说明质量互变规律是客观事物存在的规律，就是要说明质量互变规律适用于一切事物。那么质量互变规律是不是适用于一切事物？要回答这一问题，就要从质和量、量变和质变开始谈起。

质是一事物区别于他事物的内在规定性。质虽然是看不见、摸不着的，但是它可以通过该事物的自身内在规定性表现出来，并与他事物区别开来。所以一事物与另一事物的质的区别，实际上就是一事物与另一事物的内在规定性不同。如我们常说人与动物有质的区别，那么人的质是什么呢，动物的质是什么呢？人的质就是人自身所具有的内在规定性，即人具有社会性、实践性、能动性、创造性等，动物则没有这些内在规定性。人正是通过这些内在规定性来体现自身的质，并与动物区别开来。同样，我们常说某一领导干部蜕化变质，是指他丧失了干部的内在规定性，干部相对于普通群众具有的根本特性，就是为人民服务。如果一个领导干部不为人民群众服务，而是一心为自己的私利着想，贪污腐败等，那么他就不具有领导干部所具有的质，不配再做领导干部。由此可见，质和事物的存在具有直接同一性，也就是说，某物之所以是某物而非他物，是因为它具有同他物所不同的质的规定性，一旦某物的质的规定性发生变化，某物也就不再是某物而转变为他物，此时他物也具有自己的质的规定性。因此，质是一定事物的质，离开了特定事物的质是不存在的。当然，质作为事物的内在规定性往往不是孤立的、单一的，一事物的独特的质的规定性是通过与其他事物的联系比较中体现出来的，如人与动物的联系比较中体现出自身社会性、实践性、能动性、创造性等，领导干部在与普通群众的联系比较中体现出他的为人民服务的特性。并且一事物也因为与多种事物的联系比较而体现出多方面的特性，事物的质的规定性是其多方面性质的集合，因此全面把握事物的质对于我们认识世界和改造世界具有重要的指导意义。一方面，它决定着我们是否能够正确地区别两个不同的事物，是否能够正确认识事物自身，一旦混淆了事物之间质的区别，我们对事物的认识就会模糊不清。另一方面，这又要求我们必须从事物多方面的性质中抓住与实践联系最为密切的性质，以便确定实践所需要的事物的质。例如，一件衣服，当它作为御寒物时它应该是具有良好的保暖性质的，当它作为 T 台上的展品时，它又必须是紧随时尚潮流，满足人们猎奇心理的，此时衣物的御寒属性已经不再是设计师所要考虑的首要因素。因此，想要正确把握事物的质，必须将其与实践结合起来，在实践中认清事物的性质。

量是事物存在和发展过程中可以用数量表示的规定性，以及事物构成因素在空间上的排列组合方式。量和质一样，也是事物本身所固有的。比如，物体的大小，质量的疏密，运动的快慢，人口数量的多少，国民生产总值的高低等，都是事物量的规定性。但事物量的规定性不同于质的规定性，大家所熟知的一个例子是：在一个标准大气压下，水的温度在高于 0 度和低于 100 度之间变化，不会改变水的存在状态，也就是说水的温度在 0 度和 100 度之间变化，没有超过 0 度和 100 度临界点，水始终是水。这就说明量和事物的存在不是直接同一的，事物的量的变化没有超过一定限度，不会引起事物的质的改变，一事物还是该事物。认识事物的质固然十分重要，是认识事物的前提和起点，是科学研究中的定性分析，但是认识事物的量同样不可忽视，是认识事物的深化和精确化。无论做什么工作，都要在把握事物质的规定性基础上，做到"胸中有数"。否则，会出现"差之毫厘，失之千里"的情况，如指挥作战，要对敌我双方的力量对比作准确的估量，才能知己知彼，克敌制胜；指导建设，要通过市场调节或宏观调控保证各个经济部门资源分配恰当的比例关系，才能综合平衡，协调发展，现代科学技术和互联网络的迅猛发展使人类进入大数据时代，准确而完备的统计和计算，为我们进行量的分析提供了可靠的依据。

　　量和质的规定性是不同的，对事物存在的作用也是不同的。质是使事物得以存在的东西，然而质还只是事物的一种实在性，这种实在性要过渡到存在还必须借助于量。通过量的规定，质便获得一定的形式，便受到量的限制，从而成为具体存在。例如人只有通过身高、体重、年龄等一系列量的规定才能成为现实的、具体的人，否则就是抽象的人。同样量也必须与质相结合，才是具体事物的量，否则便是抽象的量。例如"一张桌子""一把椅子""一头牛"等的"一"如果脱离"桌子""椅子""牛"等，便是抽象的量。因此任何事物都是质和量的统一体，质是一定量的质，量是一定质的量。质与量的统一体现在"度"这个范畴中。

　　度是指一定事物保持自身质的稳定性的数量界限。质变和量变就在度的范围内不断循环转化。度的两端都存在着关节点或临界点，度就是关节点范围内的量变幅度。在这个度的范围内，无论事物发生怎样的量变，只要不超出度的范围，事物的质就保持不变，而一旦超出这个度的范围，事物的质就发生变化。比如，在标准大气压下，水的度就是两个关节点 0 度到 100 度之间范围的量，低于 0 度或高于 100 度，水就变成了汽或冰，而不再是液态水了。农作物种植要保持适当的种植密度，一个国家处理积累与消费的关系要达到适当的积累率，国民经济的发展要争取适当的增长速度等，都是在实际工作中需要正确把握度的问题。只有重视和争取达到最佳适度的量，才能在实际工作中取得令人满意的效果。

把握度要求我们在实践中坚持"适度"的原则。我们通常说的"注意分寸""掌握火候"就是这个意思。所谓"适度"就是主观认识与客观事物变化的度相符合。具体而言,当客观事物的变化发展还没有超出度的界限,就需要在度的范围做大量的积累工作,当客观事物的变化发展超出了度的界限,就需要促进事物的质变,实现从旧质向新质的转化。在实际工作生活中,达不到一定的限度与超过一定的限度一样,都会影响到事物的质。习近平总书记告诫我们不论是在工作实践中还是在日常生活中,都必须有"底线思维",凡事不能超越底线,如法律底线、政策底线、道德底线、利益底线。一旦突破了这些底线,事情就会发生质的改变。我们的一些领导干部因超越底线,触犯党纪,国法给党和国家事业带来难以挽回的损失,就是最好的例子。因此,我们应该时刻坚守底线原则,争取做到心中有底,在生活中掌握主动权。

任何事物的质和量都不是固定不变的,而是处于不断的变化发展之中,经历一个由量变到质变,再由质变到新的量变的循环反复的过程。事物的发展总是从量变开始的,量变是事物数量的增减和组成元素排列次序的变动,是一种不显著的变化,体现为事物发展过程中的连续性。量变是质变的必要准备。所谓必要准备,就是说事物发生质变,量变不是可有可无的,而是必需的。没有量的积累和准备,事物的质变不可能突然发生。黑格尔用"谷堆论证""秃头论证"说明了量变是质变的必要准备,我国古人所说的"积土成山,积水成渊""积小胜为大胜""不积跬步,无以至千里""不积小流,无以成江河",同样说明了量变是质变的必要准备。因此,我们常说,没有耕耘就没有收获,一分耕耘一分收获,就是说的这个道理。质变是事物性质的根本变化,是事物由一种质态转变为另一种质态,体现了事物发展过程的非连续性和中断。质变是量变的必然结果。所谓必然结果,就是说事物的量变达到一定程度,事物质变的发生就是必然趋势,是不以人的意志为转移的。我们常说,只要功夫深,铁棒也能磨成针,就是说的这个道理。量变和质变也是相互贯通的、相互包含的。一方面，在事物总的量变过程中包含着阶段性部分质变和局部性部分质变；另一方面，在事物质变过程中包含量的扩张。事物的发展经历从量变到质变，并不意味着事物发展的结束，事物的发展在经历了从量变到质变之后，又会在新质的基础上开始新的量变，如此交替循环，构成事物发展的完整过程。

既然质和量都是每一事物本身所固有的规定性，每一事物都有一定的质和量，世界上没有无质之量的事物，也没有无量之质的事物，那么质和量总是伴随事物的存在而存在，伴随事物的发展而发展。因此质和量是客观事物存在的基本要素。而任何事物的质和量都不是固定不变的，而是处于不断的变化发展之中，经历一个由量变到质变，再由质变到新的量变的循环反复的过程。量变是质变的必要准备，质变是量变的必然结果。量变和质变的这种本质的必然的联系体现了它们之间的规律性变化，我们把它表述为质量互变规律。由此可见，任何事物的存在都既有质也有量，任何事物的变化发展都要经历质量互变的过程。因此，质量互变规律是客观事物存在的规律。

2. 质量互变规律是客观事物认识的规律

人的认识过程就是思维反映存在、主观反映客观的过程，人的认识要达到正确，必须要求思维正确反映存在、主观的认识与客观事物的本质规律相符合。那么思维能不能正确反映存在，主观的认识能不能与客观事物的本质规律相符合，取决于人的认识是不是从客观事物的本来面目出发。如果人的认识是从客观事物的本来面目出发，正确地反映了客观事物的本来面目，那么人的认识就会走向正确，否则，人的认识只能走向错误。而质量互变规律是客观事物存在的规律，这就是客观事物的本来面目。由此说明人的认识要达到正确，必须遵循质量互变规律，将客观事物存在的质量互变规律转化为客观事物认识的规律，使主观思维的规律与客观事物的规律达到一致。因此，马克思主义辩证法的质量互变规律理论，不只是说明客观事物的变化发展是一个质量互变的过程，按照质量互变规律而发生，更主要是说明人的认识应当怎样遵循质量互变规律而达到主观思维与客观存在的一致，使人的认识走向正确。这样看来，马克思主义辩证法所揭示的质量互变规律实际上是思维与存在共同遵循的规律，既是客观事物存在的规律，也是客观事物认识的规律。

质量互变规律作为客观事物认识的规律，在人的认识过程中具有重要作用。前面我们讲过认识事物的质是认识的前提和起点，认识事物的量是认识的深化和精确化，把握事物的度要求我们坚持"适度"的原则。除了这些之外，质量互变规律对人的认识的指导作用更主要地表现在，质量互变规律要求我们在对客观事物的认识过程中循序渐进，不能急于求成，要把人的认识看成一个从不知到知，从知之不多到知之较多的辩证发展过程。正如列宁指出的："在认识论上和在科学的其他一切领域中一样，我们应该辩证地思考，也就是说，不要以为我们的认识是一成不变的，而要去分析怎样从不知到知，怎样从不完全的不确切的知到比较完全比较确切的知。"①

具体而言，在认识过程中，我们要注意认识中"量"的积累，只有积累到一定程度，才能达到思维的豁然开朗，促进认识水平的提高甚至质的飞跃，产生新的思想，在新的认识基础上产生更新的认识。总之，马克思主义认识论所揭示的认识的辩证发展过程和认识运动的总规律实际上是质量互变规律在人的认识过程中的贯彻和体现，质量互变规律要求我们不论是在认识中还是在科学研究中都必须把远大目标的追求和脚踏实地的苦干精神结合起来，始终要明白实践的发展无止境，理论的创新也无止境的道理。

三 否定之否定规律既是客观事物存在的规律也是认识的规律

1. 否定之否定规律是客观事物存在的规律

联系和发展是唯物辩证法的基本特征，从基本特征上讲，唯物辩证法是关于普遍联系和永恒发展的科学。而说明事物的普遍联系和永恒发展，是通过唯物辩证法的三大基本规律和系列范畴而实现的。因

---

① 《列宁选集》第 2 卷，人民出版社 2012 年版，第 77 页。

此，从内容上讲，唯物辩证法就是由三大基本规律和系列范畴构成的
理论体系。唯物辩证法的基本规律既说明了普遍联系和永恒发展的客
观存在性，也全面揭示了事物发展的内容、实质。具体地讲，对立统
一规律揭示了事物发展的源泉和动力，质量互变规律揭示了事物转化
的内部机制，表明了事物发展的飞跃性。但是要全面理解和说明事物
的发展，仅仅依靠对立统一规律和质量互变规律是不行的。对立统一
规律只是说明了矛盾推动事物发展的必然性，质量互变规律只是说明
了事物的发展变化是由量的积累引起的质的飞跃。但是，事物发展的
途径和道路是怎样的，事物发展是周而复始的还是曲折上升的？而对
这些问题的回答，对立统一规律和质量互变规律是不能完成的，只有
否定之否定规律才能完成，才揭示了事物发展、人类认识发展不断在
曲折中前进的辩证性质和完整过程。因此，否定之否定规律与对立统
一规律和质量互变规律一样，是揭示事物的发展的学说，而且是全面
揭示事物发展所不能缺少的基本规律。这说明事物的发展都存在着对
立统一规律、质量互变规律、否定之否定规律，事物的发展都是按照
这三大规律进行的。这也简单地说明了否定之否定规律是客观事物存
在的规律。

　　但是，要具体说明否定之否定规律是客观事物存在的规律，还需
要从规律本身入手。规律是物质运动过程中本身所固有的本质的、必
然的、稳定的联系。否定之否定规律作为唯物辩证法的基本规律，揭
示了体现事物存在和发展过程中肯定方面和否定方面之间本质的、必
然的、稳定的联系。既然它们之间具有本质的、必然的、稳定的联
系，那就说明肯定方面和否定方面之间具有规律性的关系，或者说肯
定方面和否定方面之间的变化具有规律性。马克思主义辩证法就把它
们之间的本质的、必然的、稳定的联系表述为一个规律，即否定之否
定规律。因此否定之否定规律也是客观事物本身所固有的规律。

　　下面，我们再从事物的肯定方面和否定方面之间的必然联系，以
及事物发展必须经历由肯定到否定再到否定之否定的发展途径，具体
说明否定之否定规律是客观事物存在的规律。

任何事物内部都包含着肯定方面和否定方面，都存在着肯定因素和否定因素。肯定因素是维持现存事物存在的因素，即保持事物质的稳定性的一面；否定因素是促使现存事物灭亡的因素，即改变事物质的规定性的一面。肯定与否定是对立统一的，它们的对立表现在相互排斥上，任何事物在其存在和发展过程中都会肯定自身否定对方，在否定对方中肯定自身。而且肯定是保持事物质的稳定性，否定是改变事物质的规定性，它们的作用是根本对立的。它们的统一表现在相互包含上。一方面，肯定包含着否定，正因为肯定包含着否定，事物才可能发展，正是"因为肯定的东西在自身中就具有否定性，所以它可以超越自身之外，并引起自己的变化"①。马克思指出，每人每天都死亡生命的 24 小时，也就是说生的肯定方面包含死的否定方面。如果肯定中不包含着否定，那么事物永远是自身，一成不变。因此，我们要"在对现存事物的肯定的理解中同时包含对现存事物的否定的理解，即对现存事物的必然灭亡的理解"，从而促进事物的自我否定、自我发展，促进新事物的产生与旧事物的灭亡，实现事物发展过程中质的飞跃和矛盾的不断解决。另一方面，否定包含着肯定，正因为否定中包含着肯定，事物的进一步发展才有可能。否定的环节虽然是要消解肯定的规定性，促使现存事物的灭亡，但是否定的环节又是产生新的规定性的环节，没有否定性的中介环节，就没有新事物的产生。所以，黑格尔说"否定也是规定"，否定就是产生新的规定。我们常说的"破旧立新"也是这个道理。破旧的过程就是立新的过程，破除旧世界就是建立新世界。不仅如此，而且否定不是全盘否定，而是否定旧事物中的消极的东西，保留旧事物中的积极的东西。如果否定中不包含着肯定，那么，事物就没有进一步发展的前提和基础。所以，恩格斯认为，做第一次否定必须为第二次否定作好准备。马克思、恩格斯指出"历史不外是各个世代的依次交替。每一代都利用以前各代遗留下来的材料、资金和生产力；由于这个缘故，每一代一方面在完

---

① 《列宁全集》第 38 卷，人民出版社 1959 年版，第 146—147 页。

全改变了的环境下继续从事所继承的活动，另一方面又通过完全改变了的活动来变更旧的环境"①。

　　马克思主义辩证法关于肯定与否定的辩证理解要求我们必须树立辩证的否定观，坚持辩证的否定观，反对形而上学的否定观。列宁曾经指出，"辩证法自身包含着否定的因素，并且这是它的最重要的因素"②。准确理解辩证的否定观，是揭示否定之否定规律的内容和作用，是进一步研究否定之否定规律的出发点。为了更好地说明辩证的否定观，我们必须弄清"辩证的否定"与"非辩证的否定"、"内部的否定"与"外部的否定"这些概念使用的特定条件。"辩证的否定"与"非辩证的否定"、"内部的否定"与"外部的否定"这些概念主要用于人们的认识和实践活动中，以此来区分人们在认识和实践活动中对客观事物的认识和作用是否符合客观辩证法的要求。也就是说，只有在人的认识和实践活动中才有"辩证的否定"与"非辩证的否定"、"内部的否定"与"外部的否定"的区别。因为客观事物的否定本身是"辩证的否定""内部的否定"，不存在"非辩证的否定""外部的否定"。就客观世界自身而言，"自然界的一切归根到底是辩证地而不是形而上学地发生的"③。如果人们在认识和实践活动中对客观事物的认识和作用符合客观辩证法的要求，那就是辩证的否定；如果人们在认识和实践活动中对客观事物的认识和作用不符合客观辩证法的要求，那就是非辩证的否定。如果自然界本身存在"非辩证的否定""外部的否定"，那么人们头脑中产生非辩证的形而上学否定观就是对客观事物的正确反映了。这显然是说不通的。因此，辩证的否定观与形而上学的否定观的对立不是发生在客观事物中，而是发生在人的认识和实践活动中。我们后面还要着重说明否定之否定规律是客观事物认识的规律，否定之否定规律具有重要的认识论意义。

---

① 《马克思恩格斯文集》第 1 卷，人民出版社 2009 年版，第 540 页。
② 《列宁全集》第 38 卷，人民出版社 1959 年版，第 244 页。
③ 《马克思恩格斯全集》第 20 卷，人民出版社 1971 年版，第 25 页。

辩证的否定观的基本内容主要有四个方面。第一，辩证否定是事物的自我否定，是事物内部矛盾作用的结果。在马克思主义辩证法看来，否定就是发展，而发展的根本动力就是事物的内部矛盾，内因在事物发展中起决定作用。因此，唯物辩证法认为，通过否定而引起事物的发展是事物内部矛盾作用的结果，是事物自身内在力量作用的结果，与形而上学把发展看成是外部力量作用的结果，把否定看成是外部的否定，是根本不同的。第二，辩证否定是事物发展的环节，是旧事物的灭亡和新事物的产生，是事物的质的飞跃。这就是说，新事物代替旧事物，事物要得到发展必须通过否定环节，并且是辩证否定环节。因为否定就是发展，没有否定，事物就永远是自身，一成不变，何以有发展。因此，事物要得到发展必须经过否定，但不是形而上学的否定，形而上学的否定是全盘否定、彻底消灭，事物的进一步发展就不可能，就没有事物的进一步发展的前提和基础。只有辩证否定才能促进事物的发展，为事物的进一步发展提供前提和基础，因为辩证否定是强调否定中包含着肯定。第三，辩证否定是事物联系的环节。辩证否定本身就体现着新旧事物的联系，因为辩证否定是强调否定中包含着肯定，只是否定旧事物中消极的东西，把旧事物中积极的东西保留在新事物之中。这也说明了只有辩证否定才能把新旧事物联系起来。形而上学的否定是对旧事物的全盘否定、彻底消灭，旧事物的任何东西都没有保留在新事物之中，何谈新旧事物的联系，何以能把新旧事物联系起来。第四，辩证否定的实质是"扬弃"，是既克服又保留，既批判又继承，是事物发展的连续性与非连续性的统一。辩证否定作为事物发展的环节体现了事物发展的连续性，辩证否定作为事物联系的环节体现了事物发展的非连续性，而作为事物发展的环节和作为事物联系的环节的统一即辩证否定，就是事物发展的连续性与非连续性的统一。

　　事物的辩证发展过程不仅要经历从肯定到否定的第一次否定，而且要经历否定之否定的第二次否定。那么事物的发展为什么必须经过否定之否定的第二次否定？因为事物的发展过程不是一次完成的，辩证法"按本性说是对抗的、包含着矛盾的过程，一个极端向它的反面的转化，最后，作为整个过程的核心的否定的否定。"① 如果仅仅看到事物的一次否定，还没有正确把握事物发展的辩证过程，所以我们在"第一次否定的时候，就必须使第二次否定可能发生或者将有可能发生"②。具体地讲，主要有两个方面的原因。其一，只有经过否定之否定，事物发展的完整过程才能体现出来。首先，我们要明确事物发展过程是否完整，取决于事物发展的终点回到起点与否，而否定之否定作为双重否定，就是新的肯定，终点仿佛回到了起点，这样，事物发展的完整过程就体现出来了。其次，矛盾是事物发展的动力，事物的发展过程就是矛盾的发展过程。而矛盾的发展过程是怎样的一个过程？矛盾的发展过程就是矛盾的潜在到矛盾的展开再到矛盾的解决，矛盾的潜在说明事物发展还处于萌芽状态，事物还是自身，没有发生质的变化，这就是事物发展的肯定阶段；矛盾的展开说明事物已经发生了质的变化，事物已经不再是自身了，而是事物的另一种状态了，这就是事物发展的否定阶段；矛盾的解决说明了事物发展的终点仿佛回到了起点，达到了人们预期的目的。俗话说"种瓜得瓜，种豆得豆"，这既说明人们种瓜是想得到瓜，种豆是想得到豆，终点回到起点才算达到了人们预期的目的，也说明了要收获瓜，按照自然生长，必然要经历瓜的种子到瓜的苗再到瓜这样两次否定三个阶段，只经历一次否定即从瓜的种子到瓜的苗的否定是不行的，要收获豆也是如此。所以恩格斯常用麦粒—麦株—麦粒来说明事物的规律性的发展。其二，只有经过否定之否定，才能克服前两个阶段的局限性，吸取前两个阶段的积极因素，使事物的发展进到更高的阶段，终点仿佛回到起点，完成事物发展的一个周期，一个周期的终点又是下一个周期的起点。事物的发展正是在否定之否定规律的作用下，呈现出波浪式前进或螺旋式上升的总趋势，是前进性与曲折性的统一。

_____

① 《马克思恩格斯文集》第 9 卷，人民出版社 2009 年版，第 148 页。
② 《马克思恩格斯选集》第 3 卷，人民出版社 1995 年版，第 485 页。

根据以上分析，我们知道任何事物都包含着肯定方面和否定方面，二者是有机统一的，存在着本质的、必然的联系；从辩证否定观的内容可以看出，任何事物的发展和联系都必须通过辩证否定的环节；从事物发展的途径可以看出，任何事物的发展都要经历由肯定到否定再到否定之否定的波浪式前进或螺旋式上升的过程，体现事物发展的前进性与曲折性的统一。这些基本观点说明了肯定方面和否定方面的关系具有规律性，辩证否定在事物的发展和联系中的作用具有规律性，事物发展的否定之否定过程具有规律性。既然如此，根据规律是物质运动过程中本身所固有的本质的、必然的、稳定的联系，规律具有普遍性，适用于任何事物，那么，否定之否定规律就是适用于一切事物的普遍规律。因此，否定之否定规律尽管揭示事物发展的方面不同于对立统一规律和质量互变规律，但它同样是客观事物存在的规律。

2. 否定之否定规律是客观事物认识的规律

否定之否定规律是客观事物存在的规律，人的认识过程就是思维反映存在的过程。因此人的认识要达到正确，必须要求思维在反映存在的过程中必须遵循否定之否定规律，将客观事物存在的否定之否定规律转化为客观事物认识的规律，使主观思维的规律与客观事物的规律达到一致，否则，人的认识必然走向错误。因此，马克思主义辩证法的否定之否定规律理论，不只是说明客观事物的变化发展是一个质量互变的过程，按照否定之否定规律而发生，更主要是说明人的认识应当怎样遵循否定之否定规律而达到主观思维与客观存在的一致，使人的认识走向正确。这样看来，马克思主义辩证法所揭示的否定之否定规律实际上是思维与存在共同遵循的规律，既是客观事物存在的规律，也是客观事物认识的规律。

否定之否定规律之所以是客观事物认识的规律，还有以下几方面的原因。

第一，肯定和否定是既对立又统一的辩证关系，肯定中包含着否定，否定中包含着肯定，因此，我们在对客观事物的认识和理解中必须坚持肯定和否定的辩证统一，既要像马克思所要求的那样，"在对现存事物的肯定的理解中同时包含对现存事物的否定的理解，即对现存事物的必然灭亡的理解"，又要像黑格尔讲的"否定也是规定"那样理解否定。否定的结果不是虚无，否定不是全盘否定，否定是产生新的规定的环节，而不是把肯定和否定绝对对立起来，要么肯定一切，要么否定一切。

第二，辩证否定是事物的自我否定。因此，我们在认识事物、现象、过程的变化发展时，必须把注意力放在事物自己运动、自身否定上，把发展看成是事物、现象、过程因自我否定而引起的。这就是辩证否定观从认识上给我们提出的基本要求。不仅如此，辩证否定观还从实践上给我们提出了基本要求，那就是主体在否定客体时必须选择与客体本性相符合的否定方式进行否定，否则就是形而上学的否定。比如，我国社会主义建设初期，我们选择在阶级斗争、无产阶级专政下继续革命的错误否定方式来改变中国的落后面貌，给我国社会主义建设造成了极大的失误。改革开放时期，我们选择与我国实际情况相符合的改革的否定方式来改变中国的落后面貌，进行社会主义建设，取得了巨大的成就。

第三，辩证否定是"扬弃"。因此，我们在对待历史人物、历史事件、历史文化等，应采取科学分析态度，既不能全盘肯定也不能全盘否定，而是既克服又保留，既批判又继承。如果全盘肯定就会导致复古主义，如果全盘否定就会导致历史虚无主义，这两种情况在我国都发生过，特别是现在历史虚无主义极为盛行，习近平总书记一再告诫我们不忘历史，要用历史教育青年。毛泽东也曾要求我们在对待外来文化时，采取"洋为中用"的方针，对待我国传统文化，采取"古为今用"的方针。

第四，任何事物的发展都要经历由肯定到否定再到否定之否定的波浪式前进或螺旋式上升的过程，体现事物发展的前进性与曲折性的统一。因此，我们在认识客观事物时，必须坚持人的认识的不断反复和无限发展，把人的认识看成一个波浪式前进或螺旋式上升的过程。

列宁讲的认识真理、认识客观实在的辩证途径和认识的圆圈式运动，以及毛泽东讲的认识运动的总规律，都是否定之否定规律在马克思主义认识论中的贯彻和运用。列宁指出："从生动的直观到抽象的思维，并从抽象的思维到实践，这就是认识真理、认识客观实在的辩证途径。"① "人的认识不是直线（也就是说，不是沿着直线进行的），而是无限地近似于一串圆圈，近似于螺旋的曲线。"② 毛泽东强调："一个正确的认识，往往需要经过由物质到精神，由精神到物质，即由实践到认识，由认识到实践这样多次的反复，才能够完成。"③ 如此"实践、认识、再实践、再认识，这种形式，循环往复以至无穷，而实践和认识之每一循环的内容，都比较地进到了高一级的程度"④。这就是认识运动的总规律，表明认识是一个不断反复和无限发展的过程。

列宁在《哲学笔记》中还从人类认识史、科学史和个体认识活动论证了否定之否定规律的客观普遍性，论证了人们按照否定之否定规律进行认识活动的重要意义。从人类认识史看，从古代自发唯物主义到近代形而上学唯物主义再到马克思主义辩证唯物主义，就体现了人类辩证思维形成的否定之否定过程。从科学史看，人类对微观粒子的波粒二象性的认识就经历了一个否定之否定过程，即从波动性到微粒性再到波粒性，正是经历了否定之否定的过程，人们才得出一切微观粒子都具有波粒二象性的正确结论。从个体认识活动看，人们的认识经历了一个从感性的具体到抽象思维再到思维的具体的否定之否定过程。否定之否定规律的客观普遍性是不可否认的，但是学习和掌握否定之否定规律的根本目的，是准确把握否定之否定规律的认识论意义，将客观事物存在的否定之否定规律转化为主观事物认识的否定之否定规律。正如高清海先生所说，"认识、论证否定之否定规律的客

---

① 《列宁专题文集 论辩证唯物主义和历史唯物主义》，人民出版社 2009 年版，第135 页。
② 《列宁专题文集 论辩证唯物主义和历史唯物主义》，人民出版社 2009 年版，第152 页。
③ 《毛泽东文集》第 8 卷，人民出版社 1999 年版，第 321 页。
④ 《毛泽东选集》第 1 卷，人民出版社 1991 年版，第 296—297 页。

观普遍性，并不是我们学习这一规律的目的。认识了否定之否定规律是人类思维的重要规律，我们就要自觉地按否定之否定规律进行认识活动，就要自觉地看到我们的认识是充满矛盾的一个螺旋式上升过程，认识的新成绩都是综合了以往一切认识成果才获得的"①。

①　高清海：《马克思主义哲学基础》上册，北京师范大学出版社 2012 年版，第 335 页。

第六章　马克思主义辩证法与
认识论的关系

列宁在批判普列汉诺夫的错误时，精辟地指出："辩证法也就是（黑格尔和）马克思主义的认识论"；"正是问题的这一'方面'（这不是问题的一个'方面'，而是问题的实质）普列汉诺夫没有注意到，至于其他的马克思主义者就更不用说了。"① 这就是说普列汉诺夫的错误就在于没有注意到辩证法本身就是认识论这一根本（本质）的东西。也就是说普列汉诺夫既没有把认识论与辩证法结合起来，更没有把辩证法与认识论结合起来。所以，在列宁看来，做一个真正的马克思主义者，既要把认识论与辩证法结合起来，又要把辩证法与认识论结合起来，突出认识论的辩证法性质和辩证法的认识论性质。但是，我们的一些马克思主义哲学教科书和一些马克思主义哲学教育工作者并没有真正达到马克思主义的境界，就这个问题而言，就是没有完全弄清列宁所说的"辩证法也就是（黑格尔和）马克思主义的认识论"这一科学论断的精神实质，对辩证法与认识论的关系产生了极大的误解。因此，准确把握马克思主义辩证法与认识论的关系，澄清以往的误解，对做一个真正的马克思主义者是极为必要的。

---

① 《列宁选集》第 2 卷，人民出版社 2012 年版，第 559 页。

第一节　关于马克思主义辩证法与
认识论的关系的误解

　　从目前国内通行的马克思主义哲学教科书的阐述和一些教师的讲授来看，关于辩证法与认识论的关系的把握总体上讲是不够全面准确的，存在着极大的误解，前面我们在阐述对马克思主义辩证法的认识论意义的忽视时已经讲到其中的一个重要表现，是将辩证法与认识论割裂开来，在这里我们不再赘述，而是着重针对以往将辩证法与认识论割裂开来而导致只强调认识论的辩证法性质，忽视了辩证法的认识论性质的情况。

　　在马克思主义哲学以前的旧哲学体系中，黑格尔哲学是本体论、认识论和方法论相统一的学说，其他哲学体系都存在着本体论、认识论和方法论相分离的现象，本体论、认识论和方法论是作为独立的内容包括在一个哲学体系中，彼此互不统一。古代哲学主要是宇宙本体论，探讨的主要问题是"万物的本原是什么"，力图从一种"终极存在""初始本质"中去理解和把握事物的本性，以及人的本质和行为的依据。以本体论为解释原则的哲学模式是把本质与现象分离开来、把主观与客观割裂开来、把相对与绝对对立起来，力图为人类揭示出宇宙的绝对之真、至上之善和最高之美。这种本体论哲学由于自身思维方式的形而上学性将必然走向自我否定。到了近代，哲学家从对"本体"的追究而转向对人类认识的反省时，哲学研究的理论硬核便发生了变革，以存在本身为理论硬核的本体论哲学模式被以反省人类认识为理论硬核的认识论哲学模式所取代，这就是近代哲学的"认识论转向"。"没有认识论的本体论为无效"成为近代认识论哲学的立足点和出发点。其中英国的洛克哲学和德国的康德哲学是这一变化的转折点。黑格尔则更进了一步，他试图把本体论建立在认识论的基础上，并与方法论完全统一起来。由此可见，古代哲学关注的主题是本体论，近代哲学关注的主题是认识论，黑格尔则在唯心主义基础上把本体论、认识论和方法论统一起来了。

马克思主义哲学在批判古代的本体论哲学、近代的认识论哲学基础上，进而改造黑格尔哲学，立足于人类实践本性（无限的指向性）和人类思维本性（终极性的关怀），坚守哲学的本体论追求，建立起世界观、认识论和方法论相统一的哲学。"马克思主义哲学基础理论中的无论哪一部分内容，它们都是既属世界观，又是认识论，也是方法论，无论是哪一部分内容，都既起着世界观的作用，又起着认识论的作用，也起着方法论的作用。"① 作为马克思主义哲学的重要理论，辩证法同样具有世界观意义、认识论意义和方法论意义。也就是说，辩证法既是一个世界观问题，又是一个认识论问题，也是一个方法论问题。显然辩证法与认识论不是孤立的，而是内在统一的。

然而，我们过去一些老师在讲授马克思主义哲学时，往往认为唯物论与唯心论是世界观，辩证法与形而上学是方法论。这种认识和理解不仅把唯物主义与辩证法割裂开来，而且把唯物论与认识论、辩证法与认识论割裂开来了。

当然，有些人也会认为我国通行的马克思主义哲学教科书和一些教师的讲授并没有把辩证法与认识论割裂开来。其理由在于马克思主义认识论是辩证唯物主义认识论，是能动反映论，与旧唯物主义认识论有根本区别。它把辩证法应用于反映论，考察了认识的发展过程，科学地揭示了认识过程中多方面的辩证关系，如主观与客观、认识与实践、感性和理性、真理的绝对性和相对性、真理和谬误等方面的辩证关系，把认识看成是一个由不知到知、由浅入深的充满矛盾的能动的认识过程，全面地揭示了认识过程的辩证性质。客观地讲，这些说法都是正确的，理由是成立的。但是这些理由并不能成为过去没有割裂辩证法与认识论的关系的根本理由。至少这些说法不能全面深刻把握辩证法与认识论的关系。辩证法与认识论的关系既表现在认识论的辩证性质，也表现在辩证法的认识论性质。我们过去教科书的阐述和

---

① 高清海：《马克思主义哲学基础》上册，北京师范大学出版社 2012 年版，第 25 页。

教师的讲授只是说明了认识论的辩证性质，而没有说明辩证法的认识论性质，而且后者是理解辩证法与认识论的关系、辩证法的认识论意义，以及列宁的"辩证法就是认识论"这一论断的更为深刻更为重要的方面。因此只有从认识论的辩证性质和辩证法的认识论性质两个方面去把握马克思主义辩证法与认识论的关系，才是全面而深刻的，符合列宁的本意的。

事实上，列宁提出"辩证法就是认识论"这一论断时，针对的并不仅仅是旧唯物主义的认识论，主要是针对当时流行于马克思主义者中间的被歪曲了的辩证法理论。也就是说列宁强调"辩证法就是认识论"，主要不是批判旧唯物主义没有把辩证法运用于认识论，说明认识论的辩证性质，而主要是批判以辩证法家自居的包括普列汉诺夫在内的马克思主义者没有看到辩证法的认识论意义和认识论性质。其理由有三点：一是列宁在《谈谈辩证法的问题》一文的开头就批判普列汉诺夫等一些人把辩证法的对立的同一仅仅"当做实例的总和……而不是当做认识的规律（以及客观世界的规律）"①，也就是说普列汉诺夫的错误就在于没有强调辩证法的认识论性质。二是列宁把辩证法的认识论意义和认识论的性质看成是辩证法和认识论的关系中更为根本更为本质的方面。列宁在说了"辩证法就是认识论"之后，再次强调"正是问题的这一'方面'（这不是问题的一个'方面'，而是问题的实质）普列汉诺夫没有注意到，至于其他的马克思主义者就更不用说了"②。三是从前后文的关系看，列宁也是更强调辩证法的认识论意义和认识论性质。列宁是在把"辩证法就是认识论"看成问题的实质之后，才讲到形而上学唯物主义的根本缺陷就是不能把辩证法应用于反映论，应用于认识的过程和发展。

我们要准确研究列宁著作的原文，忠于列宁著作的原意，就应当从辩证法去理解认识论的内容，从认识论去理解辩证法的性质，只有

---

① 《列宁选集》第 2 卷，人民出版社 2012 年版，第 556 页。

② 《列宁选集》第 2 卷，人民出版社 2012 年版，第 559 页。

二者统一起来，才能全面准确把握辩证法和认识论的关系。但是从我们传统的马克思主义哲学教科书和日常理解来看，恰好是只强调了认识论的辩证性质，而将更为根本的方面即辩证法的认识论性质加以忽视了。这说明我们过去对辩证法和认识论的关系的理解存在严重缺陷，也说明了加强辩证法的认识论意义研究的必要，同时也给我们把握辩证法与认识论的关系指明了方向。

第二节　辩证法与认识论内在统一的根据

尽管我们过去的马克思主义哲学教科书和教师的理论讲授没有对辩证法和认识论的内在联系做出全面准确的理解，但是辩证法和认识论的内在统一是不能忽视的。理解马克思主义哲学基本理论，必须把辩证法和认识论有机统一起来。否则，我们对辩证法和认识论的关系的理解和把握就会违背马克思主义哲学的精神实质，不符合马克思主义哲学的本意。在我们看来，把辩证法与认识论有机统一起来，既突出辩证法的认识论性质，又强调认识论的辩证性质，有以下几方面的根据。

一　马克思主义经典作家关于辩证法与认识论内在统一的论述

马克思在《关于费尔巴哈的提纲》中指出："从前的一切唯物主义（包括费尔巴哈的唯物主义）的主要缺点是：对对象、现实、感性，只是从客体的或者直观的形式去理解，而不是把它们当做感性的人的活动，当做实践去理解，不是从主体方面去理解。因此，和唯物主义相反，唯心主义却把能动的方面抽象地发展了，当然，唯心主义是不知道现实的、感性的活动本身的。"[①] 马克思在这里明确说明了旧唯物主义的根本缺陷不在于从客体方面去把握"对象、现实、感性"，而在于只是从客体方面去把握"对象、现实、感性"，把客体只看成

---

① 《马克思恩格斯选集》第 1 卷，人民出版社 2012 年版，第 133 页。

人的反映对象，而没有看成人的改造对象，忽视了主体的能动作用，把人的认识过程看成是思维对存在的机械的直观的反映，忽视了认识论的辩证性质。马克思同样也说明了唯心主义的根本缺陷不在于从主体方面去把握"对象、现实、感性"，而在于只是从主体方面去把握"对象、现实、感性"，被旧唯物主义所忽视的主体的能动作用、思维对存在的能动反映，却被唯心主义片面地抽象地夸大了，把人的认识看成是先于物质、先于实践经验的主观自主的或上帝的启示、某种客观精神的产物。马克思对旧唯物主义和唯心主义的批判，表明了马克思既反对旧唯物主义机械直观反映论，又反对唯心主义先验论，把人的认识既不是看成机械反映的结果，也不是先验的产物，而是立足于实践基础上的主体对客体的能动反映。马克思的关于认识论本质的科学回答既区别于旧唯物主义反映论，突出了认识论的辩证性质，又区别于唯心主义认识论，坚持了认识论的唯物主义原则，形成了辩证唯物主义认识论，将唯物主义的统一原则和辩证法的发展原则有机统一于认识论之中。

马克思不仅对认识论的辩证性质做过阐述，而且对辩证法的认识论意义和认识论性质也做过阐述。他在《资本论》第一卷（节选）中指出："辩证法在对现存事物的肯定的理解中同时包含对现存事物的否定的理解，即对现存事物的必然灭亡的理解；辩证法对每一种既成的形式都是从不断的运动中，因而也是从它的暂时性方面去理解；辩证法不崇拜任何东西，按其本质来说，它是批判的革命的。"① 在马克思看来，辩证法不仅具有革命性和批判性，而且具有认识论意义和认识论性质。因为马克思这里已经很明确地说明了辩证法的批判性和革命性正是体现在人的认识过程即人对现存事物的理解之中。因此辩证法作为一种思维方式本身就是一种认识理论。

恩格斯对辩证法的认识论意义和性质有更为明确的认识和论述。恩格斯认为，"辩证法不过是关于自然、人类社会和思维的运动和发

---

① 《马克思恩格斯选集》第 2 卷，人民出版社 1995 年版，第 112 页。

展普遍规律的科学"①，"辩证法就归结为关于外部世界和人类思维的运动的一般规律的科学"②。辩证法所揭示的"普遍规律"或"一般规律"就是把思维的运动和外部世界的运动统一起来使二者达到一致的规律，这个"一般规律"既是存在规律又是认识规律，是思维运动与存在运动共同遵循的规律，是思维正确反映存在的规律。恩格斯指出："我们的主观的思维和客观的世界服从于同样的规律，因而两者在自己的结果中不能互相矛盾，而必须彼此一致，这个事实绝对地统治着我们的整个理论思维。它是我们的理论思维的不自觉的和无条件的前提。"③ 认识的过程就是人的主观思维对客观世界的反映过程，认识要正确反映客观世界，达到思维与存在的统一，必须遵循与客观世界的运动规律相同的思维运动规律。这就是恩格斯所说的主观思维与客观世界遵循同样的规律，是我们理论思维的不自觉和无条件的前提，也是我们的认识走向正确的前提。而辩证法理论正是为人的认识、人的理论思维提供一般规律的学说。

恩格斯从来没有离开认识论来谈辩证法，没有把辩证法看成是与认识论无关的另一类问题，而是始终把辩证法和认识论统一起来加以思考。在他看来，客观辩证法脱离人的认识而存在是没有任何意义的，客观辩证法只有通过人的认识才能转化为主观辩证法，指导人的认识走向正确。恩格斯就明确指出："所谓的客观辩证法是在整个自然界中起支配作用的，而所谓的主观辩证法，即辩证思维，不过是在自然界中到处发生作用的、对立中的运动的反映。"④ 正是由于二者有着这种本质的一致，黑格尔才能"在概念的辩证法中天才地猜测到了事物（现象、世界、自然界）的辩证法"。正是由于二者有着这种本质的一致，恩格斯才强调"这两类规律，我们最多只能在观念中而不

---

① 《马克思恩格斯选集》第 3 卷，人民出版社 1995 年版，第 484 页。
② 《马克思恩格斯选集》第 4 卷，人民出版社 1995 年版，第 243 页。
③ 《马克思恩格斯全集》第 20 卷，人民出版社 1971 年版，第 610 页。
④ 《马克思恩格斯选集》第 4 卷，人民出版社 1995 年版，第 317 页。

能在现实中把它们互相分开"。①

可见企图在人的认识之外去寻找一个纯粹的客观辩证法是没有任何意义的，这恰好是旧哲学的做法。

列宁对马克思恩格斯关于辩证法的认识意义作了更为深刻的发挥。列宁明确指出，辩证法、逻辑和认识论在马克思主义哲学中不是三个不同的东西，而是一个东西。他说："在《资本论》中，逻辑、辩证法和唯物主义的认识论［不必要三个词：它们是同一个东西］都应用于同一门科学。"② 他还指出："逻辑学是关于认识的学说，是认识的理论。认识是人对自然界的反映。""自然界在人的认识中的反映形式，这种形式就是概念、规律、范畴等等。"③

这样，从辩证法与认识论的内在统一必然推导到辩证法、认识论和逻辑学三者的同一。就辩证法、认识论存在于逻辑观念中并构成逻辑的实质内容来说，逻辑就是辩证法、就是认识论。列宁由此指出："逻辑不是关于思维的外在形式的学说，而是关于'一切物质的、自然的和精神的事物'的发展规律的学说，即关于世界的全部具体内容的以及对它的认识的发展规律的学说。……即对世界的认识的历史的总计、总和、结论。"④ 这段话非常明白地表达了辩证法、认识论、逻辑学三者是同一个东西的思想。列宁在《谈谈辩证法问题》一文中批判普列汉诺夫把辩证法当作实例的总和，而没有把辩证法当作认识的规律，明确强调了辩证法就是认识论。辩证法就是认识论，不仅是辩证法问题的一个方面，而且是辩证法问题的实质，也就是说辩证法本身就是认识论。普列汉诺夫和其他马克思主义者的错误正在于此。当然列宁也没有忽视辩证法运用于认识论，并且指出形而上学唯物主义的根本缺陷就是不能把辩证法运用于反映论，运用于认识的过程和发展。但是这一方面对于辩证法就是认识论而言，在把握辩证法问题的

① 《马克思恩格斯全集》第 20 卷，人民出版社 1971 年版，第 125 页。
② 《列宁全集》第 38 卷，人民出版社 1959 年版，第 357 页。
③ 《列宁全集》第 38 卷，人民出版社 1959 年版，第 194 页。
④ 《列宁全集》第 55 卷，人民出版社 1990 年版，第 77 页。

地位和作用上不是关键所在。所以列宁把说明辩证法的认识论意义看成把握辩证法问题的实质和关键。总之,列宁在分析辩证法问题时始终是把辩证法和认识论二者有机统一起来的,既强调辩证法应用于认识论,突出认识论的辩证性质,更强调辩证法就是认识论,突出辩证法的认识论性质和认识论意义。列宁在《谈谈辩证法问题》中还强调辩证法是人的思维和认识活动本身所固有的。他认为人的思维活动,"从任何一个命题开始,如树叶是绿的,伊万是人,茹奇卡是狗等等","就已经有辩证法:个别就是一般"①。人类思维以概念、范畴的普遍性为中介而实现一般与个别的对立统一,因此,"在任何一个命题中,很像在一个'单位'('细胞')中一样,都可以(而且应当)发现辩证法一切要素的胚芽,这就表明辩证法本来是人类的全部认识所固有的"②。既然如此,人类的认识过程就是一个辩证运动的过程,把辩证法运用于认识论,揭示认识的辩证运动过程是理所当然的。列宁就认为:"从生动的直观到抽象的思维,并从抽象的思维到实践,这就是认识真理、认识客观实在的辩证途径。"③ 列宁还借用约·狄慈根在《漫游》中所谈的"画家落后于他的模特儿,图像和它的模特儿只是近似地一致",说明人的思维和存在的一致只是近似的一致,思维和存在的统一是动态的统一、发展的统一,不是静态的不变的统一。所以列宁认为,人类的认识向绝对真理接近是无条件的,但是接近的界限或程度是有条件的。这些都说明列宁始终是把辩证法贯彻于认识论之中,分析人类认识的辩证运动过程。

毛泽东通过对中国新民主主义革命实践经验的概括总结,完成了他的伟大哲学著作即《实践论》和《矛盾论》。它们是毛泽东哲学思想达到理论化系统化的标志和代表作,对中国革命的胜利作出了不可磨灭的贡献,对解决当时革命年代人们的世界观、认识论和方法论等问题发挥了思想武器的作用。同样它们对马克思主义哲学的丰富发

---

① 《列宁选集》第 2 卷,人民出版社 2012 年版,第 558 页。
② 《列宁选集》第 2 卷,人民出版社 2012 年版,第 558—559 页。
③ 《列宁专题文集 论辩证唯物主义和历史唯物主义》,人民出版社 2009 年版,第 135 页。

展、对马克思主义哲学中国化也作出了伟大贡献。其原因在于它们是马克思主义辩证法和认识论相统一的光辉篇章，是马克思主义哲学的世界观、认识论和方法论相统一的集中体现，因此它们既起世界观的作用，又起认识论的作用，也起方法论的作用。但是我们过去往往认为毛泽东的《矛盾论》是马克思主义辩证法的代表作，毛泽东的《实践论》是马克思主义认识论的代表作。实际上《实践论》是从认识论和辩证法的统一上，充分地论证了以实践为基础的马克思主义认识论，从而彻底地解决了主观与客观、认识与实践、真理与谬误等一系列辩证法问题；《矛盾论》是从辩证法与认识论的统一上，集中地论述了以矛盾规律为核心的马克思主义辩证法，并把客观辩证法转化为主观辩证法，即认识的辩证法。因此，从这个方面看，《实践论》是辩证法的认识论，《矛盾论》是认识论的辩证法，不论是《实践论》还是《矛盾论》，都既是辩证法的伟大著作，也是认识论的伟大著作。辩证法与认识论的有机统一是贯穿于《实践论》和《矛盾论》的主线。

《矛盾论》不仅是从宇宙观的高度把对立统一规律当作唯物辩证法的核心，而且从认识论高度把对立统一规律当作认识论的核心。毛泽东在《矛盾论》中明确指出："事物的矛盾法则，即对立统一的法则，是唯物辩证法的最根本的法则。"① "这个辩证法的宇宙观，主要地就是教导人们要善于去观察和分析各种事物的矛盾的运动，并根据这种分析，指出解决矛盾的方法。"②

在毛泽东看来，唯物辩证法不是简单地对外部世界和人类思维运动中的矛盾的承认，而是要求人们把矛盾作为认识的对象，通过观察揭示和分析矛盾，并最终达到解决矛盾的目的。因此，《矛盾论》不是对外部世界的主观描述，而是把矛盾的客观存在同人们对矛盾事物的认识紧密联系在一起的，从而阐明对立统一规律不仅是外部世界的

---

① 《毛泽东选集》第 1 卷，人民出版社 1991 年版，第 299 页。
② 《毛泽东选集》第 1 卷，人民出版社 1991 年版，第 304 页。

根本规律，也是认识的根本规律，这就是要求在认识论中必须把事物当作对立统一来认识，揭示事物发展的内在矛盾。毛泽东就把这一思想很好地贯彻在他的《实践论》中。他在《实践论》中指出："客观过程的发展是充满着矛盾和斗争的发展，人的认识运动的发展也是充满着矛盾和斗争的发展。一切客观世界的辩证法的运动，都或先或后地能够反映到人的认识中来。"① 又说："认识的真正任务在于经过感觉而到达于思维，到达于逐步了解客观事物的内部矛盾，了解它的规律性，了解这一过程和那一过程间的内部联系，即到达于论理的认识。"② 正因为如此，我们认为，毛泽东的认识论是揭示认识过程的矛盾的认识论，是以对立统一为核心的认识论。他在《实践论》中所揭示的主观与客观、理论与实践、感性认识与理性认识、粗与精、伪与真、表与里、此与彼、相对与实践、真理与谬误等，都是对立统一关系。认识过程中的这些对立统一关系，就是认识发展的根本动力，构成认识运动的基本规律。

毛泽东在《实践论》中将认识运动的基本规律概括为"通过实践而发现真理，又通过实践而证实真理和发展真理。从感性认识而能动地发展到理性认识，又从理性认识而能动地指导革命实践，改造主观世界和客观世界。实践、认识、再实践、再认识，这种形式，循环往复以至无穷，而实践和认识之每一循环的内容都比较地进到了高一级的程度"③。这一概括既充分地体现了唯物辩证法和认识论的统一，又深刻地揭示了对立统一规律在马克思主义认识论中的核心地位，更集中反映了对立统一规律、质量互变规律、否定之否定规律这一唯物辩证法三大规律在认识过程中的贯彻和再现。因为这一概括说明的认识发展过程即由感性认识发展到理性认识、由理性认识发展到实践的过程，由实践到认识、由认识再到实践循环发展的过程，就是对立面转化、由量变到质变、由肯定到否定再到否定之否定的发展过程。这充

---

① 《毛泽东选集》第 1 卷，人民出版社 1991 年版，第 295 页。
② 《毛泽东选集》第 1 卷，人民出版社 1991 年版，第 286 页。
③ 《毛泽东选集》第 1 卷，人民出版社 1991 年版，第 296—297 页。

分说明对立统一规律、质量互变规律、否定之否定规律既是辩证法的规律又是认识论的规律。由此可见，我们认为，如果说马克思主义辩证法主要是揭示认识运动的规律，那么马克思主义认识论就主要是说明辩证法三大规律在认识过程中的具体体现和展开。

《矛盾论》创造性地提出矛盾普遍性和特殊性的关系是事物矛盾问题的精髓的科学论断。矛盾的普遍性即矛盾的共性，矛盾的特殊性即矛盾的个性。共性是绝对的无条件的，个性是相对的有条件的。任何现实存在的事物的矛盾都是共性和个性的有机统一，共性寓于个性之中，没有离开个性的共性，也没有离开共性的个性。矛盾的"这一共性个性、绝对相对的道理，是关于事物矛盾的问题的精髓，不懂得它，就等于抛弃了辩证法"①。矛盾的共性与个性相统一的关系既是客观事物固有的辩证法，也是科学的认识方法；既是掌握客观事物矛盾辩证法的关键，也是掌握人类认识运动的关键。矛盾是普遍的、客观的，任何事物之间或任何事物内部诸要素之间都存在既对立又统一的关系，因此我们必须把事物的矛盾作为认识的对象、认识的内容，即必须把事物当作对立统一来认识。但是具体事物的对立统一关系即矛盾不是单一的而是复杂多样的，具有特殊性。因此，要认识具体事物，必须对各种矛盾作具体分析，只有对矛盾进行具体分析，认识矛盾及其各方面的特点，才能认识事物的本质，才能找到解决矛盾的具体方法。相反，在认识过程中如果忽视矛盾的辩证法，不把事物当作对立统一来认识，没有对事物作具体分析，就会导致认识中的主观性、片面性和表面性的错误。所以毛泽东要求我们"研究问题，忌带主观性、片面性和表面性"。可想而知，客观的全面的深层次的分析事物的矛盾对人的认识极为重要。如果不能客观地看待问题，不能如实地反映客观事物的矛盾性，那就是主观主义的表现；如果不能全面地看待问题，只抓住矛盾的普遍性，忽视矛盾的特殊性，只抓住主要矛盾，忽视次要矛盾，只抓住矛盾的主要方面，忽视矛盾的次要方

---

① 《毛泽东选集》第 1 卷，人民出版社 1991 年版，第 320 页。

面，就不可能理解矛盾的总体；如果不能深层次地看问题，不抓住事物的本质，不探究事物的内部矛盾，就只能看到矛盾的表面现象。毛泽东的这一论断从反面论证了辩证法和认识论是不能分离的，抛弃了辩证法，也就等于抛弃了认识论。

毛泽东不仅创造性地提出了矛盾普遍性和特殊性的关系是事物矛盾问题的精髓的科学论断，而且将客观矛盾自身这一特性也充分体现在人类认识活动当中。他把矛盾的这一特性化作人类认识运动的秩序和一般规律，即由认识个别上升到认识一般，再由认识一般到认识个别的辩证发展过程。人类认识运动和一般规律之所以如此，正源于客观矛盾自身的普遍性和特殊性的辩证关系。矛盾的普遍性离不开特殊性，没有特殊性就没有普遍性。普遍性是从特殊性中抽象出来的，因此认识特殊是认识普遍的前提，必须遵循从特殊到普遍，即从个别到一般的认识次序。矛盾的特殊性也离不开普遍性，再特殊的东西都要遵循普遍的原则和服从普遍的要求。因此认识特殊需要普遍理论的指导，必遵循从普遍到特殊，即从一般到个别的认识次序。这就说明人类认识无限发展的过程，是矛盾的普遍性和特殊性相互联结、相互转化的过程，而且也是实践到认识、认识到实践的无限发展的过程。因为从实践到认识的过程就是从感性认识到理性认识的过程，而感性认识是人们在实践基础上，由感觉器官直接感受到的关于事物的现象、事物的外部联系、事物的各个方面的认识，理性认识是指人们借助抽象思维，在概括整理大量感性材料的基础上，达到对事物的本质、事物的内部联系、事物的一般特征的认识。因此，从感性认识到理性认识就是由认识个别上升到认识一般。从认识到实践就是理性认识回到实践中去，普遍的理论指导实践并接受实践的检验，这一过程就是普遍性理论指导具体的实践工作，解决实践中的具体问题，也就是由认识一般再到认识个别的过程。

总之，我们既不能把毛泽东的《矛盾论》看成纯粹的辩证法著作，也不能把毛泽东的《实践论》看成纯粹的认识论著作。《矛盾论》没有离开认识论谈辩证法，《实践论》没有脱离辩证法谈认识论。这两部著作都鲜明地表达了辩证法和认识论是内在统一的，也可以说马克思主义的认识论就是认识的辩证法，马克思主义的辩证法就是辩证的认识论。

二　辩证法和认识论统一于哲学基本问题

马克思主义经典作家把辩证法与认识论统一起来，完成对唯物主义和唯心主义的超越，使马克思主义哲学成为世界观、认识论和方法论相统一的学说。这是马克思主义哲学相对于旧哲学而言的一次伟大变革。马克思主义经典作家将辩证法与认识论统一起来，说明马克思主义辩证法不是纯粹的公式、机械的教条，而是认识的工具和方法。恩格斯指出："马克思的整个世界观不是教义，而是方法。它提供的不是现成的教条，而是进一步研究的出发点和供这种研究使用的方法。"① 列宁也指出唯物辩证法和整个马克思主义哲学的重要意义和作用在于"把伟大的认识工具给予人类，特别给予工人阶级"②。如果辩证法不是认识的工具、认识的武器、认识的方法，它就没有产生的必要和存在的价值。唯物辩证法的重要性就在于它为我们提供了人类认识的基本原则和普遍规律，就在于它同时又是科学的认识论。

马克思主义经典作家之所以能将辩证法与认识论统一起来，就在于他们深刻认识到辩证法与认识论统一的根据是哲学基本问题，他们把哲学基本问题既作为认识论的根本问题又作为辩证法的根本问题。因此，要科学理解马克思主义辩证法与认识论的内在统一，必须从哲学基本问题入手。

恩格斯在《路德维希·费尔巴哈和德国古典哲学的终结》中指出："全部哲学，特别是近代哲学的重大的基本问题，是思维和存在的关系问题。"③ 在理解恩格斯关于哲学基本问题的论述时需要注意三点。

---

① 《马克思恩格斯选集》第 4 卷，人民出版社 2012 年版，第 664 页。
② 《列宁选集》第 2 卷，人民出版社 2012 年版，第 311 页。
③ 《马克思恩格斯选集》第 4 卷，人民出版社 1995 年版，第 223 页。

一是哲学基本问题是思维和存在的关系问题，而不是思维和存在的问题，也就是说哲学是以思维和存在的关系问题作为研究对象，而不是以思维和存在的问题为研究对象。思维和存在的问题是作为各门具体科学的研究对象，只是它们在研究思维和存在的问题时会遇到思维和存在的关系的问题，思维和存在的关系是作为贯穿于全部科学活动之中的根本问题而存在的。但是它们都不把思维和存在的关系问题作为自己的基本问题，这是因为除哲学以外的各门科学都是把"思维和存在"的统一"当作不自觉的和无条件的前提"，现实地在观念上或实践中实现"思维和存在"的统一。也就是说就科学而言，思维和存在具有同一性，思维能够反映存在是不证自明的前提，在它们那里不是一个"问题"，它们的问题是追求思维和存在统一的结果，即现实地在观念上或实践中实现思维和存在的统一。但是哲学不是现实地实现"思维和存在"的统一，不是追求思维和存在统一的结果，而是以"思维和存在的关系"为问题加以反思，探索思维和存在统一的过程，说明思维和存在是怎样的统一和怎样达成统一，通过对思维和存在统一的过程的具体分析，指导各门科学应当经历怎样的过程达到思维和存在统一的结果。过程和结果是辩证统一的，有过程必有结果，有结果必有过程。各门科学追求思维和存在统一的结果，在它们那里思维能否反映存在和能否正确反映存在已经不是一个问题，因此它们不会争论这些问题，不会在这些问题上下功夫，自然也不会思考思维和存在的关系问题。而哲学追求思维和存在统一的过程，它们要思考思维能否反映存在和能否正确反映存在，更重要的是思考思维反映存在应当经历怎样的过程才能走向正确。因此，它们自然而然要把思维和存在的关系作为自己的根本问题。如果哲学不以思维和存在的关系为基本问题，而是以"思维"和"存在"为研究对象，那么哲学就和各门科学一样，就是一种关于"思维"和"存在"的知识体系，而且还因为哲学是关于"整个世界"的知识，而把哲学看成是一种具有最高的普遍性和最大普适性的"科学"，是凌驾于各门科学之上的"科学之科学"。因此，在理解哲学基本问题时，我们一定要明确哲学是以思维和存在的关系问题为研究对象，而不是以思维和存在为研究对象，并且思维和存在的关系问题只是哲学的基本问题。

二是既然思维和存在的关系问题是哲学基本问题，那么思维和存在的关系问题就是贯穿于哲学发展始终的问题，也就是说任何时代的哲学都是以思维和存在的关系问题为其根本问题。因此，恩格斯强调全部哲学的重大基本问题是思维和存在的关系问题，并且他明确认为古代哲学的基本问题仍然是思维和存在的关系问题，是关于灵魂和外部世界的关系的思考。远古时代人们得出灵魂不死的结论，正是他们对思维和存在的关系问题理解的具体表现，他们的这种理解正像一切宗教一样，根源于蒙昧时代的愚昧无知的观念。恩格斯指出："在远古时代，人们还完全不知道自己身体的构造，并且受梦中景象的影响，于是就产生一种观念：他们的思维和感觉不是他们身体的活动，而是一种独特的、寓于这个身体之中而在人死亡时就离开身体的灵魂的活动。从这个时候起，人们不得不思考这种灵魂对外部世界的关系。如果灵魂在人死时离开肉体而继续活着，那就没有理由去设想它本身还会死亡；这样就产生了灵魂不死的观念，这种观念在那个发展阶段出现决不是一种安慰，而是一种不可抗拒的命运，并且往往是一种真正的不幸。"① 这种不可抗拒的命运和真正不幸的产生是源于那个发展阶段的人们的愚昧无知。因此，远古时代人们还不可能明确提出思维和存在的关系问题，只是到了近代，思维和存在的关系问题才明确提出来，获得它的完全的意义。所以恩格斯强调"特别是近代哲学的重大的基本问题，是思维和存在的关系问题"。

三是思维和存在的关系问题不仅是贯穿于哲学发展始终的问题，而且是贯穿于其他一切哲学问题中的核心问题和中心线索。按照我们的通常理解，马克思主义哲学包括唯物论、辩证法、认识论和历史观等几个重要组成部分。既然思维和存在的关系问题是贯穿于其他一切哲学问题中的核心问题和中心线索，那么马克思主义哲学的唯物论、

---

① 《马克思恩格斯选集》第 4 卷，人民出版社 1995 年版，第 223—224 页。

辩证法、认识论和历史观都贯穿着思维和存在的关系问题，或者说都是围绕思维和存在的关系问题而展开的。这就说明唯物论、辩证法、认识论和历史观等都是紧密相连、有机统一的。但是我们过去往往是把唯物论、辩证法、认识论和历史观看成各自独立的四个版块，认为唯物论就是世界观，辩证法就是方法论，认识论就是纯粹的认识理论，历史唯物主义与辩证唯物主义是相独立的，把马克思主义哲学看成是由唯物论、辩证法、认识论和历史观四个独立的部分拼凑而成的。这其中的缘由在于没有把思维和存在的关系问题看成是它们的中心线索，没有认为它们都是围绕思维和存在的关系问题而展开的。特别明显的是往往把辩证法看成是与哲学基本问题无关的另类问题，这样必然把辩证法与认识论看成不同的东西，无法准确把握它们的内在统一。其实，辩证法与哲学基本问题是紧密相连的，辩证法与认识论是内在统一的。它们内在统一于哲学基本问题，也就是说只有将辩证法与哲学基本问题结合起来，从哲学基本问题视角去分析辩证法，才能把握辩证法的认识论意义。

人的认识过程就是思维反映存在的过程，人的认识要走向正确，必然坚持唯物主义的基本原则和认识路线。具体说来，就是坚持存在是思维的本原，坚持物质对意识的决定作用，肯定人的认识从存在出发，认识的内容来自于客观存在，不论是正确的意识还是错误的意识，他们都是对客观存在的反映，都能够在客观世界中找到原型。列宁把唯物主义的基本原则总结为"从物到感觉和思想"的认识路线。相反，唯心主义坚持思维是存在的本原，坚持意识对物质的决定作用，认识的出发点是思维，认识的源泉要么是主观自身，要么是上帝的启示。列宁就把唯心主义的基本原则总结为"从思维和感觉到物"的认识路线。由此可见，唯物主义和唯心主义关于思维和存在谁是第一性谁是第二性的争论，不只是说明了思维和存在谁是谁的本原，成为两种不同的世界观，而且说明了认识是以存在还是以思维为出发点的问题，即认识的路线问题。我们之所以要弄清思维和存在的本原关系，就是要说明人的认识到底是以什么为出发点或沿着什么样的路线进行，为的是能够在一个正确的前提（基础）上达到思维和存在的统一，只有做到二者的统一，才能实现我们认识活动的目的。因此，哲学基本问题第一方面的回答的价值和意义，正是在于它给我们提出了认识的出发点和源泉问题。

实践和科学的发展充分证明，唯物主义的观点是人的认识走向正确的前提和出发点，唯物主义是正确的世界观，也是正确的认识论。只有遵循唯物主义的认识路线，人们的认识才能与客观存在相符合，达到真理性认识。因为坚持唯物主义认识路线，就要求我们认识世界上的各种事物，必须从客观实际出发，按照事物的本来面貌来认识它，而不是凭主观想象虚构它的反映对象。正如恩格斯所说，在唯物主义看来，"人们决心在理解现实世界（自然界和历史）时按照它本身在每一个不以先入为主的唯心主义怪想来对待它的人面前所呈现的那样来理解：他们决心毫不怜惜地抛弃一切同事实（从事实本身的联系而不是从幻想的联系来把握的事实）不相符合的唯心主义怪想。除此以外，唯物主义并没有别的意义"①。唯心主义哲学则相反，唯心主义是一种错误的世界观，是一种错误的认识论，也是一切错误理论的认识论根据。坚持唯心主义认识路线，必然会歪曲客观事实，使我们的认识陷入谬论。因为坚持唯心主义认识路线，就会否认人的认识是人脑对客观世界的反映，认为认识先于物质，先于人的实践经验。其中主观唯心主义认为人的认识是主观自生的，是生而知之的。客观唯心主义认为人的认识是上帝的启示或某种客观精神的产物。因此坚持唯心主义认识路线，必然会走向主观主义或神秘主义。列宁称为唯心主义"是或多或少减弱了的、冲淡了的信仰主义"或精致的信仰主义。列宁还指出"唯心主义就是僧侣主义""哲学唯心主义是经过人的无限复杂的（辩证的）认识的一个成分而通向僧侣主义的道路。""直线性和片面性，死板和僵化，主观主义和主观盲目性就是唯心主

---

① 《马克思恩格斯选集》第4卷，人民出版社1995年版，第242页。

义的认识论根源"①。

人的认识要走向正确，只坚持唯物主义基本原则和认识路线是不够的。要达到思维和存在的统一，从理论认识范围来说，还必须懂得思维和存在是怎样统一和怎样才能达到统一。这就是辩证法和形而上学所要回答的问题。然而我们过去的教科书往往认为辩证法是与哲学基本问题无关的另一类问题，造成这样状况的一个重要原因就是把思维和存在的同一性的内容仅仅归结于世界的可知与不可知的问题，没有深入分析和探讨思维和存在的同一性本身包含的丰富内容，其中就是思维和存在怎样统一和怎样才能达到统一的问题。唯物主义和唯心主义关于思维和存在谁是第一性谁是第二性的争论，是关系着人的认识是以什么为出发点和前提，涉及认识的两条路线。辩证法与形而上学关于思维和存在关系问题的争论，是关系着思维和存在怎样统一和怎样才能达到统一，涉及认识的两种不同方法。因此，辩证法和形而上学与唯物主义和唯心主义一样，都是围绕哲学基本问题而进行斗争，辩证法和形而上学就是人的思维把握存在的两种不同思维方式。只不过唯物主义是通过对思维和存在之间本原关系的不同回答，解决人们认识世界应当以什么为出发点和以什么为前提的问题。辩证法与形而上学是通过对思维和存在怎样统一和怎样才能达到统一的不同回答，解决人们认识世界的道路和方法问题。

思维和存在是怎样的统一呢？辩证法和形而上学给出了不同的回答。这种不同的回答，源于它们对运动和发展的不同理解。辩证法认为，世界上一切事物都是发展变化的，没有绝对静止的和永恒不变的东西，静止只是相对的，是运动的一种特殊的不显著的状态。事物的运动和发展不只是数量的增减，它也是一种飞跃、质变。事物作为自生的运动，它的根源主要不在事物的外部，而在于事物本质自身所包含的矛盾性。正如恩格斯在评述黑格尔哲学时所说，黑格尔哲学的革命意义，在于彻底否定了关于人的思维和行动的一切结果具有最终性

---

① 《列宁选集》第2卷，人民出版社2012年版，第560页。

质的看法，这种辩证哲学推翻了一切关于最终的绝对真理和与之相应的绝对的人类状况的观念。在它面前，不存在任何最终的东西、绝对的东西、神圣的东西，它指出所有一切事物的暂时性。在它面前，除了生成和灭亡的不断过程，无止境地由低级上升到高级的不断过程，什么都不存在。形而上学则认为，世界上的一切事物都是彼此孤立和固定不变地存在着，它们一旦产生，就永远不变地存在下去，即使承认运动和变化，也只是把运动理解为位置的移动，把变化理解为数量的增减。形而上学尽管经常以歪曲发展而不是直接否认发展的形式表现出来，但是它本质上是一种反发展观。所以，恩格斯曾指出："旧的研究方法和思维方法，黑格尔称之为'形而上学的'方法，主要是把事物当作一成不变的东西去研究，它的残余还牢牢地盘踞在人们的头脑中，这种方法在当时是有重大的历史根据的。"①

　　辩证法与形而上学对发展的不同观点，直接影响着它们对思维和存在是怎样的统一的理解。在辩证法看来，思维和存在的统一是动态的统一、发展中的统一、近似的统一，而不是完全的不变的一次性的统一。因为人的思维受主客观条件的制约，不可能一次性地完全正确地反映存在，必然经过多次反复和无限的发展过程，才能达成思维和存在的统一。正如恩格斯所说，"这样人们就会碰到一个矛盾：一方面，要毫无遗漏地从所有的联系中去认识世界体系；另一方面，无论是从人们的本性还是世界体系的本性来说。这个任务是永远不能完全解决的。""事实上，世界体系的每一个思想映像，总是在客观上受到历史状况的限制，在主观上受到得出该思想映像的人的肉体状况和精神状况的限制"②。列宁曾以西方哲学家约·狄慈根所说的图像不能穷尽对象，画家永远赶不上模特儿，画家的画与模特儿永远是近似的一致这一事实，说明思维和存在的统一是近似的统一。

　　不仅如此，辩证法和形而上学的本性也直接决定它们对思维和存

　　①　《马克思恩格斯选集》第 4 卷，人民出版社 1995 年版，第 244 页。
　　②　《马克思恩格斯选集》第 3 卷，人民出版社 1995 年版，第 376 页。

在是怎样的统一的不同回答。辩证法的本质是批判的，它决定了思维和存在的统一过程是一个双重否定的过程，既表现为认识活动是观念地否定世界的现存状态，在观念中构建出人所要求的现实，在认识上达到思维和存在的一致，又表现为实践活动是现实地否定世界的现存状态，使观念形态的目的性要求和理想性图景得以实现，形成新的现实世界，在行动上达到思维和存在的一致。这说明思维和存在的统一过程实际上是思维既反映存在又创造存在，思维既肯定存在又否定存在。因此，思维和存在的统一是否定性的统一，而不是直观的统一。这样才能充分体现思维反映存在的能动创造过程，思维和存在的统一是摹写性与创造性的统一。形而上学的本性是非批判性，习惯于在绝对不相容的对立中思维，"他们的说法是：'是就是，不是就不是，除此以外，都是鬼话'"①。他们始终是把思维反映存在与创造存在、思维肯定存在与否定存在绝对对立起来。在他们看来要么思维反映存在要么思维创造存在，不可能反映存在的同时创造存在，否则就会失去对存在的反映，失去反映的客观内容。同样他们的思维方式决定他们认为要么思维肯定存在要么思维否定存在，不可能肯定存在的同时否定存在，否则就会失去对存在的肯定。总之，形而上学所理解的思维和存在的统一是非批判的非此即彼的统一。

思维和存在怎样才能达到统一呢？一是掌握自为的辩证法理论，运用辩证思维理解思维和存在的统一。尽管我们把辩证法通常分为"客观辩证法""主观辩证法""自然辩证法""社会（历史）辩证法""认识（思维）辩证法""自发辩证法""唯心辩证法""唯物辩证法""直观形态的辩证法""反思形态的辩证法""实践论的辩证法"，但是要对辩证法作深层次理解和把握，还必须区分"自在的辩证法"和"自为的辩证法"。所谓"自在的辩证法"是指包括人的思维活动在内的全部存在的辩证运动过程。在自在意义上，无论是外在于思维的物质世界还是作为物质高级运动形式的人类思维，无论是思

---

① 《马克思恩格斯选集》第 3 卷，人民出版社 1995 年版，第 360 页。

维反映存在的人类认识活动还是主体改造客体的人类实践活动，它们都是一个辩证的发展过程。从自在意义上讲，既不存在与辩证法相对立的形而上学，也不存在客观辩证法与主观辩证法的区分。具体地讲，辩证法的自在性表现在四个方面。

第一，辩证法是物质世界本身所固有的。列宁反复强调，辩证法是"自在之物本身"的"自己运动""自生的发展"。世界就是无限多样的物质形态以其无限多样的运动形式的构成的普遍联系和永恒发展的过程。就物质世界自身而言，并不存在与辩证法相对立的形而上学。

第二，辩证法又是人类思维所固有的。列宁说，从任何一个命题开始，如树叶是绿的，伊万是人，茹奇卡是狗等等，就已经有辩证法：个别就是一般。人类思维以概念、范畴的普遍性为中介而实现一般与个别的对立统一，因此，在任何一个命题中都可以（而且应当）发现辩证法一切要素的萌芽。这表明辩证法也是人类思维所固有的。在自在性上人类思维也不存在与辩证法相对立的形而上学。

第三，辩证法也是思维反映存在的认识运动所固有的。列宁这样提出问题：如果一切都发展着，那么这点是否也同思维的最一般概念和范畴相关？如果无关，那就是说，思维和存在没有联系。如果有关，那就是说，存在着具有客观意义的概念的辩证法和认识的辩证法。

第四，辩证法同样是人类的实践活动所固有的。实践活动内在地包含着物的尺度与人的尺度、合规律性与合目的性、世界对人的生成与人对世界的生成的对立统一，这就是一个辩证的发展过程。

所谓"自为的辩证法"，则是指人们用以认识世界的辩证的思维方式和辩证法理论。自为的辩证法不是表达整个世界的存在状态，而是把握世界的自在辩证运动状态的一种理论和一种思维方式。这种自为的辩证法是与形而上学相对立的，也就是说在人的思维中存在着与自为辩证法理论相对立的形而上学理论和形而上学思维方式。只有掌握自为的辩证法理论和思维方式，才能把物质世界、人类思维，以及人类的认识活动和实践活动理解和描述为辩证的发展过程，或者说只有掌握了自为的辩证法理论和思维方式，才能把物质世界、人类思维，以及人类认识活动和实践活动本身所具有的辩证发展过程揭示出来和表达出来。反之，形而上学理论和形而上学思维方式就不能使人们把物质世界、人类思维，以及人类认识活动和实践活动理解和描述为辩证的发展过程。在形而上学那里，物质世界、人类思维，以及人类认识活动和实践活动本身所具有的辩证发展过程就成为"有之非有"。在这个意义上，自为辩证法是认识自在辩证法的前提，不掌握自为的辩证法理论，就不能深刻理解和把握自在的辩证法。这就不难理解，面对同样的自在的世界的辩证运动，为什么会有辩证法与形而上学两种不同的发展观。

事物既然处于永恒的运动变化之中，那么我们用来反映事物的概念就不是永恒不变的，而应当是同样处于联系、转化和不断运动中的东西。因为只有通过思维中概念的运动，才能反映出事物的运动和发展，使我们的思维和存在取得一致。而这种运用相关联系、相互转化的概念去实现思维的辩证运动和存在的辩证运动的统一，就是自为的辩证法即概念的辩证法。形而上学世界观由于缺乏自为的辩证法理论，不能将思维和存在的辩证统一过程反映出来。而造成这一困难的从来就是思维。思维就是用概念的形式来表达，用概念把握客观的事物。而概念具有僵化性、隔离性，因此人们在思维过程中，用概念去把握客观事物时，受概念的隔离性和僵化性的制约，往往把事物视为非此即彼的存在，难以在思维反映存在理解的同时包含着思维创造存在的理解，难以在思维肯定存在理解的同时包含着思维否定存在的理解，这就是作为哲学世界观的形而上学思维方式。要摆脱概念的隔离性和僵化性的制约，克服形而上学思维方式的局限，思维就要发挥自己的能动作用，运用"经过琢磨的、整理过的、灵活的、能动的、相对的、相互联系的、在对立中统一的"概念去实现思维的辩证运动与存在的辩证运动的统一。这就只能掌握和运用自为概念辩证法。辩证法本质上讲就是概念辩证法，不掌握和运用概念辩证法，不注重概念的相互联系和相互转化，思维和存在自身中的动态统一、近似统一、否定性统一是无法被揭示和发现的，只能是"有之非有""存在着的无"。所以，辩证法要求我们应当从事物的联系，从事物的产生、发展和灭亡的过程中去研究事物，我们用来反映事物的概念也就不能够是僵死不动的、凝固不变的，而应当是同样处于联系转化和不断运动中的东西，因为只有通过思维中概念的运动，才能反映出事物的运动和发展，使我们的思维与存在取得一致。

二是从人的实践活动及其历史发展出发理解思维和存在的统一过程。从实践出发理解思维和存在的统一，把思维和存在的统一建立在实践基础上，是马克思主义哲学与旧哲学的根本区别。哲学史上绝大多数哲学家包括所有唯物主义哲学家和大多数唯心主义哲学家都强调思维和存在具有同一性，但是他们都没有把思维和存在真正统一起来，主要是因为他们不懂得思维和存在的关系问题是从人的社会实践中产生出来，只有从实践出发才能科学地说明思维和存在的统一。旧唯物主义从外部存在出发说明思维和存在的统一，说明了存在对意识的根源性。唯心主义从自我意识出发说明思维和存在的统一，说明了意识对存在的根源性。在一定意义上从外部存在出发能引出意识，从意识出发能够引出存在。但是外部存在之所以能进入人的大脑，经过人脑改造加工成为意识，源于人的实践活动。没有人的实践活动，客观对象不会自动进入人的大脑，只有在人的实践活动中，人们才能接触客观对象，客观对象才能成为意识的对象，进入人的大脑产生反映，转化为观念形式的存在。也就是人们只有在变革事物中才能认识事物。同样，意识作为主观性的存在之所以能经过物化变成客观的存在，仍然源于人的实践活动。没有人的实践活动，由意识出发引出的存在只是观念的存在，从根本上是不可能超出意识所具有的主观性。所以唯心主义所主张的思维和存在的同一，是思维与自身而非与存在的同一，是属于精神范围内的同一。总之，只有实践才能既突破意识的局限又突破存在的局限，把思维和存在真正统一起来。发现思维和存在统一的真正基础，这是马克思主义哲学在哲学史上作出的一项伟大贡献，它把思维和存在的关系放在实践过程中加以理解，打破了旧哲学在思维和存在关系上的相互孤立、彼此隔离的片面观点，揭示出它们的统一关系。不仅如此，马克思主义哲学还从实践出发科学地说明了思维和存在的辩证统一。实践活动本身是一个辩证的、历史发展的过程，思维和存在的辩证统一过程正是根植于人类实践活动中。

由此可见，在思维和存在的统一问题上不仅有辩证法和形而上学的区别，而且有马克思主义辩证法和形而上学（唯心主义辩证法本质上仍然是形而上学）的区别。辩证法与形而上学在这个问题上的区别表现在，是否发现和揭示了思维和存在之间本身所固有的动态的发展的统一。辩证法理论由于自身的思维方式始终是以发展的眼光看待思维和存在的统一，将思维和存在之间本身所固有的动态的发展的统一揭示了出来。思维和存在之间本身所固有的动态的发展的统一在形而上学理论中是"有之非有"，在它们那里思维和存在的统一是直观的静态的统一。马克思主义辩证法与形而上学的区别表现在，是否把思维和存在的统一建立在实践基础上。马克思主义辩证法是以实践为基础通过概念的流动性、转化性而实现思维和存在的统一的概念辩证法，它不仅克服了形而上学脱离人的实践活动及其历史发展而看不到概念的相互联系、相互转化、自我运动和自我发展，而且克服了黑格尔唯心主义辩证法脱离实践把概念辩证法变成"无人身的理性的"自我对置、自我运动和自我发展。只有马克思主义辩证法即以实践为基础的概念辩证法才能把思维和存在本身的动态的统一、发展的统一、近似的统一揭示出来，达到思维和存在的一致。因此，马克思主义辩证法就是使思维和存在达到统一，认识走向正确的科学方法。

第三节　辩证法与认识论内在统一的表现

辩证法与认识论作为马克思主义哲学的两个重要组成部分，由于自身的研究对象和主要内容是有明显区别的，马克思主义唯物辩证法，从基本特征看，是关于普遍联系和永恒发展的科学；从研究领域看，是关于自然、人类社会和思维的运动和发展的普遍规律的科学；从主要内容看，唯物辩证法是由一系列基本规律和基本范畴所构成的理论体系。马克思主义认识论是关于认识的本质及其发展规律的科学，着重阐述实践对认识的决定作用，以及实践基础上人的认识的有规律的发展过程，即从实践到认识和认识到实践的多次反复和无限发展的过程，这也是人类认识客观实在、获得真理的总规律。尽管马克思主义辩证法与认识论有区别，但是根据马克思主义经典作家关于辩证法和认识论的相关论述，以及立足于哲学基本问题理解辩证法，辩证法和认识论的内在统一是不容置疑的。它们的内在统一主要体现在两个方面，即辩证法是认识的辩证法和认识论是辩证的认识论。

一　辩证法是认识的辩证法

过去我们根据唯物辩证法是关于普遍联系和永恒发展的科学，唯物辩证法是关于自然、人类社会和思维的运动和发展的普遍规律的科学等相关论断，认为学习和掌握马克思主义辩证法就是要承认事物是联系的、发展的，事物的发展是有规律的，肯定对立统一规律、质量互变规律、否定之否定规律的客观普遍性。因此我们往往把辩证法与形而上学的区分归结为是否承认联系、变化发展和矛盾。如果这样理解将会导致以下几方面的问题。

其一，导致认识的片面性。根据唯物辩证法是关于普遍联系和永恒发展的科学，唯物辩证法是关于自然、人类社会和思维的运动和发展的普遍规律的科学等论断，唯物辩证法确实揭示了事物的普遍联系和永恒发展及其普遍规律。因此学习马克思主义辩证法是要承认事物的联系发展及其规律。但是如果以此说明学习马克思主义辩证法就是归结于此，那就是严重的片面性。因为按照哲学就是认识论的论断，马克思主义辩证法的实质是为人们提供科学的认识方法，提高人们的认识水平。那么，它为人们提供怎样的认识方法？又怎样能够提高人们的认识水平？既然客观事物是普遍联系变化发展的，发展是有规律的，那么我们就应当用联系的观点和发展的眼光去认识客观事物，按照客观事物本身所固有的规律去认识客观事物。这就说明唯物辩证法所揭示的联系和发展的特征，以及对立统一规律、质量互变规律和否定之否定规律，既是客观事物存在的特征和规律，也是人的认识活动即思维反映存在的运动所必须遵循的原则和规律，只有遵循这些原则和规律，人的认识才能走向正确。因此马克思主义辩证法的根本意义就是为人的认识提供了基本原则和基本规律，体现了马克思主义辩证法的认识论性质。就这一意义讲，学好马克思主义辩证法与否、掌握马克思主义辩证法与否的关键在于，我们在思维反映存在的过程中是否遵循了这些基本原则和基本规律，也就是说我们的主观思维和客观世界是否服从同样的原则和规律。这也是是否掌握了马克思主义辩证法的根本标准。在人们现实认识活动中，虽然有些人承认事物的联系发展及其规律，也知道应当在人的认识中遵循这些基本原则和基本规律，但是一旦进入人的认识过程，就没有真正做到联系和发展地看问题。比如，从统一中把握对立，从对立中理解统一，把对立和统一内在地统一起来，这是辩证思维方法的基本要求。在我们头脑里能否树立起牢固的辩证矛盾观点，主要不决定于是否承认现实中存在着矛盾的事实，甚至也不决定于是否承认矛盾是一切事物的本质这一原理，而主要决定于在思维中是否掌握了把对立和统一这两种相反的关系内在地统一起来的方法。只有掌握了对立统一的思维方法，才能有真正的矛盾观点，才能认识现实中的各种矛盾。相反，不能把对立统一结合起来去思考，即使面对现实的矛盾，在思维中也会使矛盾瓦解，看不到存在着的矛盾。显然，把学习和掌握马克思主义辩证法归结为承认联系发展及其规律，而不能灵活运用于人的认识过程，不知道唯物辩证法的联系发展的基本特征和三大普遍规律是人们认识过程所遵循的原则和规律，不明确马克思主义辩证法的根本任务是为人们的认识提供这些基本原则和基本规律，那就是对马克思主义辩证法认识的片面性，或者说没有抓住学习和掌握马克思主义辩证法的根本。

其二，导致认识的简单化。过去我们通常认为辩证法与形而上学的分歧在于是否承认联系、发展和矛盾。这是我们对辩证法和形而上学认识简单化的根本表现。这种认识的简单化可以从两个方面加以说明。

第一，把辩证法与形而上学的区分归结为是否承认联系、变化发展和矛盾是不符合事实的，是停留在经验层面上的。从自在意义上讲，包括人的思维活动在内的全部存在都是辩证的运动过程，也就是说整个客观世界包括人的认识活动和实践活动都是辩证的运动过程，所以在自在意义上讲不存在辩证法与形而上学的区别。人们都能直观地感受到事物是相互联系的和变化发展的，如我们观察到骏马在草原上跑、鸟在空中飞，你能说它们没有运动吗？真正地说来，不承认事物运动是直观事实的人，在历史上或现实中是很少的，甚至是没有的，每一个人都会承认事物的联系、变化发展和矛盾，否则是"睁眼说瞎话"。那么人们为什么会犯形而上学的错误呢？它的错误不是出在否认联系、变化发展和矛盾，而是出在用概念去表达运动的思维过程中。如果把概念看成相互联系、相互转化、相互过渡，用概念的运动去反映和描述物的运动和发展，就能达到思维和存在的一致，这就是辩证法，就是辩证法的思维。反之，如果用僵化的概念去反映事物，就不可能达到思维和存在的一致，就会走向形而上学。历史上那些形而上学者并不在于他们看不到作为经验的事实的运动，或不承认人的直观中的运动现象，问题主要在于他们在思维方法上用僵化的概念去反映事物，必然会把事物变成凝固不变的东西。所以，列宁说"问题不在于有没有运动，而在于如何运用概念去表达运动"。基于此，辩证法与形而上学的区分不是是否承认联系、变化发展和矛盾，不是发生在对事物运动的直观上，而是发生在人的认识过程中，发生在用概念去表达运动上。

第二，把辩证法与形而上学的区分归结为是否承认联系、变化发展和矛盾，没有抓住问题的根本。经验层面没有辩证法与形而上学的区别，经验层面只有辩证法没有形而上学，所以形而上学是哲学层面的形而上学，我们常说坚持辩证法反对形而上学，就是反对哲学层面的形而上学。不仅每一个人在经验层面都不会否认事物的联系、变化发展和矛盾，而且哲学层面的形而上学理论，也并不是一般地否认

"联系""变化发展"和"矛盾",而主要是否认思维和存在之间的"矛盾",否认思维和存在的矛盾关系的"发展"。反之,辩证法也并不是一般意义上承认联系、变化发展和矛盾,而是承认思维和存在之间的矛盾,承认思维和存在的矛盾关系的"发展"。因此辩证法与形而上学的根本分歧不是一般意义上是否承认联系、变化发展和矛盾,而是是否承认思维和存在之间的矛盾及其矛盾关系的发展。

通过以上的分析,我们认为唯物辩证法揭示的普遍规律即对立统一规律、质量互变规律、否定之否定规律,不仅是客观事物联系和发展的普遍规律,也是人们的认识的普遍规律。唯物辩证法揭示客观事物联系和发展的一系列范畴即原因与结果、必然与偶然、可能与现实、内容与形式、现象与本质等,也是认识的范畴。因此唯物辩证法所揭示的联系和发展的观点、普遍规律和基本范畴本身不是辩证法理论的目的,而是为人们的认识提供正确的道路和方法,达到思维与存在的一致,使人的认识走向正确。根据唯物辩证法理论所要达到的目的或追求的目标可以看出,辩证法理论具有明确的认识论意义,辩证法就是认识的辩证法。

下面我们将进一步根据列宁的有关论述说明辩证法的认识论意义和认识论性质。列宁认为,"就本来的意义说,辩证法是研究对象的本质自身中的矛盾"①,只有辩证法"才提供理解一切现存事物的'自己运动'的钥匙,才提供理解'飞跃'、'渐进过程的中断'、'向对立面的转化'、旧东西的消灭和新东西的产生的钥匙"②,才是"最完备最深刻最无片面性的关于发展的学说"③。列宁的这些观点不仅把辩证法看成是最重要的思维形式,而且认为辩证法不是对客观事实的简单断定,而是为认识和把握客观事实提供方法。比如他认为"辩证法是研究对象的本质自身中的矛盾"、辩证法"研究对立面怎样才能够同一"等,都说明辩证法不是简单地承认对象本质自身中存在着矛盾,矛盾对立面是同

① 《列宁全集》第 55 卷,人民出版社 1990 年版,第 213 页。
② 《列宁选集》第 55 卷,人民出版社 1990 年版,第 306 页。
③ 《列宁选集》第 2 卷,人民出版社 2012 年版,第 310 页。

一的，而是要揭示和把握对象本质自身中的矛盾，以及矛盾对立面怎样才能够同一。在一定意义上讲，辩证法和整个哲学一样，不是追求结果和结论，而是说明获得结论和结果的过程，为这一过程的开展提供正确的认识方法。这一切都说明了辩证法是一种认识世界的理论，是一种认识世界的思维方式。辩证法理论的普遍意义就是它的认识论意义，不仅不同它的认识论性质相背离，而且是由它的认识论性质所决定的。列宁正是从认识论的意义上提出了辩证法的实质和核心，进一步揭示了辩证法理论的认识论性质。列宁在《谈谈辩证法问题》开篇就指出："统一物之分为两个部分以及对它的矛盾着的部分的认识，是辩证法的实质。"① 我们过去对列宁的这一论断做出了片面的理解，只注意了"统一物之分为两个部分"，没有注意"对它的矛盾着的部分的认识"，把一个问题的两个方面割裂开来，没有注意这两个方面的内在联系，从而将列宁的这一论断概括成"对立统一规律是辩证法的实质和核心"的结论，把列宁这一论断归结为一个"本体论"的结论，而没有把它理解为一个认识论的结论。然而，列宁正是从人的认识应当如何把握对立面的统一来谈辩证法的实质和核心的。他在《谈谈辩证法的问题》中，虽然列举了数学中的正和负、微分和积分，力学中的作用和反作用，物理学中的正电和负电，化学中的原子的化合和分解，社会科学中的阶级斗争等许多典型对立面统一的例子，但他并不是以此证明矛盾的普遍性，而是证明人们在认识事物时必须运用对立统一的观点。因此，列宁在列举了这些例子之后，就明确指出："要认识在'自己运动'中、自生发展中和蓬勃生活中的世界的一切过程，就要把这些过程当作对立面的统一来认识。"② 这表明，辩证法的实质和核心并不是对立统一规律本身，以及对对立统一规律的普遍认可，而是运用对立统一观点去认识事物的自我运动，反映事物运动的规律，也就是说辩证法的实质和核心不是本体论意义的"对立统一规律"，而是认识论意义的关于这个规律

---

　　① 《列宁选集》第 2 卷，人民出版社 2012 年版，第 556 页。
　　② 《列宁选集》第 2 卷，人民出版社 2012 年版，第 557 页。

的学说。

二 认识论是辩证的认识论

过去，无论是马克思主义哲学教科书还是教师的教学和学生的日常理解，通常认为辩证唯物主义认识论与旧唯物主义认识论的根本区别表现在两个方面。

一是旧唯物主义认识论没有把实践的观点引入认识论，离开实践考察认识问题，否认了实践对认识的决定作用，把认识的主体只是看作生物学意义上的人。如费尔巴哈仅仅把理论活动归结为真正人的活动，而把实践理解为犹太人的卑污的利己主义活动。这样主体与客体之间的关系只是反映与被反映的关系即认识关系，而不是改造与被改造的关系即实践关系。所以认识只能是消极直观的反映，而不是能动的创造性反映，体现不出认识的辩证性质。相反，辩证唯物主义认识论把实践的观点引入认识论，把认识的主体看作是实践的主体，能动创造的主体，强调认识是实践基础上主体对客体的能动反映。这种能动反映不但具有反映客体内容的反映性特征，而且具有实践所要求的主体能动的、创造性的特征；这种能动反映不但把主体与客体的关系理解为反映与被反映的关系，而且把主体与客体的关系理解为改造与被改造的关系，鲜明地体现了唯物论与辩证法的有机统一，科学地回答了实践对认识的决定作用，肯定了认识是实践基础上通过接触客观事物、变革客观事物、改造客观事物而获得的，而不是像旧唯物主义认识论那样认为认识是直观的结果。正如毛泽东所说：要知道梨子的滋味，只有亲口去尝一尝。

二是旧唯物主义认识论没有把辩证法适用于认识论，离开辩证法考察认识问题，因而把复杂的认识过程简单化，把活生生的认识运动凝固化，把多方面的认识要素片面化。最根本的是它看不到主观和客观之间的矛盾及其相互作用，没有把认识看作是充满矛盾的发展过程，认为认识是无矛盾的一次性完成的。最根本的原因还是在于它没有把实践看作认识的基础，没有看到认识是在改造对象中反映对象，是通过"去粗取精、去伪存真、由此及彼、由表及里"的改造加工而形成的，因此在它们那里，认识的复杂性、动态性和全面性就不存在了。相反，辩证唯物主义认识论把辩证法应用于认识论考察认识的发展过程，科学地揭示了认识过程中多方面的辩证关系，如主观与客观、认识与实践、感性和理性、真理的绝对性和相对性等方面的关系，把认识看成是一个充满矛盾的辩证发展过程，把认识看成是一个由不知到知、由知之不多到知之较多的循序渐进过程，把认识看成是一个由肯定到否定再到否定之否定的波浪式上升过程。

以上的理解和认识肯定是对的，但却忽视了一个根本问题，那就是没有说明辩证法的基本规律在认识论中是怎样具体运用的，或者说在我们所说的和所讲的认识论中没有很好体现辩证法基本规律的具体运用。我们认为辩证法理论作为一种世界理论、一种发展观、一种思维方式，就是为人的认识提供了基本原则和基本规律，或者说辩证法理论的根本任务就是说明人的认识走向正确、思维和存在达到一致，必须遵循哪些基本原则和基本规律。马克思主义辩证法做出了科学回答，那就是必须遵循联系和发展原则，遵循对立统一规律、质量互变规律、否定之否定规律。既然人的认识要遵循这些基本原则和基本规律，那么人的认识过程就必须贯彻这些基本原则和基本规律，而马克思主义认识论就是说明人的认识过程怎样贯彻这些基本原则和基本规律。所以在这个意义上讲，如果说马克思主义辩证法是为人的认识提供基本原则和基本规律，那么马克思主义认识论就是这些基本原则和基本规律的具体运用和展开。这充分体现了它们之间的内在统一。但是我们过去的马克思主义哲学教科书的表述和教师的讲授没有充分体现这一点，忽视了这一根本问题。

第一，忽视这一根本问题就不能充分地说明马克思主义认识论的辩证性质。虽然我们的马克思主义哲学教科书强调辩证唯物主义认识论与旧唯物主义认识论的根本区别之一，在于它把辩证法应用于认识论，说明了认识的辩证发展过程及其规律。对于认识发展的过程，列宁作了这样的概括："从生动的直观到抽象的思维，并从抽象的思维到实践，这就是认识真理、认识客观实在的辩证途径。"① 毛泽东进一步阐发了认识是在实践基础上由感性认识到理性认识，又由理性认识到实践的飞跃，实践、认识、再实践、再认识，循环往复以至无穷的辩证发展过程，科学地揭示了认识运动的基本规律。列宁和毛泽东的论述是极为深刻准确的，但是我们的马克思主义哲学教科书的分析和教师的讲授只是具体地说明了人的认识要经历由感性认识到理性认识、由理性认识到实践的多次反复和无限发展过程，而没有说明认识的这个过程中如何贯彻和体现了辩证法的基本规律。辩证法的基本规律有对立统一规律、质量互变规律、否定之否定规律三个方面。对立统一规律主要揭示事物发展的源泉和动力，质量互变规律主要揭示事物发展的状态，否定之否定规律主要揭示事物发展的途径。要贯彻和体现对立统一规律在认识论中的应用，就必须根据认识的辩证发展过程来说明认识所包含的矛盾是认识的发展动力，也就是说用矛盾分析法去说明认识的发展。虽然我们通常讲实践是认识的基础，实践是认识的发展动力，但这与我们分析认识所包含的矛盾是认识发展的动力是不矛盾的。因为实践推动认识的发展实际上就是在实践基础上通过揭示认识过程中的矛盾、分析认识过程中的矛盾和解决认识过程中的矛盾而得以实现的。具体表现为在实践基础上通过对感性认识与理性认识的矛盾、真理与谬误的矛盾、绝对真理与相对真理的矛盾等的揭示、分析和解决促进认识的发展。同样人的认识过程也体现了质量互变规律的贯彻和应用，具体表现为在实践基础上通过感性认识的不断积累而走向理性认识，通过知之不多而走向知之较多，通过对谬误的不断批判和纠正而逐步走向真理，通过相对真理的不断获得而不断接近绝对真理。因此，我们通常认为任何真理性的认识都是由真理的相对性不断地向真理的绝对性的接近，这是真理的发展规律，同样真理总是同谬误相比较而存在，相斗争而发展，这也是真理发展的基本规律。还有，人的认识过程也体现了否定之否定规律的贯彻和应用。毛

---

① 《列宁专题文集 论辩证唯物主义和历史唯物主义》，人民出版社 2009 年版，第 135 页。

泽东同志指出："一个正确的认识，往往需要经过由物质到精神，由精神到物质，即由实践到认识，由认识到实践这样多次的反复，才能够完成。"① 如此"实践、认识、再实践、再认识，循环往复以至无穷，而实践和认识之每一循环的内容，都比较地进到了高一级的程度。"② 毛泽东同志对认识的辩证运动基本过程或认识运动的总规律的概括总结，充分表明了否定之否定规律在人的认识过程中的贯彻和应用，说明了认识过程既不是封闭式的循环，也不是直线式的发展，而是充满了曲折以至反复，是一个波浪式前进和螺旋式上升的过程。总之，在我们看来，无论马克思主义哲学教科书的分析还是教师的讲授，都应将辩证法的基本规律贯彻于认识的辩证运动过程中，只有这样才能充分说明马克思主义认识论的辩证性质。

　　第二，忽略这一根本问题将无法说清"辩证法就是认识论"这一科学论断。列宁的"辩证法就是认识论"的科学论断就是说明辩证法与形而上学的对立不是发生在事物表现于直观的运动中，而是发生在思维反映存在的认识运动中，辩证法与形而上学就是两种不同的认识观点、两种不同的认识学说、两种不同的认识理论。辩证法就是为人的思维反映存在、使人的认识走向正确提供基本规律，所以辩证法的基本规律既是客观存在的规律也是认识的规律。只有在认识的辩证运动过程贯彻和应用了辩证法的基本规律，或者说将辩证法的基本规律很好地融入认识的辩证运动过程的分析之中，才能充分说明辩证法的基本规律是认识的规律，"辩证法就是认识论"。然而我们过去的马克思主义哲学教科书教师的讲授，往往没有从这一角度去分析认识的辩证运动过程，只是简单地描述了认识的辩证运动过程，对立统一规律、质量互变规律、否定之否定规律在认识的辩证运动过程中体现得不充分。这样我们讲授认识论也只是说明了认识本身，把辩证法和认识论还是看成两个独立的不同的东西，没有体现出列宁所说的辩证

①　《毛泽东文集》第 8 卷，人民出版社 1999 年版，第 321 页。
②　《毛泽东文集》第 1 卷，人民出版社 1991 年版，第 296—297 页。

法、认识论和逻辑三者是同一个东西的精神。因此将辩证法基本规律贯彻和应用于认识的辩证运动过程的分析是至关重要的。

我们的结论就是，辩证法就是为人的认识提供基本规律的理论，认识论就是辩证法的基本规律在认识过程中展开和应用的结果，辩证法与认识论在马克思主义哲学中始终是同一个东西，是有机统一的，因此既要突出辩证法的认识论性质也要突出认识论的辩证性质，辩证法是认识的辩证法，认识论是辩证的认识论。

主要参考文献

一 马克思主义著作类

《马克思恩格斯选集》第 1 卷，人民出版社 2012 年版。

《马克思恩格斯选集》第 2 卷，人民出版社 2012 年版。

《马克思恩格斯选集》第 3 卷，人民出版社 2012 年版。

《马克思恩格斯选集》第 4 卷，人民出版社 2012 年版。

《马克思恩格斯文集》第 1 卷，人民出版社 2009 年版。

《马克思恩格斯文集》第 4 卷，人民出版社 2009 年版。

《马克思恩格斯文集》第 5 卷，人民出版社 2009 年版。

《马克思恩格斯文集》第 9 卷，人民出版社 2009 年版。

《马克思恩格斯文集》第 10 卷，人民出版社 2009 年版。

《马克思恩格斯选集》第 2 卷，人民出版社 1995 年版。

《马克思恩格斯选集》第 3 卷，人民出版社 1995 年版。

《马克思恩格斯选集》第 4 卷，人民出版社 1995 年版。

《马克思恩格斯全集》第 1 卷，人民出版社 1960 年版。

《马克思恩格斯全集》第 20 卷，人民出版社 1971 年版。

《马克思恩格斯全集》第 40 卷，人民出版社 1982 年版。

《列宁选集》第 2 卷，人民出版社 2012 年版。

《列宁选集》第 4 卷，人民出版社 2012 年版。

《列宁专题文集 论辩证唯物主义和历史唯物主义》，人民出版社 2009
    年版。

《列宁全集》第 55 卷，人民出版社 1990 年版。

《列宁全集》第 38 卷，人民出版社 1959 年版。

《斯大林选集》下卷，人民出版社 1979 年版。

《毛泽东选集》第 1 卷，人民出版社 1991 年版。

《毛泽东选集》第 3 卷，人民出版社 1991 年版。

《毛泽东文集》第 8 卷，人民出版社 1999 年版。

《习近平在纪念马克思诞辰 200 周年大会上的讲话》，人民出版社
　2018 年版。

《习近平关于"不忘初心、牢记使命"重要论述选编》，中央文献出
　版社 2019 年版。

　　二　外文译著类

［德］黑格尔：《小逻辑》，贺麟译，商务印书馆 1996 年版。

［德］黑格尔：《哲学史讲演录》第 1 卷，贺麟、王太庆译，商务印
　书馆 1995 年版。

［德］黑格尔：《哲学史讲演录》第 2 卷，贺麟、王太庆译，商务印
　书馆 1995 年版。

［德］黑格尔：《哲学史讲演录》第 4 卷，贺麟、王太庆译，商务印
　书馆 1995 年版。

［德］黑格尔：《精神现象学》，贺麟、王玖兴译，商务印书馆 1997
　年版。

［德］黑格尔：《逻辑学》，中共中央著作编译局译，人民出版社 1978
　年版。

《海德格尔选集》上册，孙周兴选编，生活·读书·新知三联书店
　1996 年版。

［德］阿多尔诺：《否定的辩证法》，张峰译，上海人民出版社 2020
　年版。

［德］策勒尔：《古希腊哲学史纲》，翁绍军译，山东人民出版社 1992
　年版。

［苏］П. В. 柯普宁：《作为认识论和逻辑的辩证法》，彭漪涟、王天

厚译，华东师范大学出版社 1984 年版。

［苏］K. E. 达拉索夫、E. K. 契尔年柯：《列宁关于唯心主义认识论根源的学说》，唐合俭译，中国社会科学出版社 1987 年版。

［古希腊］亚里士多德：《形而上学》，吴寿彭译，商务印书馆 1995 年版。

《古希腊罗马哲学》，生活·读书·新知三联书店 1957 年版。

《西方哲学原著选读》上卷，商务印书馆 1982 年版。

三　中文著作类

艾思奇：《辩证唯物主义和历史唯物主义》，人民出版社 1978 年版。

卞敏：《列宁〈哲学笔记〉与马克思主义哲学的生长点》，河南人民出版社 1992 年版。

蔡灿津：《列宁的认识论与时代性》，上海社会科学院出版社 1989 年版。

范明生：《柏拉图哲学述评》，上海人民出版社 1984 年版。

高清海：《马克思主义哲学基础》（上下册），北京师范大学出版社 2012 年版。

高清海：《找回失去的"哲学自我"》，北京师范大学出版社 2004 年版。

黄枬森：《〈哲学笔记〉注释》（上下册），北京大学出版社 1981 年版。

李秀林等：《辩证唯物主义和历史唯物主义原理》，中国人民大学出版社 1990 年版。

李砚田：《马克思主义认识论发展的一个新阶段：〈唯物主义和经验批判主义〉研究》，华中理工大学出版社 1988 年版。

苗力田、李毓章：《西方哲学史新编》，人民出版社 2015 年版。

欧阳康：《马克思主义认识论研究》，北京师范大学出版社 2017 年版。

孙正聿：《马克思辩证法理论的当代反思》，人民出版社 2002 年版。

汪子嵩等：《希腊哲学史》第 3 卷，人民出版社 2003 年版。

汪子嵩等：《希腊哲学史》第 2 卷，人民出版社 1993 年版。

汪子嵩等：《希腊哲学史》第 1 卷，人民出版社 1997 年版。

汪子嵩、王太庆编：《陈康：论希腊哲学》，商务印书馆 1990 年版。

王成光：《马克思主义哲学教育改革创新研究》，中国社会科学出版社
  2017 年版。

许志功：《列宁认识论思想通论》，解放军出版社 1992 年版。

三 学术论文类

艾瑛：《辩证法就是认识论》，《探索与争鸣》1986 年第 1 期。

安启念：《列宁辩证法、认识论和逻辑三者同一思想辨析》，《哲学研
  究》1986 年第 12 期。

卞敏：《辩证法体系的雏形——对列宁〈哲学笔记〉中的辩证法十六
  要素初探》，《中国社会科学》1981 年第 4 期。

卞敏：《列宁论辩证法、认识论、逻辑的三者同一》，《求是学刊》
  1987 年第 1 期。

陈志尚：《马克思主义实践观的发展——论〈唯物主义和经验批判主
  义〉关于实践的论述》，《晋阳学刊》1991 年第 1 期。

崔可英：《辩证法就是马克思主义认识论》，《理论学刊》1987 年第
  4 期。

邓小伟：《论"否定的辩证法"的认识论思想》，《井冈山师范学院学
  报》（哲学社会科学）2005 年第 1 期。

丁增峰、许恒兵：《列宁〈哲学笔记〉中的认识辩证法思想研究》，
  《淮南师范学院学报》2005 年第 5 期。

方朝晖：《"辩证法"一词考》，《哲学研究》2002 年第 1 期。

冯平：《〈唯物主义和经验批判主义〉在马克思主义认识论发展史上
  的意义——纪念〈唯物主义和经验批判主义〉出版 80 周年》，《中
  山大学学报》（社会科学版）1989 年第 2 期。

傅如良：《论辩证法与认识论的同一》，《湖南社会科学》2001 年第
  1 期。

高清海：《论辩证法就是认识论》，《社会科学战线》1983 年第 2 期。

何萍：《列宁与现代认识论——〈唯物主义和经验批判主义〉学习札记之一》，《武汉大学学报》（社会科学版）1990 年第 4 期。

何新：《谈谈"辩证法"和"形而上学"的涵义》，《教学与研究》1980 年第 3 期。

黄枬森：《列宁论真理的实践标准》，《哲学研究》1978 年第 9 期。

黄正华：《黑格尔的辩证法及其意义》，《求索》2019 年第 5 期。

黄志军：《论马克思对黑格尔辩证法的肯定和改造：以〈巴黎手稿〉为中心》，《哲学研究》2020 年第 2 期。

蒋文宣：《辩证法、认识论、逻辑学是辩证的同一》，《广西大学学报》（哲学社会科学版）1982 年第 1 期。

金焱、董建新：《形而上学辨析》，《暨南学报》（哲学社会科学）2001 年第 2 期。

金羽：《列宁〈哲学笔记〉对唯物辩证法的主要贡献》，《河北学刊》1985 年第 1 期。

赖婵丹：《马克思主义辩证法、逻辑学、认识论的统一》，《辽宁师范大学学报》（社会科学版）2017 年第 4 期。

李亮：《关于哲学基本问题的研究综述》，《理论学刊》1987 年第 4 期。

李仁德：《论列宁对马克思主义认识论的发展》，《杭州大学学报》1991 年第 2 期。

李淑梅：《马克思主义认识论对形而上学的超越》，《教学与研究》2002 年第 12 期。

李锡林：《辩证法也就是马克思主义的认识论——学习列宁〈谈谈辩证法问题〉的体会》，《彭城大学学报》1997 年第 12 期。

李永杰、潘沁：《辩证法概念在汉语语境中的生成、理解与运用》，《中共福建省委党校学报》2019 年第 3 期。

梁映东：《列宁关于辩证法、认识论和逻辑学统一的思想》，《社会科学研究》1983 年第 5 期。

林国标、赵亮：《列宁对马克思主义认识论的贡献探析》，《中共南宁市委党校学报》2014 年第 6 期。

凌雨轩：《大力开展辩证逻辑的研究——学习列宁关于辩证法、认识论、逻辑三者统一的思想》，《人文杂志》1980 年第 1 期。

刘本炬：《辩证唯物主义认识论基础的内涵——学习列宁〈唯物主义和经验批判主义〉的一点体会》，《延安大学学报》（社会科学版）1983 年第 1 期。

刘万春：《认识和引领新时代的战略辩证法——浅论习近平战略辩证法》，《南通职业大学学报》2017 年第 4 期。

柳石：《论列宁对马克思主义认识论的主要贡献》，《内蒙古民族师范学院学报》1988 年第 1 期。

鲁延红：《列宁认识论范畴体系初探》，《求是学刊》1991 年第 5 期。

吕世荣：《列宁对辩证法的创造性应用》，《河南大学学报》（社会科学版）2003 年第 2 期。

罗朝远：《〈实践论〉〈矛盾论〉：实践唯物主义辩证法与认识论》，《学术探索》2017 年第 2 期。

罗刚健：《对列宁认识论中辩证法思想的几点体会——读列宁"哲学笔记"札记》，《湘潭大学学报》（社会科学版）1992 年第 3 期。

马积华：《列宁哲学思想讨论综述》，《毛泽东邓小平理论研究》1985 年第 12 期。

马健永：《"四个全面"战略布局的唯物辩证法思想》，《党政论坛》2018 年第 8 期。

孟伟：《马克思主义认识论研究的回顾与展望》，《聊城大学学报》（社会科学版）2011 年第 5 期。

苗尤凤：《列宁对唯物辩证法的新贡献》，《郑州大学学报》（哲学社会科学版）1985 年第 1 期。

饶秀恋：《马克思主义认识论的重大发展》，《安庆师范学院学报》1984 年第 1 期。

申有龙：《辩证法也就是黑格尔和马克思主义的认识论》，《昆明师专学报》1986 年第 4 期。

石崇英：《辩证法也就是马克思主义的认识论》，《安徽大学学报》1983 年第 1 期。

孙正聿：《辩证法的自在性与自为性——关于列宁〈哲学笔记〉的一个重要思想》，《哲学动态》1990 年第 6 期。

孙正聿：《列宁的"三者一致"的辩证法——〈逻辑学〉与〈资本论〉双重语境中的〈哲学笔记〉》，《中国社会科学》2012 年第 9 期。

孙正聿：《列宁关于辩证法就是认识论的基本思想及其现实意义》，《社会科学战线》1985 年第 4 期。

唐乾敬、王成光：《辩证法认识论意义的表现》，《佳木斯大学社会科学学报》2019 年第 1 期。

唐幸存：《辩证法、认识论和逻辑三者同一原理研究综述》，《理论学刊》1987 年第 4 期。

田世锭：《论分析方法与辩证方法的兼容——基于列宁帝国主义理论之方法论的分析》，《教学与研究》2020 年第 3 期。

田醒明：《简析唯心主义长期存在的认识论根源》，《青海社会科学》2000 年第 5 期。

王安琦：《辩证法也就是马克思主义认识论浅议》，《理论学刊》1987 年第 3 期。

王蝉：《重读列宁的〈唯物主义和经验批判主义〉——纪念〈唯批〉出版 80 周年》，《文史哲》1990 年第 2 期。

王成光、唐乾敬：《辩证法认识论意义及其在马克思主义哲学教学中被忽视的后果》，《西华师范大学学报》2019 年第 2 期。

王成光、王立平：《论辩证法认识论意义把握的几个维度》，《宜春学院学报》2019 年第 1 期。

王东：《列宁关于认识论和辩证法的知识来源的纲要》，《哲学研究》1984 年第 11 期。

王清涛：《辩证唯物主义追溯及其本义研究》，《理论学刊》2019 年第

6 期。

王庆丰、彭小伟：《康德先验辩证法的旨趣及其局限》，《学术界》
　　2019 年第 10 期。

王天成、李庆丽：《重思黑格尔辩证法》，《社会科学战线》2020 年第
　　3 期。

王幼殊：《论列宁的〈唯物主义和经验批判主义〉中的认识论思想》，
　　《华中师范大学学报》（社会科学版）1982 年第 2 期。

王仲士：《关于列宁的辩证法、认识论和逻辑学三者同一的原则》，
　　《四川大学学报》（哲学社会科学版）1986 年第 2 期。

王仲士：《实事求是地评价列宁的认识论——纪念〈唯物主义和经验
　　批判主义〉发表 80 周年》，《四川大学学报》（哲学社会科学版）
　　1989 年第 4 期。

吴家华：《唯物辩证法是深刻领会习近平新时代中国特色社会主义思
　　想的根本方法》，《马克思主义研究》2019 年第 8 期。

吴晓明：《辩证法的本体论基础：黑格尔与马克思》，《哲学研究》
　　2018 年第 10 期。

肖安邦：《关于辩证法、认识论与逻辑的统一》，《理论探索》1999 年
　　第 2 期。

辛爱梅：《马克思"合理形态辩证法"的三重意义》，《思想理论教育
　　导刊》2013 年第 8 期。

徐长福：《马克思主义辩证法的四重区分》，《哲学研究》2019 年第
　　7 期。

许志宇：《从〈哲学笔记〉谈辩证法就是马克思主义的认识论》，《求
　　实学刊》1986 年第 2 期。

杨耕：《"回到辩证法"——关于恩格斯辩证法思想的再思考》，《哲
　　学研究》2019 年第 2 期。

叶启绩：《认识论的党性原则不能违背——重读〈唯物主义和经验批
　　判主义〉》，《江西农业大学学报》1992 年第 5 期。

游兆和：《辩证法本质辨识——论唯物辩证法与唯心辩证法对立的意

义》,《清华大学学报》(哲学社会科学版) 2014 年第 5 期。

余源培:《试论认识论和本体论的统一——学习〈唯物主义和经验批判主义〉体会》,《社会科学》1983 年第 2 期。

余源培:《应当重视唯心主义认识论根源的研究》,《复旦学报》(社会科学版) 1980 年第 4 期。

袁国立:《关于"辩证法就是马克思主义的认识论"》,《河南师范大学学报》1997 年第 5 期。

张红霞、谭春波:《马克思对西方传统形而上学的超越》,《北京行政学院学报》2019 年第 2 期。

张继泽:《加强对于认识论的研究——学习列宁〈哲学笔记〉》,《内蒙古社会科学》1983 年第 6 期。

张建忠:《论列宁对恩格斯哲学基本问题理论的发展》,《长江论坛》2010 年第 1 期。

张奎良:《论辩证法的合理形态》,《马克思主义与现实》2018 年第 4 期。

张凌云:《辩证法、认识论、逻辑学三者同一新探》,《学术论坛》1983 年第 6 期。

张同生:《列宁的〈唯物主义和经验批判主义〉对辩证唯物主义认识论的发展》,《贵州大学学报》(社会科学版) 1986 年第 3 期。

张之沧:《论"否定的辩证法"的认识论意义》,《洛阳师范学院学报》2015 年第 12 期。

后　　记

　　本课题是 2017 年度四川省哲学社会科学"十三五"规划项目。课题立项后，课题组成员在前期研究的基础上认真按照申请书的计划和研究思路开展工作，研究过程中在学术刊物上发表了学术论文三篇，分别是《论辩证法认识论意义把握的几个维度》《辩证法认识论意义及其在马克思主义哲学教学中被忽视的后果》《辩证法认识论意义的表现》。课题组成员齐心协力，认真研究，于 2020 年 5 月完成《马克思主义辩证法的认识论意义研究》的撰写工作，全书共六章。第一章马克思主义辩证法的认识论意义研究的理论渊源，第二章马克思主义辩证法的认识论意义研究的必要，第三章马克思主义辩证法的认识论意义的忽视及其原因，第四章马克思主义辩证法的认识论意义把握的基本要求，第五章马克思主义辩证法的认识论意义的表现，第六章马克思主义辩证法与认识论的关系。

　　本著作是课题组成员集体研究的成果。全书由王成光教授主持撰写工作，负责整体构思、篇章设计及统稿定稿工作。西华师范大学的张晓明教授、王立平副教授、刘笔利副教授、四川大学的唐乾敬博士参与课题研究和书稿撰写工作。各章撰写分工是：第一章由张晓明撰写，第二章由刘笔利、王成光撰写，第三章由王立平撰写，第四章由王成光撰写，第五章由唐乾敬撰写，第六章由王成光、王立平撰写。

　　本课题得到了四川哲学社会科学规划办及西华师范大学科研处、马克思主义学院的大力支持和帮助，课题组全体成员深表谢意！感谢中国社会科学出版社杨晓芳老师的无私帮助。课题组成员在研究和写作过程中参阅和借鉴了国内外专家、学者的研究成果，在此一并感谢！

由于集体撰写，风格难以统一，加之作者水平有限，错误疏漏在所难免，恳请理论界学术同仁批评指正！

王成光

2020 年 5 月 8 日